中国发展动力
研究报告系列·四

乡村振兴大战略

Report on China's Development Driving Factors (No.4)

Rural Revitalization Strategy

主 编/李佐军   副主编/魏 云

社会科学文献出版社
SOCIAL SCIENCES ACADEMIC PRESS (CHINA)

编委会名单

主　　　编　李佐军

副　主　编　魏　云

编委会成员　（按姓氏笔画排序）

王华青　刘雪飞　许　露　张少辉

周健奇　赵西君　夏鲜阳　梁洁波

湛雨潇　靳永新

主编简介

李佐军 国务院发展研究中心资源与环境政策研究所副所长,著名经济学家,经济学博士,博士生导师,研究员。2015年"发展中国"十大年度人物,享受国务院政府特殊津贴专家,人本发展理论创立者,华中科技大学、湖南大学等高校兼职教授,同时兼任多个学术团体职务,被多个地方政府聘为顾问或首席专家。攻读博士学位期间师从中国著名经济学家吴敬琏研究员,攻读硕士学位期间师从国际著名经济学家、发展经济学奠基人张培刚教授。

出版专著《供给侧改革:改什么、怎么改?》《人本发展理论》《中国改革新思维》《第三次大转型:新一轮改革如何改变中国》《中国的根本问题:九亿农民何处去》等8部,主编《中国新农村建设报告(2006)》《中国绿色转型发展报告(2012)》《中国园区转型发展报告》等12部,合著《中国民生报告》《发展经济学导论》等8部,参著《垄断行业改革攻坚》《迎接中国汽车社会:前景·问题·政策》等27部。主持和参与国内外科研课题160余项,在《人民日报》《经济日报》《新华文摘》等报刊上发表文章1300余篇,呈递给党中央、国务院领导调查研究报告100余篇。面向企业和政府做报告数百次,受到听众的普遍肯定和广泛欢迎。先后5次获得中国发展研究奖一等奖、二等奖。

目 录

下 篇 对策建议

导　论

　　乡村振兴战略是党中央在新时代提出的重大战略。2017 年 10 月 18 日，习近平总书记在党的十九大报告中首次正式提出乡村振兴战略。党的十九大报告指出，农业农村农民问题是关系国计民生的根本性问题，必须始终把解决好"三农"问题作为全党工作的重中之重，实施乡村振兴战略。2018 年 2 月 4 日，中共中央、国务院发布 2018 年中央一号文件——《关于实施乡村振兴战略的意见》。2018 年 3 月 5 日，李克强总理在《政府工作报告》中讲到，要大力实施乡村振兴战略。2018 年 9 月，中共中央、国务院印发《乡村振兴战略规划（2018～2022 年）》，并发出通知，要求各地区各部门结合实际认真贯彻落实。习近平总书记高度重视乡村振兴战略的实施。党的十九大以来，习近平总书记在多次会议、多个场合反复提及乡村振兴战略，从不同层面对推动落实这一重要战略提出了具体要求。

　　实施乡村振兴战略意义重大。实施乡村振兴战略，一是有利于实现经济现代化，实现乡村产业兴旺是实现经济现代化的重点和难点；二是有利于实现生态环境美丽化，建设生态宜居乡村是建设美丽中国的重要组成部分；三是有利于实现文化现代化，实现乡风文明是传承中华优秀传统文化、推进文化现代化的有效途径；四是有利于实现国家治理体系和治理能力现代化，实现乡村治理有效是完善国家治理体系、提高治理能力的固本之策；五是有利于实现农民现代化，实现农民生活富裕是让全体人民共享现代文明的必然选择。

　　实施乡村振兴战略十分紧迫。解决农民生产积极性问题、解决农村生态环境恶化问题、解决农村道德滑坡和黑恶问题、解决农村基层政权涣散问题、解决农村"空心化"问题、解决城乡差距扩大问题等，都对实施乡村振兴战略提出了迫切要求。

自中央提出乡村振兴战略以来，全国各地积极实施乡村振兴战略，并取得了明显成效，但依然存在一些认识误区。如大建"形象工程"搞乡村振兴，照搬城市模式搞乡村振兴，破坏自然生态搞乡村振兴，不主要依靠当地农民搞乡村振兴，用房地产开发手段搞乡村振兴，千篇一律、同一模式搞乡村振兴，"贪大求洋"搞乡村振兴，拔苗助长搞乡村振兴，等等。

实施乡村振兴战略有待解决以下几个关键问题，如农民权利保障问题、城乡统一制度建设问题、农村土地流转问题、农民教育和人力资本提升问题、乡村技术创新和科技成果应用问题、农村土地和房产抵押融资问题、农村基础设施和生态环境长效机制建设问题、农业产业链延伸和产业园区建设问题、农村小城镇设市机制问题、农村基层组织建设问题等。

本书在理论研究、实地调研和案例剖析的基础上，深入分析了乡村振兴和乡村振兴战略的内涵与实质、成效与问题、机遇与挑战，概括了乡村振兴的基本类型与典型模式，探索了乡村振兴的评价指标体系，针对中央政府、地方政府以及企业，分别提出了实施乡村振兴战略的思路与对策。为了为各地实施乡村振兴战略提供借鉴和启示，本书选取了国内外多个乡村振兴的典型案例，每个案例都介绍了其基本情况、主要做法和重要启示。本书的最后还附有大事记和重要政策文件。

在此，特别感谢魏云、梁洁波、刘雪飞、张少辉、许露、湛雨潇、赵西君、周健奇、王华青、靳永新、夏鲜阳为本书撰写了专稿。

感谢社会科学文献出版社出版本书，尤其感谢冯咏梅等编辑为本书出版付出的大量心血。

在本书编写过程中，魏云、梁洁波做了大量组稿、协调和校对等工作，在此一并致谢。

本书由北京市社会科学界联合会、北京市哲学社会科学规划办公室资助出版，特此致谢。

　　需要说明的是，由于乡村振兴涉及内容复杂而全面，实现乡村振兴是一个长期的历史过程，本书的研究只是一个初步的尝试，尚有很多不成熟、不完善之处，望读者朋友不吝赐教，我们将在今后的研究中不断完善。

李佐军

2019 年 6 月 6 日于北京

上　篇　理论分析

第一章
乡村振兴的历史性机遇来了

一　国家实施乡村振兴战略带来政策机遇

（一）乡村振兴战略的缘起

2003 年初，中央农村工作会议第一次提出要把解决好"三农"问题作为全党工作的重中之重。2005 年 10 月，党的十六届五中全会提出"建设社会主义新农村是我国现代化进程中的重大历史任务"。2006 年中央一号文件对推进"社会主义新农村建设"做出部署。2007 年 10 月，党的第十七次全国代表大会提出"统筹城乡发展，推进社会主义新农村建设"的宏伟目标。2012 年 11 月，中国共产党第十八次全国代表大会提出要"推动城乡发展一体化"。2013 年中央一号文件强调要"努力建设美丽乡村"。2014 年中央一号文件提出要"健全城乡发展一体化体制机制"。2015 年中央一号文件强调要"围绕城乡发展一体化,深入推进新农村建设",进一步推进美丽乡村建设。2016 年中央一号文件强调要"加快建设社会主义新农村"。2017 年中央一号文件提出要"大力发展乡村休闲旅游产业""培育宜居宜业特色村镇",支持建设"田园综合体"。

2017 年 10 月,习近平总书记在党的十九大报告中首次正式提出乡村振兴战略,并写入党章,这在我国"三农"发展进程中具有划时代的里程碑意义。[①] 2017 年 12 月 28～29 日,中央农村工作会议在北京召开,全面分析了"三农"工作面临的形势和任务,研究实施乡村振兴战略的重要政策,部署 2018 年和今后一个时期的农业农村工作。2017 年 12 月 29～30 日,全国农业工作会议在北京召开,会议总结 2017 年及过去五年工作,研究实施乡村振兴战略措施,部署 2018 年重点工作。2018 年 2 月 4 日,中共中央、国务院正式发布《关于实施乡村振兴战略的意见》。2018 年 3 月 5 日,国务院总理李克强在《政府工作报告》中提出要"大力实施乡村振兴战略"。2018 年 9 月 26 日,中共中央、国务院正式印发《乡村振兴战略规划(2018～2022 年)》。中国乡村改革再一次拉开了序幕。

(二)乡村振兴战略的主要政策

2018 年 2 月 4 日,中共中央、国务院发布《关于实施乡村振兴战略的意见》,指出"实施乡村振兴战略,是党的十九大做出的重大决策部署,是决胜全面建成小康社会、全面建设社会主义现代化国家的重大历史任务,是新时代'三农'工作的总抓手"。

2018 年 9 月 26 日,中共中央、国务院印发《乡村振兴战略规划(2018～2022 年)》,提出"到 2022 年,乡村振兴的制度框架和政策体系初步健全。探索形成一批各具特色的乡村振兴模式和经验,乡村振兴取得阶段性成果。到 2035 年,乡村振兴取得决定性进展,农业农村现代化基本实现。到 2050

---

① 《孔祥智:大力实施乡村振兴战略　开创新时代"三农"工作新局面》,宣讲家网,2018 年 4 月 11 日,http://www. 71. cn/2018/0411/995659. shtml。

年，乡村全面振兴，农业强、农村美、农民富全面实现"。

国家提出实施乡村振兴战略之后，各部委在土地、产业、文化、金融、农村建设、生态治理、乡村治理等方面又密集出台了一系列政策。2018 年 3 月 3 日，国土资源部印发《关于严格核定土地整治和高标准农田建设项目新增耕地的通知》，要求严格规范新增耕地管理，实行归口管理、统一核定，确保新增耕地数量真实、质量可靠。2018 年 9 月 27 日，财政部印发《贯彻落实实施乡村振兴战略的意见》，提出要加大对乡村振兴重点领域和薄弱环节的支持力度。2018 年 9 月 30 日，农业农村部印发《乡村振兴科技支撑行动实施方案》，提出要突破一批重大基础理论问题，创新一批关键核心技术和装备，集成应用一批科技成果和技术模式，打造一批乡村振兴的科技引领示范区，做好实用技术、专业技能和创业培训等五大方面的主要任务。2018 年 10 月 12 日，国家发展改革委印发《促进乡村旅游发展提质升级行动方案（2018～2020 年)》，提出要加大对乡村旅游发展的配套政策支持等五大行动方案。2018 年 12 月 24 日，农业农村部、国家发展改革委等六部门印发《关于开展土地经营权入股发展农业产业化经营试点的指导意见》，指导各地稳妥开展土地（指农户家庭承包地）经营权入股发展农业产业化经营试点工作，促进乡村振兴。乡村振兴政策的密集出台，显示了国家全面实施乡村振兴战略的坚定决心与信心。

（三）乡村振兴战略带来的政策机遇

一是土地政策机遇。国家出台了多项土地相关新政策，修改了《农村土地承包法》，确认了承包地"三权分置"制度，完善了农民闲置宅基地和闲置农房政策；对全国乡村土地的使用做出了严格约束，坚守耕地保护红线，确立了省级第一责任人；明确了规范有序实施跨省域补充耕地国家统筹、严守耕地红线等一系列土地政策。

二是乡村产业发展机遇。乡村振兴的重点是推动乡村产业振兴，产业振兴是实施乡村振兴战略的主要抓手，要把产业发展落实到促进农民增收上，推动乡村生活富裕。农业部等六部门还出台了《关于促进农业产业化联合体发展的指导意见》，提出要建立分工协作机制、健全资源要素共享机制等，培育新型农业经营主体，为乡村产业发展提供了良好的发展机遇。

三是乡村金融发展机遇。对于乡村扶贫资金、乡村人才资金、乡村文化资金、生态保护资金、金融贷款、乡村产业投资等，财政部、中国人民银行等都将给予必要的支持。

二　城市居民转向乡村消费带来机遇

（一）城市居民转向乡村消费增长迅猛

城市居民转向乡村消费主要表现在乡村旅游、休闲娱乐、健康养老的支出增加，具体落实在农家乐、采摘园、生态园、学习基地、拓展锻炼、节庆民俗体验等乡村消费的形式上。我国乡村休闲娱乐起步晚、规模小，但增长势头迅猛。据农业农村部数据统计，2018 年，我国休闲农业和乡村旅游市场规模超万亿元，从业人员达 900 万人，接待游客超 30 亿人次，收入达8000 亿元，带动 700 多万户农民受益，已成为乡村产业融合的主体。全国农家乐数量超过 220 万家，休闲农业和乡村旅游示范县（市、区）共 388 个，中国美丽休闲乡村达 710 个。2012～2018 年中国休闲农业和乡村旅游收入见图 1－1，2012～2018 年中国乡村旅游人数及收入占国内旅游比重见图 1－2。

农村的绿水青山、农村的有机食品、农村的淳朴民风、农村的乡愁乡思、农村的乡俗文化是吸引城市居民转向乡村消费的主要因素。农村的绿水青山承载了城市居民对生态环境优美的乡村生活的向往，农村的有机食品满足了城市居民对高品质健康生活的追求，农村的淳朴民风吸引了城市居民对简单质朴、恬淡安逸的生活的渴望，农村的乡愁乡思寄托了部分城市居民的归家情怀，农村的乡俗文化滋养了城市居民乡土文化的基因。党的十九大报告指出，中国特色社会主义进入新时代，我国社会的主要矛盾已经转化为人民日益增长的美好生活需要和不平衡不充分的发展之间的矛盾，我国农村社会亦如此。不仅如此，《政府工作报告》也把培育消费增长

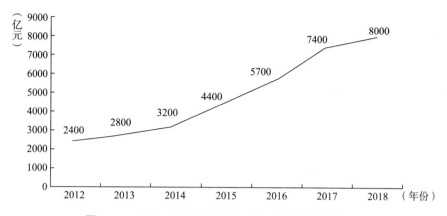

图 1 - 1 2012~2018 年中国休闲农业和乡村旅游收入
资料来源：农业农村部。

图 1 - 2 2012~2018 年中国乡村旅游人数及收入占国内旅游比重
注：2018 年为预测数据。
资料来源：农业农村部。

点作为经济工作的一个重要举措，特别是要抓住消费结构正在由传统消费"吃穿住行用"向新型消费"学乐康安美"（即学习需求、快乐需求、健康需求、安全需求、美丽需求）升级带来的新机遇，其中"学""乐""康""美"消费已经向农村倾斜。

（二）城市居民转向乡村消费带来的机遇

实施乡村振兴战略要抓住消费结构由"吃穿住行用"向"学乐康安美"

升级带来的新产业和新产品发展的机遇。

首先，城市居民转向乡村消费带来了广阔的市场机遇。旅游市场、休闲市场、大健康及养老市场等都是乡村消费的主要市场，近年来，这些行业市场规模不断扩大，在一定程度上成为支撑乡村消费的主导力量。

其次，城市居民转向乡村消费带来了可观的就业机遇。部分乡村农民的就业机会已经由单一的农业生产转向多元化从业，如旅游业带来餐饮、民宿、农产品销售、物流运输和生活服务等多元化就业机会；农产品加工业不仅带来培训、生产、销售等农事体验与参与的就业机会，而且带来大数据、信息化科技农业的就业机会。

最后，城市居民转向乡村消费带来了前景广阔的产业升级机遇。消费结构升级助力农业新业态不断形成，使农村农业产业不拘泥于简单的农业生产，乡村消费衍生出科技农业、立体垂直农业、智慧农业、新型农产品加工业、农业电子商务产业、农业体验观光产业等诸多新型农业产业，在很大程度上升级了农业传统业态，丰富了农业产业新业态。

三 逆城市化趋势带来机遇

（一）逆城市化即城市人口向乡村转移

美国地理学家波恩在1976年首次提出了"逆城市化"的概念，用以描述发达国家城市发展过程中人口重心发生变化、城市人口向乡村居民点和小城镇回流的现象。逆城市化的人口流动一般呈现特定的阶层秩序，富人最先搬出，随后是中产阶级，伴随着新居住地功能的完善，最后形成新型小城镇。美国学者诺瑟姆通过对西方国家城市化进程的实证分析得出结论，城市化率大于70%的阶段属于稳定发展阶段，此后城市化率增速趋缓甚至停滞，进而出现逆城市化现象。经济学家茅于轼先生在《城市规模的经济学分析》中指出，当城市规模发展到边际效益为零甚至为负数后必然形成递增与分化的对流趋势。中国社会科学院学部委员李培林认为，在经济新常态背景下，"逆城市化"是城市化的一个更高的发展阶段。[①]"逆城市化"有三个属性：一是乡村人口的外流出现逆转，但农耕者人数可能继续减少；二是乡村居住人口的结构发生深刻变化，绝大多数居民成为非农从业人员；三是乡村生活复兴，改变了凋敝和衰落的状况。中共淮北市委党校马跃教授认为，城市繁荣之后会带来诸多问题，如地价和房价越来越高，交通越来越拥堵，空气越来越污浊，公共服务资源越来越紧张，城市生活成本越来越高，生活质量趋于下降，于是越来越多的人搬迁到城市郊区，一些现代化设施随之建立起来，这些人既享受城市的高收入和现代化设施，又享受农村的新鲜空气、田园风光和宽敞的住宅，工厂也从市区搬迁到郊区，逐渐在郊区形成许多新的相对分散的小城市或小城镇，这就是所谓的"逆城市化"现象。[②]

笔者认为，"逆城市化"是城市化进程的必要条件。近年来，我国在推进城市化的同时，一些地区的"逆城市化"趋势愈加明显，城市里交通拥堵、环境污染、物价昂贵、房价飙升。相比之下，对于一些老年人或者喜好清静生活的人来说，乡村的交通、基础设施、医疗教育状况改善，生活成本较低，促使越来越多的城里人回到农村居住、养老、养生、旅居，甚至作为"第二居所"；对于一些有乡村情结的年轻人来说，乡村的交通条件改善，电话、网络、快递等基本服务配套设施日益完善，乡村环境优美，回乡创新创业是首选，大多数人从事乡村旅游、农产品深加工、储藏保鲜、电商、网购等，城市居民往农村流动，给农村产业发展带来了活力。

（二）逆城市化趋势愈加明显

逆城市化在各地区的表现也有较大差异。逆城市化在东部地区比西部地区表现得更明显，在经济发达地区比经济欠发达地区表现得更明显，在

---

① 李培林：《"逆城市化"大潮来了吗》，《人民论坛》2017年第3期。
② 马跃：《基于逆城市化视角的乡村振兴实现路径研究》，《淮北师范大学学报》（哲学社会科学版）2018年第3期。

特大城市比中小城市表现得更明显。京津冀、长三角、珠三角等地区较早地呈现逆城市化趋势。近年来,城市老年人结伴到小城市和乡村异地养老,"健康养护中心"不断涌现,农村养老租房日益增多。云南、贵州、四川、海南、广西等省份的乡村出现了来自全国各地城里人的聚居点。浙江、江苏、江西等经济发达省份的许多农村籍大学生毕业后将户口迁回农村。还有一些城市的市郊拆迁项目增多,伴随拆迁带来的农村土地利益增加,农民工不愿意舍弃农村户籍,甚至有些城市户籍的人希望转成农村户籍。当前中国农村积极推进创新创业,各地建立了农民创新创业园区,吸引了众多农民工、大中专毕业生、退伍军人和科技人员返乡创业。据农业农村部统计,截至 2018 年 4 月,返乡创业人员已达到 740 万人。

1978 年我国的城市化率为 17.9%,而到 2018 年我国的城市化率已经达到 59.58%。[①] 上海的城市化率居全国第一,达到 87.6%;北京次之,为 86.5%;天津排在第三位,为 82.9%。快速城市化带来了大量城市病。一是交通堵塞。根据高德地图等机构发布的《2018 年度中国主要城市交通分析报告》,在监测的 50 个城市中,有 44% 的城市交通健康指数低于健康水平线。二是大气污染。国家统计局数据显示,2018 年,在监测的 338 个地级及以上城市中,城市空气质量未达标的占 64.2%,细颗粒物(PM2.5)年平均浓度达到 43 微克/立方米。

由此可见,随着城市人口与产业的大规模集聚,交通、环境等问题越来越严重,城市的吸引力逐渐丧失,郊区和农村的比较优势明显,产业结构的调整、交通和通信技术的进步、政府宏观政策的推动等因素是逆城市化发生的主要原因。[②]

(三)逆城市化带来的机遇

逆城市化不仅可以满足不同人群的生活居住需求,而且可以满足不同

---

① 数据来源于国家统计局。
② 黄健文、徐莹:《从城市化规律角度刍析中外城市复兴特征差异》,《城市观察》2012 年第 5 期,第 142～148 页。

人群的工作需求，这为乡村振兴带来众多机遇。

首先，逆城市化为乡村产业带来市场、资金、技术、人才。返乡创业人员给乡村带来了大量的创业资金，科技人员给乡村带来了多样的先进技术，有作为的年轻人给乡村带来了创新的思想观念，老年人的到来给乡村带来了巨大的消费市场。乡村变成汇聚资金、技术、人才的洼地，一旦有了这些资源要素，乡村振兴指日可待。

其次，逆城市化带动乡村三次产业融合发展。农、林、牧、渔业是农村的基础产业，逆城市化的出现会带来新产业、新技术、新业态和新市场，促进三次产业融合发展。

最后，逆城市化有助于创新农村治理方式，如共享、共建、共治。逆城市化推动乡村居民结构发生变化，居民结构变化必然推动治理方式随之改变。在新的经济结构影响下，共享村庄的出现将会在探索乡村共建、共治上有所突破。

此外，逆城市化带动人口双向自由流动，为城市和农村均衡发展带来机遇，促进城乡一体化发展。

四 农村信息化普及带来机遇

（一）农村信息化时代到来

近年来，信息化在农村的普及程度很高，主要表现在以下几个方面。一是农村网民数量迅速增加。中国互联网络信息中心（CNNIC）发布的第42次《中国互联网络发展状况统计报告》显示，截至2018年6月30日，我国农村网民规模为2.11亿人，占整体网民的26.3%。农村地区互联网普及率为36.5%。二是农村电商蓬勃发展。商务部委托映潮科技（农村大数据中心）开展的大数据分析显示，截至2017年底，农村网店达985.6万家，带动就业人数超过2800万人。2017年全国农村实现网络零售额1.24万亿元，同比增长39.1%。2018年全国农村网络零售额达到1.37万亿元，同比增长 30.4%，25.1% 的村设有电子商务配送站点。三是农村信息化设施普及。农村电话、广播、电视、宽带、手机、电商普及。国家统计局数据显示，截至 2016 年末，99.5% 的村通了电话，82.8% 的村安装了有线电视，89.9% 的村通了宽带互联网。农村信息服务与信息网络基本建成。广播网、电话网、电视网、电脑网"四网合一"，各种信息服务系统已延伸导入基层乡村。国家统计局数据显示，截至 2017 年，农村宽带接入用户达到 9377.3 万户。四是信息技术在农业生产中得到初步应用。农业农村部发布的《农业农村信息化发展前景及政策导向》数据显示，截至 2017 年底我国农村地区网民线下消费使用手机网上支付的比例已提升至 47.1%。五是农村信息化管理取得较大进步。目前，农村经济管理信息化、农村财务管理信息化、农村政务管理信息化已经覆盖 80% 以上的村镇。

（二）农村信息化带来的机遇

一是农业生产信息化。近年来，我国农业信息化技术得到快速发展，突破了一些关键技术，开发了农业技术产品，建立了网络化农业技术平台，在农业信息采集技术、农业空间信息资源数据库、农作物生长模型、动植物数字化虚拟设计技术、农业问题远程诊断、农业专家系统与决策支持系统、农业远程教育多媒体信息系统、嵌入式手持农业信息技术产品、温室环境智能控制系统、数字化农业宏观监测系统、农业生物信息学等的研究应用上取得了重要的阶段性成果，初步形成了农业信息技术体系、应用体系和运行管理体系，促进了我国农业信息化发展和农业现代化进程。未来随着 5G 技术的广泛应用，种植技术智能化、农业管理智能化、种植过程公开化等在农业领域的信息化程度将呈指数级提高。二是农产品销售信息化。将客户、项目、销售、订单、生产、采购、库存、产品、财务、人力资源、办公等所有业务数据纳入信息系统，可在生产与销售、采购、库存、财务等各环节、各业务、各部门之间高度共享，实现协作作业。三是农村生活信息化。随着互联网技术的发展和 WiFi、4G 的普及，农村生活与城市生活基本同步，完全可以通过网络和手机获取生活信息。未来应用 5G 技术还可以为农村提供还原场景的 VR 教育和远程智慧医疗等。四是政府管理信息化。政府通过微信公众号、手机 App 等对农村事务进行信息化管理，减少了人力、财力、物力的消耗。

五 农村交通大幅改善带来机遇

（一）农村交通建设得到改善

近年来，农村交通情况得到较大改善。建制村村村通路，路网布局细密通达，有条件的建制村都与附近大城市形成了 4 小时交通圈。交通运输部数据显示，截至 2018 年，全国农村公路总里程已经达到 396 万公里，99.2% 的乡镇和 98.3% 的建制村通了沥青路、水泥路，99.1% 的乡镇和 96.5% 的建制村通了客车。全国超过 5 亿农民出行得到有效保障。不仅如此，在一些深度贫困或自然条件恶劣的地区，农村公路建设也取得了显著的成绩。交通运输部数据显示，"十三五"期间累计安排超过 2700 亿元资金支持贫困地区农村公路建设，4.5 万个贫困地区建制村通了硬化路。

为实现乡村振兴、城乡融合发展，乡村交通基础设施建设必将走在建设的前沿。未来应贯彻农业农村优先发展的指导思想，以建设"四好农村路"为抓手，优化农村公路布局，联通农村公路网络，大规模建设与改善农村交通。国务院印发的《"十三五"现代综合交通运输体系发展规划》提出，农村公路除少数不具备条件的乡镇、建制村外，全部实现通硬化路，"十三五"期间将新增 3.3 万个建制村通硬化路，改造约 25 万公里窄路基或窄路面路段，对约 65 万公里存在安全隐患的路段增设安全防护设施，改造约 3.6 万座农村公路危桥，有序推进人口规模较大的撤并建制村通硬化路 13.5 万公里。另外，交通运输部印发的《"十三五"交通扶贫规划》提出，支持贫困地区建设 1.6 万公里国家高速公路和 4.6 万公里普通国道，实现贫困地区国家高速公路主线基本贯通，具备条件的县城通二级及以上公路；力争提前 1 年完成托底性的建制村通硬化路建设任务，解决贫困地区 2.45

万个建制村、2.1 万个撤并建制村通硬化路；支持贫困地区约 3.16 万公里资源路、旅游路、产业路改造建设；支持贫困地区改造建设 150 个县级客运站和 1100 个乡镇客运综合服务站，实现所有乡镇和建制村通客车。由此可见国家在支持农村交通建设方面的决心之大。

（二）农村交通条件改善带来的机遇

农村交通设施改善是解决"三农"问题的先决条件，"要想富，先修路"，农村公路建设为城乡客运、物流运输、三次产业融合发展铺平了道路，为农村经济发展带来了多重机遇。一是农村交通条件的改善，为改善农村居民生产生活条件提供了便利，为繁荣农村经济提供了基础。农村地区路况改善，交通工具多样性提高，交通站点增加，公共交通遍及农村绝大部分区域，交通配套设施有所改善，为农村居民出行提供了良好的保障。二是农村交通条件的改善，为物流运输提供了极大的便利，为农产品贸易提供了便利。随着经济的快速发展和农村电商的迅速崛起，居民对农产品新鲜度的要求也相应提高，这就促使农产品运输中从田间到餐桌的时间大大缩短，拥有便利的交通就对农产品的新鲜度有了时间上的保障。三是农村交通条件的改善，为发展乡村产业提供了便利。诸多产业，如乡村旅游、乡村体验游、运动健身、养老休闲、山乡旅居等产业的发展都需要一个良好的交通系统。

六 农村土地制度等改革带来机遇

（一）农村土地制度改革破冰前行

2014 年 9 月 29 日，习近平总书记在中央全面深化改革领导小组第五次会议上首次正式提出农村土地"三权分置"改革，即形成农村土地所有权、承包权、经营权"三权分置"的格局。2015 年 2 月 27 日，第十二届全国人大常委会第十三次会议通过了《全国人民代表大会常务委员会关于授权国务院在北京市大兴区等三十三个试点县（市、区）行政区域暂时调整实施有关法律规定的决定》，决定在北京市大兴区等 33 个试点县（市、区）暂停实施《土地管理法》《城市房地产管理法》的 6 个条款，按照重大改革于法有据的原则推进农村土地征收、集体经营性建设用地入市、宅基地制度改革试点，该授权的期限已经延长至 2019 年 12 月 31 日。《国务院关于农村土地征收、集体经营性建设用地入市、宅基地制度改革试点情况的总结报告》显示，截至 2018 年底，33 个试点县（市、区）已按新办法实施征地1275 宗、18 万亩；集体经营性建设用地入市地块 1 万余宗，面积 9 万余亩，总价款约 257 亿元，收取调节金 28.6 亿元。

2018 年 1 月，中共中央、国务院发布《关于实施乡村振兴战略的意见》，提出要"完善农民闲置宅基地和闲置农房政策，探索宅基地所有权、资格权、使用权'三权分置'，落实宅基地集体所有权，保障宅基地农户资格权和农民房屋财产权，适度放活宅基地和农民房屋使用权"，允许利用闲置宅基地发展乡村旅游和休闲农业。建立农村集体经营性建设用地入市制度，农村集体经营性建设用地和国有土地同权同价，农民可通过租赁、出让、入股等形式实现保值和增值。2017 年 12 月，国土资源部、国家发展改革委联合印发《关于深入推进农业供给侧结构性改革做好农村产业融合发展用地保障工作的通知》，以乡村旅游、休闲农业等为代表的农村新产业、新业态发展用地被明确列入政策支持范畴。

我国农村户籍制度是一个"牵一发而动全身"的复杂制度，它与农村土地制度的关系相当紧密。2014 年 7 月 30 日，国务院出台《关于进一步推进户籍制度改革的意见》，提出要"进一步调整户口迁移政策，统一城乡户口登记制度，全面实施居住证制度"。一些省份已经按照党中央和国务院精神，结合实际情况，印发进一步改革意见。2018 年 1 月，《关于实施乡村振兴战略的意见》出台，提出要深化户籍制度改革，促进有条件、有意愿、在城镇有稳定就业和住所的农业转移人口在城镇有序落户，依法平等享受城镇公共服务。

农村土地制度和农村户籍制度的改革都是系统工程，都是极其审慎的，二者应该联动进行。户籍制度与农村集体土地制度在形成上、功能上都有紧密的内在联系，改革必须明确基于农业户籍而享有的土地权益如何分配的问题。① 无论如何，改革已经开始了，这为乡村振兴带来了诸多可预见的希望。

（二）农村土地制度改革带来的机遇

其一，农村土地制度改革为土地大面积流转提供了政策支持。利用土地流转等方式将零星分散的地块集中起来，统一规划、统一布局，实现规模经营，不仅可以促进农业产业规模化发展，提高生产率和土地利用率，而且能够调整农业产业结构，促进农业产业优化发展。其二，农村土地制度改革为充分合理利用农村土地融资提供了政策支持，为农村拓宽融资渠道吸引资金带来了机遇。长期以来，农村贷款难的问题没有得到有效解决，农村土地不能作为抵押物进行贷款融资，农村企业缺乏资金支持，想壮大发展非常困难，因此会错失很多发展机会。其三，对于农民来说，农村土地"三权分置"制度改革可以使其在不丧失土地承包权的基础上灵活地选择职业，在增加家庭收入的同时也解放了劳动生产力。宅基地"三权分置"改革可以使农民让渡多余的宅基地经营权，增加收入。

七　五级书记共抓乡村振兴带来机遇

（一）五级书记共抓乡村振兴

习近平总书记强调把实施乡村振兴战略摆在优先位置，坚持五级书记抓乡村振兴，让乡村振兴成为全党全社会的共同行动。2018 年中央一号文件提出要"建立实施乡村振兴战略领导责任制，实行中央统筹、省负总责、市县抓落实的工作机制；党政一把手是第一责任人，五级书记抓乡村振兴"。乡村振兴战略被写入党章，成为全体党员齐抓共建的核心战略。省、市、县、乡、

---

① 朱识义：《户籍制度与农村土地制度联动改革机理研究》，《求实》2014 年第 12 期。

村五级书记作为各级党政一把手，有责任、有义务把乡村振兴作为工作的"重中之重"来抓，把党管农村工作落实到基层。我国40年来农村改革发展之所以取得巨大成功，最根本的原因就是始终坚持党对农村工作的领导。中国特色社会主义进入新时代，面对振兴乡村的新任务、新要求，面临实施乡村振兴战略带来的新机遇、新挑战，必须坚持党对农村工作的领导，才能确保农村改革发展扎实推进，保证农村改革发展目标任务顺利实现。

广东省在五级书记共抓乡村振兴方面走在全国前列。2018年7月，广东省召开全省实施乡村振兴战略工作推进会，研究部署工作。仅2018年，广东省就制定出台了6项重大规划、23个配套文件、44项重点任务，并细化、实化、转化为100多个具体措施。全省已有17个地市召开了全市乡村振兴工作会议，扎实推进"五个振兴"。不仅如此，广东省还整合了农村工作部、新农村建设领导小组等，成立省委实施乡村振兴战略领导小组，由省委、省政府主要负责同志担任组长和常务副组长。领导小组下设9个专项小组，按照省部总负责、市县抓落实的工作机制和党政一把手为第一责任人的机制，省、市两级抓统筹、抓规划、抓政策研究，县、镇、村三级主任主要抓实施、抓操作、抓落实。广东省五级书记共抓乡村振兴，亮点表现在以下几个方面。

一是压实县级主体责任。省级将资金全部拨付到县，县级政府作为资金使用和管理的责任主体，在规定范围内自主统筹使用资金，并结合实际确定具体资金使用方式，同时承担相应的支出和管理责任。

二是创新农村建设管理模式。从农村的实际出发，尊重农民和农村组织的主体地位，探索建立符合农村特点、具有地方特色的乡村振兴新机制。

三是实行负面清单为市县松绑。明确列出财政资金禁止和限制支出的"黑名单"，加大简政放权、放管结合力度，激发市县活力，促进推陈出新。

四是加强对资金支出进度的督导。建立联合督导督查机制，每季度汇报进展情况。广东省乡村振兴初见成效，2018年广东省第一产业增加值同比增长42%，提高0.7个百分点，是2010年以来的最高增幅；农村居民人均纯收入为17168元，同比增长8.8%。

（二）五级书记共抓乡村振兴的机遇

一是政府优先考虑发展农村农业。党的十九大报告明确提出，农业农村农民问题是关系国计民生的根本性问题，要坚持农业农村优先发展。乡村振兴战略的实施要在制度设计和政策创新上想办法、求突破，进一步调整理顺工农城乡关系，在要素配置上优先满足，在资源条件上优先保障，在公共服务上优先安排，加快农业农村经济发展，加快补齐农村公共服务、基础设施和信息流通等方面的短板，显著缩小城乡差距，真正把农业农村优先发展的要求落到实处。

二是政府优先考虑乡村振兴人才调配。乡村振兴，人才是保障。中组部发布的《2017年中国共产党党内统计公报》数据显示，54.4万名村党组织书记中，大专及以上学历的占17.4%。其中，致富带头人占46.1%，外出务工返乡人员占6.8%，农村专业合作组织负责人占9.9%，大学生村官占0.5%。政府将为乡村振兴调度合适的人才，从源头上优先考虑。

三是政府优先考虑乡村振兴资源整合。乡村振兴是一个系统工程，需要整合多方面的资源，如政策资源、资金资源、人才资源等。五级书记共抓乡村振兴可以充分发挥资源整合的优势，调动企业参与建设的积极性，优先将农业方面的资源进行整合，迅速集中力量，促进乡村振兴快速落实。

四是政府优先考虑乡村振兴项目。乡村振兴战略的实施是一个复杂的系统工程，涉及面广，工作量大，落实任务重，政府将优先考虑落实乡村振兴项目，使乡村振兴项目得到全面推进。例如，广东、四川、陕西等省份都出台了坚持农业农村优先发展、推动实施乡村振兴战略的相关政策，保障了乡村振兴项目落地的优先性。

（本章执笔：梁洁波）

第二章
为什么要实施乡村振兴战略

一 实施乡村振兴战略意义重大

（一）实施乡村振兴战略是建设现代化经济体系的重要基础

中国经济现代化建设的难点在农村。农业、农村和农民是中国现代化建设中最薄弱的环节，"三农"问题是中国经济建设中的"硬骨头"。中国实现现代化的关键是实现"三农"现代化，2015年中央农村工作会议指出，"农业现代化是国家现代化的基础和支撑，目前仍是突出'短板'，全面建成小康社会的重点难点仍然在农村"。上到顶层统筹设计，下到基层惯性思维，乡村治理情况复杂，保护与开发不能兼顾，实施乡村振兴战略的难度相当大。

中国经济现代化的痛点也在农村。从轰轰烈烈的新农村建设到美丽乡村建设，再到实施乡村振兴战略，中国农村走过了曲折的复兴之路，取得了令人瞩目的成效，但还是没有达到向往的目标。对于中国经济来说，农业、农村、农民问题始终是中国经济发展的根本问题。

中国经济现代化建设的基础也在农村。韩长赋说，要切实把农业农村优先发展落到实处。[①] 2013年中国政府提出"加快发展现代农业"，2014年提出"加快推进农业现代化"，2015年提出"加快农业现代化建设"，2016

---

① 韩长赋：《用习近平总书记"三农"思想指导乡村振兴》，人民网，2018年3月28日，http：∥theory. people. com. cn/n1/2018/0328/c40531 – 29892998. html。

年提出"大力推进农业现代化",2017 年提出"开创农业现代化建设新局面",2018 年提出"加快农业现代化步伐"。乡村振兴战略提出"到 2035 年,乡村振兴取得决定性进展,农业农村现代化基本实现"。由此可以看出,中央对农业现代化高度重视,只有实现了农村经济的现代化,才能实现整个中国的现代化。

农业和农村非农产业(如文化旅游、康养、物流等)是支撑农村经济发展的中坚力量,对国民经济影响巨大。农产品加工业、农村文娱产业、乡村旅游产业、休闲农业、大健康产业、农产品物流产业、农产品电子商务等,都是在农业产业基础上衍生而来的。科技农业、立体农业、智慧农业、精细农业等新型农业产业也是在传统农业产业基础上衍生而来的。农业也不是孤立的产业,由于接受了第二、第三产业的支持,因此它必将与第二、第三产业融合发展。党的十九大报告提出,要"构建现代农业产业体系、生产体系、经营体系,完善农业支持保护制度,发展多种形式适度规模经营,培育新型农业经营主体,健全农业社会化服务体系,实现小农户和现代农业发展有机衔接。促进农村三次产业融合发展,支持和鼓励农民就业创业,拓宽增收渠道"。

实施乡村振兴战略,是建设现代化经济体系的重要基础。当前和今后一个时期,我国应当顺应亿万农民对美好生活的向往,推进乡村振兴高质量发展,坚持农业农村优先发展和城乡融合发展,从而推动农业全面升级、农村全面进步、农民全面发展。乡村振兴的重点是产业兴旺,产业兴旺的内涵是实现农业和农村非农业的兴旺发展,从而激发农业内生新动能,推动农村建设,实现农民富裕。

(二)实施乡村振兴战略是建设美丽中国的关键举措

我国的农村资源相当丰富。按照类型分,可分为以下几类。一是土地资源。农村的土地资源相对丰富,特别是近城区,为我国城市建设提供了有力的支撑。二是环境资源。农村优美的生态环境为我国旅游业、运动产业、休闲观光产业、大健康产业提供了良好的支撑。三是原材料资源。我国工业发展的部分原料供给来自农业①，农业为工业提供了重要的原材料。四是市场资源。我国农村市场潜力巨大，为我国扩大内需、促进消费提供了坚定的支撑。五是人力资源。我国丰富的农村劳动力为城市建设和社会发展提供了重要的支撑。六是文化资源。我国是典型的农业社会，上下五千年文明孕育的厚重的历史文化具有深厚的农业文化底蕴，为我国社会文化提供了基础的支撑。

2013~2016年，中央财政累计投入资金98亿元支持美丽乡村建设工作，建成了一批基础设施便利、生态环境优美、宜居宜游宜业的美丽乡村，推动了农村生产生活条件的改善。习近平总书记还强调，"中国要美，农村必须美，美丽中国要靠美丽乡村打基础，要继续推进社会主义新农村建设，为农民建设幸福家园"。

推进农村人居环境整治和生态环境保护工作是乡村振兴战略的重点工作之一。实施乡村振兴战略，特别是"生态振兴"，对保护我们赖以生存的环境提出了更高的要求。党的十九大报告提出，"建设生态文明是中华民族永续发展的千年大计"，是"绿水青山就是金山银山"理念在乡村建设中的重要体现。习近平总书记在全国生态环境保护大会上指出，"要持续开展农村人居环境整治行动，打造美丽乡村，为老百姓留住鸟语花香田园风光"。生态宜居是乡村振兴的重要标志，也是以绿色发展引领生态振兴的关键所在。坚持人与自然和谐共生，提升农村环境质量，建设美丽乡村，是乡村振兴战略的重要着力点。只有坚持"生态振兴"，加强环境保护，才能建设美丽中国，才能实现农村美、中国美的愿景。因此，实施乡村振兴战略是建设美丽中国的关键举措。

（三）实施乡村振兴战略是传承中华优秀传统文化的有效途径

《乡村振兴战略规划（2018~2022年）》指出，"实施乡村振兴战略是传承中华优秀传统文化的有效途径"。中华文明根植于农耕文化，乡村是中

① 张培刚：《农业与工业化》，华中科技大学出版社，2009。

华文明的基本载体。乡村振兴，乡风文明是保障。实施乡村振兴战略，深入挖掘农耕文化蕴含的优秀思想观念、人文精神、道德规范，结合时代要求在保护传承的基础上进行创造性转化、创新性发展，有利于在新时代焕发出乡风文明的新气象，进一步丰富和传承中华优秀传统文化。

"文化振兴"是实施乡村振兴战略的重要任务之一，繁荣乡村文化也是社会发展赋予的新的历史使命。乡村文化的重要性体现在它是中华民族文明的根与魂，是中华民族精神文明的根基。继承与发扬优良乡村文化，加强中华乡村文化的传承创新，是赋予乡村文化的新的时代内涵。历史文化名村、传统村落、少数民族特色村寨、特色景观旅游名村等自然历史文化特色资源丰富的村庄，是彰显和传承中华优秀传统文化的重要载体。

实施乡村振兴战略，一是可以继承与发扬优良乡村文化，加强中华乡村文化的传承创新；二是可以统筹保护自然历史文化特色资源丰富的村落，在尊重原住居民生活形态和传统习惯的基础上，加快改善村庄基础设施和公共环境，既能实现人居和谐共生，又能切实保护并传承中华优秀传统文化。因此，实施乡村振兴战略是传承中华优秀传统文化的有效途径。

（四）实施乡村振兴战略是健全现代化治理体系的固本之策

从社会角度看，我国社会治理的薄弱环节在乡村，实施乡村振兴战略是健全现代化治理体系的固本之策。在我国的国家治理中，被治理主体的一半是乡村居民，乡村居民的生产生活方式是否和谐稳定直接决定了国家治理水平的高低。中国乡村生活着5亿多居民。如何管理5亿多居民，关系到我国乡村社会的繁荣和稳定，也关系到中国共产党在农村的执政基础。党的十九大报告提出，要"加强农村基层基础工作，健全自治、法治、德治相结合的乡村治理体系"。据统计，"乡"这个治理单元，在1990年数量最多时期是5.6万个，到2012年是3.3万个。村民委员会在1990年时是74万个，到2012年是59万个。社会结构的变化导致乡村治理在社会变迁中不断更迭。

求木之长者，必固其根本。中国社会的根基在农村，农村是中国经济的稳定器。农村基层是乡村振兴的固本之策，不论是发展乡村产业、振兴乡村文化，还是推动农村体制机制改革，都离不开基层组织的带动。只有让农村基层稳定，让自治、法治、德治相结合，让乡村治理体系充分发挥作用，才能让乡村振兴持续发展。

（五）实施乡村振兴战略是实现全体人民共同富裕的必然选择

实施乡村振兴战略，是实现全体人民共同富裕的必然选择。农业强、农村美、农民富，是建成小康社会的重要指标。实施乡村振兴战略，不断拓宽农民增收渠道，全面改善农村的生产生活条件，增进农民福祉，让亿万农民共同富裕，推动城市与农村协调发展，让城市与农村人民共同富裕。

实施乡村振兴战略，是实现全体人民共同富裕的必然要求。中国特色社会主义进入新时代，中国社会主要矛盾的"历史性变化"对中国将来的发展提出了新要求、新指引。在新的历史时期，必须坚持以人民为中心的发展思想，不断促进人的全面发展、全体人民共同富裕。当前，我国乡村仍然面临发展滞后的严峻形势，乡村振兴战略正是针对此问题提出来的。我国有 5000 多年的悠久历史，乡村是中华民族传统文明的发源地，在经济社会发展中一直占据重要地位，乡村的富庶是盛世历史的重要标志。乡村振兴战略强调坚持农业农村优先发展，是对乡村地位和作用的充分肯定，是实现中华民族伟大复兴的中国梦的历史使命。

乡村振兴战略中的"产业兴旺"就是解决农民多元化就业问题。产业兴旺，是农村居民的迫切愿望，能够直接推动生活富裕。只有产业兴旺，不依靠外出务工，农村居民才能获得持续的收入，才能提高生活质量。只有产业兴旺，农村地区才有财力提供公共服务，包括教育、医疗、福利保障、基础设施等。

二　实施乡村振兴战略刻不容缓

（一）解决农民生产积极性问题要求乡村振兴

农民生产积极性不高的原因在于，长期以来，大宗农产品价格偏低、农业投入成本增加，农资价格增长幅度较大，种粮补贴等国家农业补贴不到位，再加上大宗农产品销售渠道不畅，农民生产收益得不到有效提高，利润缩小，农民依靠农业收入得不到保障，导致农民生产积极性不高。经济发达地区农民生产积极性下降幅度大，如长三角、珠三角等地区。发达地区的经济收入主要依赖非农产业，经济收入的重要来源是第三产业，农业种植收入的比较收益较差，因而农业生产积极性较低。

农民生产积极性不高表现在耕地撂荒情况严重，农村年轻人务农意愿不高，还有部分农民粗放经营倾向严重，经济发达地区种粮积极性下降幅度大，种养专业户数量减少，规模缩小，耕地撂荒情况严重。国家统计局数据显示，截至 2017 年底，全国共有耕地 20.23 亿亩（见图 2－1），人均耕地面积不到世界人均耕地面积的一半。在这些耕地中，粮食种植面积为11222 万公顷，比上年减少 81 万公顷，小麦种植面积减少 20 万公顷，稻谷种植面积减少 0.2 万公顷，玉米种植面积减少 132 万公顷，棉花种植面积减少 12 万公顷。每年有几千万亩耕地被撂荒，同时有数百万亩可以耕种两季甚至三季的耕地只耕种了一季。农村年轻人务农意愿不高。国家统计局数据显示，2016 年，全国农村外出务工劳动力累计达到 1.69 亿人，同比增长0.3%。2017 年，外出农民工为 17185 万人，同比增长 1.5%；本地农民工为 11467 万人，同比增长 2.0%。

图 2－1　2012～2017 年全国耕地面积变化情况

资料来源：农业部。

乡村是中国人的根与魂，是农民赖以生存的家园。农村生产积极性不高，大量年轻人不再从事农业生产，农业生产的主力军只剩下老、病、残、妇。调查显示，贫困地区农村 55~65 岁的老年人中有 70% 的人仍在从事农耕，66~70 岁的老年人中有 48.7% 的人仍在从事农耕。长期如此，导致农村生产力下降，农产品产量下降，农业生产水平下降，甚至带来一系列严重的社会问题。农村生产力发展关系到农村社会的全面建设，关系到农民增收、农村进步、农业发展和乡村振兴的顺利推进。农村生产力也是农村发展、农业增收、农民致富的关键。因此，目前迫切需要通过实施乡村振兴战略提高农民生产积极性，提高农村生产力水平。

（二）解决农村生态环境恶化问题要求乡村振兴

近 40 年来，随着工业化、城市化、农业集约化的快速发展和经济的持续增长，资源开发利用强度与日俱增，人们的生活方式迅速变化，大量未经妥善处理的污水直接灌溉农田，固体废弃物任意丢弃或简单填埋，废气、尾气长距离运输与沉降，以及大量不合理的化肥农药的施用与残留，导致农村生态环境严重恶化。据统计，全国有 1300 万~1600 万公顷耕地受到农药污染。① 每年土壤污染造成的各种农业经济损失合计约 200 亿元。

进入 21 世纪以来，随着人口剧增、工业发展和城市扩张，农业增产的需求不断增长，工矿企业的废水、废气、废渣处置不当或不完全，城市生活垃圾随意倾倒或堆放，农业生产过程中农药、化肥等过度使用，对土壤、水、大气造成了污染，生态环境遭到不同程度的破坏，环境承载力下降，引发诸多食品安全问题、饮用水污染问题、雾霾问题、酸雨问题等。松花江重大水污染事件，河北白洋淀死鱼事件，太湖水污染事件，巢湖、滇池蓝藻暴发，云南曲靖铬渣污染，广西龙江镉污染事件等的发生，为我国农业生态环境敲响了警钟。

农村生态环境恶化不仅带来了一系列社会问题和经济问题，而且影响

---

① 刘道光：《浅谈当前土壤污染现状与净化》，《安徽农学通报》2010 年第 10 期。

了农产品安全和人民健康，对这一问题进行治理已经到了刻不容缓的地步。实施乡村振兴战略可以解决农村生态环境恶化问题。首先，实施乡村振兴战略会出台法律法规，解决农村生态环境恶化问题。仅 2018 年，我国就出台了多项法律法规推进解决生态环境问题，如开征环保税、正式实施《水污染防治法》、全面启动实施湖长制管理、部分城市执行大气污染物特别排放限值和出台排污许可制度等。其次，实施乡村振兴战略增强了人们"绿水青山就是金山银山"的思想意识。绿水青山就是人民群众最大的财富，经济发展不能以牺牲环境为代价。

（三）解决农村道德滑坡、文化贫乏要求乡村振兴

当前，我国农村社会经济结构及农民思想观念发生了巨大的变化，在城市与农村经济发展不平衡的强烈对比的冲击下，农村思想道德建设放缓或停滞，致使农村道德滑坡，不思进取、慵懒散漫、信仰缺失、奢侈浪费、攀比失德、社会冷漠等丑恶现象出现，甚至黑恶问题频现，如农村家族势力侵害、威胁基层政权建设，操纵把持基层政权，插手破坏农村基层选举，还有村委会主任勾结无业游民长期操控本村政权、欺压村民、威逼利诱、巧取豪夺、侵吞国家补贴等事件。另外，农村文化贫乏也日益显现。农村文化机构设立不健全，从事文化工作的人员不足，文化活动经费投入较少，文化建设配套设施较少，且管理不善，农民文化生活单一，仅有的文化生活集中在传统节日，且形式传统，内容单调乏味，缺少趣味性和参与性。由于先进文化缺失，农民的文化诉求得不到有效回应，"不良文化"有了可乘之机。在部分偏远农村，占卦算命看风水、聚众赌博等腐朽丑恶文化开始抬头，影响了农民整体素质的提高和农村社会风气的改善。

导致农村道德滑坡、黑恶问题出现的主要原因是，近年来农村道德建设没有跟上，缺乏政府的有效引导，黑恶势力没有得到有效震慑。由于农村物质文明建设相对滞后，农村文化娱乐活动场所和体育设施相对落后，农民的精神需求得不到及时满足，影响了精神文明建设的进程。加之我国农民自身的素质不高，对复杂的事物缺乏理性判断，对传统文化不会区别

其精华与糟粕，地方各级政府对农民的引导不够，导致有的地区黑恶势力滋生，家族观念抬头，带坏了农村社会风气。

农村道德滑坡、文化贫乏的问题已经严重影响了农村社会生活秩序，到了必须解决的时刻。实施乡村振兴战略，可以提高农民思想道德素质，规范道德行为，解决农村道德滑坡、黑恶问题。第一，实施乡村振兴战略，由政府出台文件，通过行政手段，培育农村先进文化。通过政策导向，为乡风文明建设"立规"。① 第二，实施乡村振兴战略，强化村干部的文化建设责任意识，引导农村移风易俗。村干部应以身作则，向农民介绍现代科学知识，及时宣传先进文化，帮助他们树立科学的世界观、人生观、价值观。第三，实施乡村振兴战略，可以发展农村产业，促进三次产业在农村融合发展，搞活农村经济，增加地方财政收入，为乡风文明建设提供资金基础。

（四）解决农村基层政权涣散问题要求乡村振兴

农村基层政权的优劣，不仅事关基层政权的稳定与否，而且直接影响农村自治、法治和德治的建设进程。近年来，在经济不发达地区，农村基层政权思想观念落后，不思进取，安于现状，自己不主动，只等着上级政府安排工作任务，遇到困难等着上级政府帮助解决，形成了"等靠要"思想。有的农村基层政权长期忽视对青年党员的培养，党员"青黄不接"的问题逐渐显现，年青一代的理想信念问题逐步发生偏离。有的农村基层党组织僵化和党员干部严重老化，导致知识能力及活力与市场经济发展环境不相适应。

农村基层政权涣散的主要原因是害怕困难、害怕担责，有的农村基层干部对群众事务漠不关心，对群众反映的问题敷衍了事，对工作任务能拖则拖。

解决农村基层政权涣散问题迫在眉睫。为了解决农村基层政权涣散问题，中央下定决心，坚持加强党对农村基层的管理工作。截至 2017 年 12 月

---

① 杨颖：《乡村振兴视域中的乡风文明建设探析》，《社科纵横》2018 年第 9 期。

31 日，中国共产党现有基层组织457.2万个，其中基层党委22.8万个、总支部29.1万个、支部405.2万个。① 基层党组织建设在农村的引导作用非常重要，基层党员大部分来自农村或者长期扎根于农村，对农民、农业、农村的情况非常熟悉，是最贴近农民的一级党组织，是上级党政决策最直接的执行者，是促进党委、政府行政效能最大化的有力保障。实施乡村振兴战略，政府要求五级书记齐抓乡村振兴，这将为农村基层政权大换血，从思想意识上敦促基层政权，从而解决农村基层政权涣散问题。要深刻认识实施乡村振兴战略的重要性，不仅应从战略的角度认识，而且应从政治的高度认识，要加强党组织的领导力，增强基层党组织的凝聚力与群众组织力，发挥党的优良作风，压实基层党组织的责任意识、领导意识、模范带头意识。通过促乡村振兴，抓基层党建工作；通过促乡村振兴，抓基层组织作用；通过促乡村振兴，抓基层组织思想意识。

（五）解决农村"空心化"问题要求乡村振兴

农村"空心化"是指随着城镇化、工业化的发展，经济不发达地区的大量农村青壮年劳动力外流，农村人口急剧减少，农业生产疲软乏力，农村生活缺乏活力，乡村文化传承断档，具体表现在农田荒芜、农村道路杂草丛生、农房长期无人居住、房屋失修、村庄人烟稀少（只有少量老人、妇女和儿童）。农村"空心化"可以分为土地"空心化"、人口"空心化"、产业"空心化"、基础设施"空心化"。② 绝大多数农村的年青一代不愿再回到农村老家。人力资源和社会保障部的统计数据显示，16~25岁的新一代农民工有承包地的占比不到57%，26~30岁的新一代农民工有承包地的占比不到60%。

农村"空心化"的主要原因是城乡二元体制作用、村庄规划管理不到位、城市吸引力大。农村居民渴望城市现代化生活，城市吸引了较多的农

---

① 数据来源于中组部《2017年中国共产党党内统计公报》。
② 刘祖云、武小龙：《农村"空心化"问题研究：殊途而同归——基于研究文献的理论考察》，《行政论坛》2012年第4期。

村劳动力。再加上农村人才流失，导致人员管理和村庄规划管理缺位。

近年来，农村"空心化"问题愈演愈烈，农村"空心化"导致农村社会不稳定，社会问题频发。实施乡村振兴战略，能够振兴农业产业，实现农业产业现代化，吸引农村人才、爱农人才去农村工作生活，改善农村人居环境，提高农村生活的舒适度，吸引人员回流农村，从而解决农村"空心化"问题。另外，实施乡村振兴战略，构建乡村振兴新格局，统筹城乡发展，推进城乡规划一体化，优化乡村生产、生活、生态空间布局，因地制宜，推进乡村全面振兴，解决农村"空心化"问题。[1]

（六）解决城乡差距问题要求乡村振兴

城乡二元体制作用下，城市与农村的收入水平、医疗教育水平、基础设施建设、生活舒适度差距过大。2018 年，城镇居民人均可支配收入为 39251元，同比增长 7.8%；农村居民人均纯收入为 14617 元，同比增长 8.8%。城镇居民人均可支配收入是农村居民人均纯收入的 2.7 倍。2018 年，城镇居民人均消费支出为 26112 元，同比增长 6.8%；农村居民人均消费支出为12124 元，同比增长 10.7%。农村居民人均消费支出增长率比城镇居民高出3.9 个百分点。由此可见，农村居民与城市居民的收入与支出差距巨大。

长期的城乡二元结构导致城乡分化加剧，国家采取的重工业轻农业、重城市轻农村、重市民轻农民的种种倾斜政策，使我国农村社会文化结构转换在经济结构改革面前显得缓慢滞后，阻碍了农村改革发展的进程，这些结构性因素共同作用，导致我国农村剩余劳动力转移受阻，农业经营方式转换滞后，产业结构升级和农业发展缓慢，农村建设发展缺少产业支撑，城乡发展极度不平衡。

城市与农村存在差距带来了经济、政治、文化等多方面问题，国家已经把解决城乡差距问题提上日程。城市与农村的差距问题不是短期内就能

---

[1]　张勇：《制定乡村振兴战略，解决乡村"空心化"问题》，央视网，2018 年 3 月 6 日，ht-tp：∥news.cctv.com/2018/03/06/ARTISecd6r0ZWBrFHqJlmqkM180306.shtml。

解决的，需要审慎梳理城乡多重关系，找到妥善处理城乡关系的方法，从而从根本上解决城乡差距问题。乡村振兴要求共同富裕，以乡村为核心，实施乡村振兴战略可以重新定位乡村，妥善处理城乡关系，进而解决城乡差距问题。

（七）解决农民实现小康问题要求乡村振兴

我国农村居民生活水平有了较大幅度的提升，"北上广深"地区农村居民的生活已经基本达到小康水平。国家统计局数据显示，2018 年农村居民人均可支配收入达到 14617 元，农村居民恩格尔系数为 30.1%[①]，达到富裕水平，农村居民实现小康的愿望即将达成。从图 2-2 可以看出，2018 年农村居民恩格尔系数比上年下降 1.1 个百分点，表明我国农村经济发展水平和居民生活水平在不断提高，农村居民消费观念转变，农村消费升级加快。但是，中国经济发展不平衡，东部地区和中西部地区、发达地区和欠发达地区居民的恩格尔系数差异整体较大，需要区别分析。中西部欠发达地区农村居民人均纯收入并未达到小康水平，农村居民恩格尔系数仍然比较高。

然而，我国有的地区农村居民家庭还处在贫困中。国家统计局数据显示，按照每人每年 2300 元（2010 年不变价）的农村贫困标准计算，2018 年末农村贫困人口为 1660 万人，贫困发生率为 1.7%，全年贫困地区农村居民人均纯收入为 10371 元。虽然贫困地区农村居民人均纯收入比上年增长 10.6%，但扣除价格因素，实际只增长 8.3%。农村经济基础较差、教育医疗水平较低、福利保障欠缺、农民收入来源单一且收入水平低是农民未实现小康的主要原因。众所周知，改革开放 40 年，国家全面支持城市工业发展，对农村资源索取得多、反哺得少，造成农村社会、经济、管理、教育、

[①] 联合国粮食及农业组织对恩格尔系数的划分标准为：59% 以上为绝对贫困；50%～59% 为温饱；40%～49% 为小康；30%～39% 为富裕；30% 以下为最富裕。恩格尔系数，通常是指居民家庭中食物支出占消费总支出的比重。

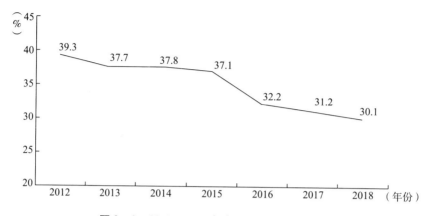

图 2-2　2012～2018 年农村居民恩格尔系数
资料来源：国家统计局。

文化、医疗等方面的建设远远落后于城市。另外，对于农民个体来讲，由于农村农业生产单一，缺乏多样化的产业支撑，农民收入来源单一，除了务农获得的微薄收入外，进城务工是其主要收入来源，然而教育支出、医疗支出等往往占据农民支出的大额部分，其他支出则所剩无几。农民收入与支出的严重不匹配导致长期以来农民生活无法达到小康水平，进而影响了我国农村社会小康进程。2018 年我国三次产业增加值占比见图 2-3。

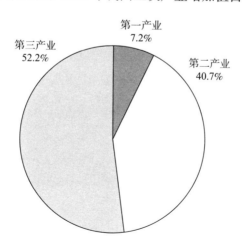

图 2-3　2018 年我国三次产业增加值占比
资料来源：国家统计局。

实施乡村振兴战略即全方位地推进农村建设，按照"产业兴旺、生态宜居、乡风文明、治理有效、生活富裕"的总要求，切实解决农民就业问题，增加农民收入，从而实现全面小康社会。

（本章执笔：梁洁波）

第三章
深刻理解乡村振兴的实质和内涵

一 乡村振兴的实质

乡村振兴的实质是实现"乡村现代化"，具体而言就是实现乡村"产业、环境、文化、治理、居民"五个现代化。

（一）乡村产业现代化

产业现代化是乡村现代化的根本前提，没有产业现代化，乡村现代化就是一句空话。乡村产业现代化就是适应乡村发展形势及主要矛盾的变化，加快农业等产业转型升级，不断延伸以农业为主的乡村产业链、价值链，促进三次产业融合发展，培育壮大乡村发展新动能。乡村产业现代化的关键，一方面是乡村经济组织形式的现代化，即由传统的小农户经济组织形式向现代化乡村经济组织形式转型；另一方面是生产方式和生产手段的现代化，即要积极利用科技手段改造提升传统农村生产方式。

（二）乡村环境现代化

环境现代化是乡村现代化的内在要求，没有生态宜居的乡村，就没有生产、生活、生态协调发展的现代化乡村。乡村环境现代化就是以人民对优美生态环境日益增长的需要为出发点，以改善农村人居环境为突破口和主攻点，建设整洁的村容村貌、优美的生态环境、宜人的居住环境，促进广大乡村地区生产、生活、生态协调发展。

（三）乡村文化现代化

文化现代化是乡村现代化的紧迫任务，只有坚持物质文明和精神文明一起抓，才能从根本上改变农民的精神面貌。乡村文化现代化就是以社会主义核心价值观为引领，以乡风文明建设为抓手，保护和传承农村优秀传统文化，加强农村公共文化建设，提高乡村社会文明程度，焕发乡村文明新气象。

（四）乡村治理现代化

治理现代化是乡村现代化的重要保障，只有用现代化的"法治"代替传统的"人治"，才能实现乡村的长治久安。乡村治理现代化就是发挥中国特色社会主义制度的优越性，并结合我国农村的实际和特点，在充分考虑几千年农耕文化影响的基础上，建立健全自治、法治、德治相结合的现代化乡村治理体系。

（五）乡村居民现代化

居民现代化是乡村现代化的根本目标，乡村现代化的根本是乡村中"人的现代化"，没有乡村居民的现代化，乡村现代化就是无源之水、无本之木。居民现代化的内涵较为丰富，一是指乡村居民生活方式的现代化，即不断缩小城乡收入差距，实现"生活富裕"；二是乡村居民生产方式的现代化，即农村生产手段和生产技术的工业化、科技化；三是乡村居民构成的现代化，即乡村居民不仅仅包括农民，还包括各类新住民，城乡居民的二元结构被根本打破；四是乡村居民素质的现代化，即乡村居民的知识水平、教育程度大幅提高，乡村人力资本增加。

二 乡村振兴的总体要求

党的十九大报告指出，实施乡村振兴战略的总要求是"产业兴旺、生态宜居、乡风文明、治理有效、生活富裕"。深入理解乡村振兴战略的总要求，才能科学制定战略规划，走好中国特色社会主义乡村振兴道路。与社会主义新农村建设的总要求——"生产发展、生活宽裕、乡风文明、村容整洁、管理民主"相比，乡村振兴战略是社会主义新农村建设的升级版，乡村振兴战略的内容更加充实，逻辑递进关系更加清晰，为在新时代实现农业全面升级、农村全面进步、农民全面发展指明了方向和重点。

（一）从"生产发展"到"产业兴旺"

"生产"是指在特定的技术条件下，通过将人的劳动作用于劳动对象和劳动资料，生产人们所需的各种物品或服务的过程。新农村建设的"生产发展"将经济建设、发展生产力作为中心环节，强调经济建设是绘制新农村美好蓝图的物质基础。开展新农村建设以来，农村产业不断发展壮大，传统种养殖业、农产品加工业持续发展，并不断转型升级，乡村旅游、农村电子商务等各种新业态不断涌现。

"产业"是指由利益相互联系的、具有不同分工的、由各个相关行业组成的业态的总称。相较于"生产"而言，"产业"一词更具经济体系的系统性和整体性。乡村振兴战略要求在发展生产的基础上培育新产业、新业态，完善产业体系，要求乡村产业向绿色化、新兴化、特色化、高效化、融合化和市场化发展，要向三次产业的深度融合要效率、要空间，使农村经济更加繁荣。这既体现了乡村经济发展理论的升华，也体现了指导乡村经济发展实践抓手的变化。

（二）从"村容整洁"到"生态宜居"

"村容整洁"的核心就是改善村庄卫生环境。新农村建设要求改变村庄面貌，通过对农村"脏乱差"的环境进行治理，实现村容整洁，为群众创造更好的生活环境。新农村建设的村容整洁主要解决的是部分农村环境"脏乱差"问题。

"生态宜居"强调人与自然和谐共处共生，较"村容整洁"的内涵和外延都要丰富得多。乡村振兴战略不仅要求环境优美，而且要求空气新鲜、水源洁净、空间安全。更加强调在天蓝地绿、山清水秀的乡村，让人民生活得更健康、更美好、更幸福。更加强调在治理村庄"脏乱差"的基础上发展绿色经济，治理环境污染，并进行少量搬迁，使农村人居环境更加舒适。

（三）从"管理民主"到"治理有效"

"管理民主"中的"管理"是指一定组织中的管理者，通过实施计划、组织、领导、协调、控制等职能来协调他人的活动，使他人同自己一起实现既定目标的活动过程，更强调上级对下级的单向活动；"民主"是指在一定的范围内，按照平等和少数服从多数的原则来共同管理相关事务。新农村建设要求管理民主，尊重和维护人民群众的政治权利，让人民群众当家做主。管理民主是社会治理的有效手段，民主参与、民主决策、民主监督等也是社会治理的重要组成部分。

"治理有效"中的"治理"是一个内容丰富、包容性很强的概念，重点是强调多元主体管理，是民主、参与式、互动式管理，而不是单一主体管理；"有效"是指能实现预期目的，达到良好效果。乡村振兴战略要求从一维主体的"管理"到多方参与的"治理"，这是要求的提高，更是当前社会治理模式的转变。治理有效要求加强和创新农村社会治理，使农村社会治理更加科学高效，更能满足农村居民需要。相较于管理民主，治理有效的要求更高、任务更重。

（四）从"生活宽裕"到"生活富裕"

"宽裕"是指相对较好的经济和社会生活，能够满足基本的物质和精神需求。新农村建设要求增加农民收入，提高农民生活水平，但受制于当时的经济发展水平，总体要求还不高。开展新农村建设以来，农村居民收入快速增长，2006年农村居民人均纯收入为3587元，2016年农村居民人均纯收入为12363元，增长2.45倍，为农村居民迈向生活富裕、富足打下了坚实基础。

"富裕"是指更好的经济和社会生活，能够追求更高的物质和精神需求。乡村振兴战略在生活宽裕的基础上，进一步提高了对农村居民生活水平、生活质量的要求，其目的是更好地满足农村居民日益增长的美好生活需要。生活富裕要求按照全面建成小康社会奋斗目标和分两步走全面建设社会主义现代化强国的新目标，使农民生活更加富裕、更加美满。

（五）"乡风文明"的内涵进一步深化

乡村振兴战略与新农村建设总要求相比，"乡风文明"的表述没有变化，但在新时代，其内涵进一步拓展、要求进一步提高。乡村振兴，既要富口袋，也要富脑袋，坚持物质文明和精神文明一起抓。"乡风文明"的表述不变，在一定程度上反映了农村思想道德建设长期停滞，在有些方面实际上还有倒退。在新的历史时期，抓好乡风文明建设，就是要以社会主义核心价值观为引领，大力保护和传承农村优秀传统文化，加强农村公共文化建设，开展移风易俗行动，培育文明乡风、良好家风、淳朴民风，改善农民精神风貌，提高乡村社会文明程度，焕发乡村文明新气象。

三 乡村振兴的主要内容

（一）产业振兴是乡村振兴的核心

产业振兴就是紧紧围绕发展现代农业，围绕农村三次产业融合发展，构建乡村产业体系，实现产业兴旺。发展是乡村振兴的第一要务，发展的经济基础在产业，产业振兴事关提供乡村就业机会和拓宽农民增收渠道，确保当地群众长期稳定增收、安居乐业。推动乡村振兴，必须有效益、有奔头，才能有底气让农民能增收、能致富，让乡村留得住人，才能建设安居乐业的美丽家园。

（二）生态振兴是乡村振兴的关键

生态振兴就是打造农民安居乐业的美丽家园，坚持绿色生态导向，持续攻坚农村环境污染防治，形成能源供应的良性循环，探索农村绿色发展之路，实现"绿水青山就是金山银山"。生态是人类生存的基础，良好的生态环境是农村的最大优势和宝贵财富。推动乡村振兴，必须推进乡村自然资源加快增值，实现乡村绿色发展，构建人与自然和谐共生的乡村发展新格局。

（三）文化振兴是乡村振兴的灵魂

文化振兴就是弘扬主旋律和社会正气，培育文明乡风、良好家风、淳朴民风，坚持既要"富口袋"又要"富脑袋"，大力挖掘乡村文化功能，提升乡村文化价值，增强乡村文化吸引力，不断提升乡村社会文明程度。乡村文化建设是乡村振兴的源头活水。乡村文化作为我国社会文化体系的重要组成部分，凝聚着乡土人文之美。如果说没有乡村文化的传承与创新，或者是没有乡村文化的同步振兴，乡村振兴就失去了真正的灵魂。因此，实施乡村振兴战略必须抓住乡村文化这一灵魂根本。要顺应新时代的要求，推进城乡文化融合，保护并传承好乡村文化，增加文化产品，促进文化供给，大力发展具有特色的乡村文化及产业。

（四）组织振兴是乡村振兴的保障

组织振兴就是建立健全党委领导、政府负责、社会协同、公众参与、法治保障的现代乡村社会治理体制。农村富不富，关键看支部。党的基层组织既是农村各种组织和各项工作的领导核心，也是确保党的路线方针政策和决策部署贯彻落实的基础。实施乡村振兴战略，重要的是要抓基层、打基础，以加强农村基层党建为引领，强化农村基层党组织建设，确保实施乡村振兴战略的正确航向，增强振兴乡村的领导力、凝聚力、推动力、治理力，激发乡村振兴活力。推动乡村振兴，必须加强农村基层党组织建设，通过基层党组织把广大农民群众凝聚起来，形成强大合力。

（五）人才振兴是乡村振兴的支撑

人才振兴就是把人力资本开发放在首要位置，强化乡村振兴人才支撑；

培养造就一支强大的人才队伍，切实解决农村缺人手、少人才、留不住人等问题，凝聚乡村发展人气。"人才兴，事业方兴。"发展离不开人，乡村振兴也不例外，实施乡村振兴战略，关键要解决人的问题。既要重视本土人才的培育，培养一大批新型职业农民，使之成为推动乡村振兴的生力军，也要广纳懂科技、懂市场、懂法律、懂管理的贤才能人到农村来创新创业，让农村成为贤才能人大有作为的广阔天地，建设一支懂农业、爱农村、爱农民的高素质专业化乡村振兴队伍，提升农业发展的创新驱动力，激发农村产业发展和经济社会发展活力。

四　相关概念辨析

（一）乡村产业≠农业

农业是指利用动植物的生长发育规律，通过人工培育来获得产品的产业。农业属于第一产业。利用土地资源进行种植生产的部门是种植业；利用土地上的水域空间进行水产养殖的部门是水产业，也叫渔业；利用土地资源培育采伐林木的部门是林业；利用土地资源培育或者直接利用草地发展畜牧的部门是畜牧业。

乡村产业不仅仅指农业，还包括工业、服务业等。乡村振兴战略中提出的"产业兴旺"也不仅仅是农业兴旺，还包括三次产业融合发展的乡村经济产业体系的兴旺。从实际情况来看，在一些地区的乡村，尤其是东部沿海地区，农业早已不是乡村发展的唯一产业或主要产业。

（二）乡村居民≠农民

农民一般是指长时期从事农业生产的人，农民是乡村居民的主要组成部分。在我国，早期农民主要是一个户籍概念，而新时期农民已经成为一个职业概念，如以种养大户、家庭农场主、农民专业合作社骨干等为主的生产经营型职业农民；从事农业劳动，并以此为主要收入来源的农业工人、农业雇员等专业技能型职业农民；以农村信息员、农产品经纪人、农机手、代耕手、机防手、动物防疫员等为主的社会服务型职业农民。

乡村居民则不仅仅指农民，还包括回乡创业者、乡村创客、流动乡村产业工人、城市乡居客、养老养生客等，即乡村居民不仅指拥有当地户籍、拥有土地的农民，而且包括众多新农人与新乡民，如具有知识和专业技能的农业科学大中专毕业生、返乡青年农民工、复转军人等新生代乡村居民。

（三）乡村 ≠ 农村

农村是指具有特定的自然景观和社会经济条件，以从事农业生产为主的劳动者聚居的地方，是不同于城市、城镇而从事农业的农民聚居地。农村是相对于城市的称谓，是一个地理概念。

乡村是指乡村地区人类各种形式的居住场所，乡村一般风景宜人，空气清新，较适合人群居住，民风淳朴。乡村具有更丰富的经济、社会和文化内涵，新时代的乡村应有新型的乡村经济、乡村居民、乡村社会。乡村更是农村人的理想家园、城市人的梦想田园、农村游子的乡愁所在地。

（四）工业化包含农业现代化

按通常理解，工业化是指经济活动由以农业生产为主向以工业生产为主的发展过程。这个定义的着力点是产出结构的变化，也就是农业比重的下降和工业比重的上升。

早在 20 世纪 30 年代初，张培刚先生在《第三条路走得通吗?》一文中就指出："工业化一语含义甚广，我们要做到工业化，不仅要建设工业化的城市，同时也要建设工业化的农村。"在张培刚先生眼里，工业化并不只是工业生产比重的提高，还包括"农业的机械化和现代化"；工业化的结果，不仅包括"工业化的城市"，而且包括"工业化的农村"。张培刚先生关于工业化的定义是："一系列重要的生产函数连续发生变化的过程……不仅包括工业本身的机械化和现代化，而且包括农业的机械化和现代化。"在张培刚先生的视角里，工业化的重点并不在"工业"，而在"化"，其实质是用先进的技术改造传统农业。按照这一理解，可以发现工业和农业的发展并不矛盾，而是受到同一个技术进步过程的驱动，二者的发展都是技术进步的表象。这一理论也更能指导乡村振兴战略的实施。

（五）城市化包含农村人口城市化和就地城镇化

城市化也称为城镇化，是指随着一个国家或地区社会生产力的发展、科学技术的进步以及产业结构的调整，其社会由以农业为主的传统乡村型社会向以工业（第二产业）和服务业（第三产业）等非农产业为主的现代城市型社会逐渐转变的历史过程。对乡村地区而言，城市化包括农村人口的异地城市化与就地城镇化。就地城镇化就是在本地完成农村向城镇的转变，这不仅是指将农村变成小城镇，更重要的是指就地实现现代化，即产业、环境、文化、治理以及居民的现代化。

乡村振兴并不是乡村人口向城市的高度集中，也不是乡村生产、生活方式的完全城市化。党的十九大报告强调"城乡融合发展"，而不再是"城乡统筹发展"，即"乡"不再是城市的附属，而是与"城"相互独立、并行发展的结构。作为一个独立的发展体系，新时代的乡村应有新型的乡村经济、乡村居民、乡村社会，应进行包括政策、管理、财税制度、发展模式等在内的一系列核心要素的完善与创新，从而促进乡村成为中国经济发展的有效支撑，形成与城市互相补充、共同推动的城乡融合发展体制机制，并承担起在中国新阶段发展中的重要责任与使命。

（本章执笔：魏云）

第四章
乡村振兴的基本类型

一 按产业分

（一）"特色农业"型乡村振兴

1. 基本含义

"特色农业"型乡村振兴是指依托特色农业资源，通过品牌、技术提升附加值实现的乡村振兴。

2. 典型案例

黑龙江省五常市现代农业产业园总面积为40万亩，是水稻生产核心区，共涉及10个乡镇38个行政村，拥有人口30.6万人，其中农业人口12.6万人。黑龙江省五常市现代农业产业园集水稻智能浸种催芽、智能大棚育秧、科技农业展示、农机化服务于一体，育秧工厂、农机库、良种展示推广区、水稻技术推广展示区等设施完备。其中，金福泰、东方粮仓等138家企业实现产值304亿元，占五常市规模以上工业总产值的62.8%。其采取的主要手段如下。一是"企业＋基地"模式，由企业一次性流转土地到第二轮土地承包期。如东方粮仓五常稻谷产业有限公司一次性流转土地1.2万亩，被流转农户可优先进入企业务工或承担土地种植，被流转农户人均年收入增加3200元。二是"企业＋农户"模式，由企业提供生产资料和种植规程，农户自主种植，按订单价格卖给企业。如中粮美裕有机谷物制品有限公司联结农户190户，种植有机水稻6000亩，农户亩均纯效益由2013年的2000

元提高到 2016 年的 3200 元。三是"企业 + 合作社"模式，企业领办合作社，合作社入股企业。如金福泰农业股份有限公司组建王家屯现代农业农机专业合作社，吸收社员 635 户，社员比非社员亩均增收 420 元。四是"合作社 + 企业"模式，由合作社组建企业，农民享受全产业链分红；农民采取土地、资产折资入股或以资金直接入股的方式加入合作社，合作社组建稻米加工企业，合作社全体社员都持有不同股份，合作社实行统一生产、统一收购、统一加工、统一销售、按股分配，农民享受三次产业增值收益。

（二）"农业 + 农产品加工业"型乡村振兴

1. 基本含义

"农业 + 农产品加工业"型乡村振兴是指依托农业资源，加速推进农产品加工业发展，延伸农业产业链，用工业化思维谋划乡村振兴，引导农产品加工企业向前端延伸带动农户原料基地建设，向后端延伸建设物流营销和服务网络，从而实现乡村振兴。

2. 典型案例

承德市营子区山楂深加工激发了乡村振兴新动能。承德市营子区农业基础薄弱，人均耕地不足三分。怎样实现乡村振兴、产业兴旺，成为摆在营子区面前的一大难题。该区发扬"艰苦创业、无私奉献、断喙重生、执着奋进"的鹰城精神，立足区情，抢抓机遇，攻坚克难，开拓创新，明确了"二产带一产促三产"的工作思路，不断开创乡村振兴新局面。紧紧抓住山楂加工传统优势产业，持续加大力度扶持以怡达集团为代表的龙头企业发展壮大，先后无偿投资 4000 余万元支持企业扩能改造、提档升级，指导企业规范管理、提高品质。目前，全区拥有以山楂加工为主的区级以上龙头企业 6 家、小型加工企业 6 家。怡达集团从一个小果脯厂，发展壮大成为年产值近 10 亿元的全国最大的山楂加工企业、国家级农业产业化重点龙头企业。全区山楂加工能力为每年 10 余万吨，直接辐射带动本区及周边 3 万多亩山楂种植基地发展，并通过定向收购等形式带动 4 万多户果农实现稳定增收，为乡村振兴注入了强劲的动力。

（三）"农业＋旅游业"型乡村振兴

1. 基本含义

"农业＋旅游业"型乡村振兴是指以本地优势旅游资源的挖掘为基础，通过对旅游资源的特色化、产品化包装，形成旅游吸引物，聚集人气，进而由人流聚集形成消费聚集，带动以旅游产业为核心的第三产业发展，带动原产地农业转型，提升农产品附加值，从而实现乡村振兴。

2. 典型案例

河北花乡果巷位于河北省唐山市迁西县，是以特色水果产业为基础，以猕猴桃、小杂粮产业为特色，以旅游为引擎，以文化为支撑，以市场为导向的特色鲜明的国家级田园综合体，此项目在河北省同类项目评选中脱颖而出，成为河北省唯一的国家田园综合体试点项目。花乡果巷田园综合体项目将"农业、旅游、社区"融为一体打造特色小镇，并探索乡村综合发展模式，构建了从"农业生产"到"农业加工"再到"农业服务"的一整套系统，不仅提升了企业的效益，而且提高了当地农业的综合生产能力。

（四）"农业＋房地产业"型乡村振兴

1. 基本含义

"农业＋房地产业"型乡村振兴是指"坚持人与自然和谐共生"，以乡村的优美环境为底色，以空间创新、居住创新带动产业优化、链条延伸，从而实现乡村振兴。

2. 典型案例

杭州富阳东梓关回迁农居是"农业＋房地产业"型乡村振兴的典型模式。杭州富阳东梓关原来是一个非常典型的江南村落，为了改善居民的居住与生活条件，当地政府决定外迁居民，并在老村落的南侧进行回迁安置。从类型学的思考角度抽象共性特点，还原空间原型，尝试以较少的基本单元通过组织规则实现多样性的聚落形态，形成带有公共院落的规模组团，与传统行列式布局相比，在土地的节约性、庭院空间的层次性和私密性上都有显著提升。焕然一新的东梓关村每天都会迎来四方来客，这里既有时尚的咖啡吧，也有传统的酒作坊，旧村与新居相得益彰。

（五）"农业＋物流业"型乡村振兴

1. 基本含义

"农业＋物流业"型乡村振兴是指依托区位优势或特色农产品资源优势，通过发展现代物流产业，实现农产品价值提升、区域经济发展的乡村振兴路径。

2. 典型案例

淮北百舸物流有限公司（烈山交通分局物流服务点）成立于2018年4月，坐落于淮北市烈山区宋疃镇和村。公司成立之初立足服务"三农"，以发展为主题，以服务为导向，以农民为主体，着力解决农村农副产品、农资运输的难题，切实帮助广大农民解决农业生产中"两头难"的问题，实现农村人口脱贫致富。"和村"苹果远近驰名，目前正在积极申报"国家地理标志"商标。近年来苹果外销成为让和村果农头疼的一件大事。该公司成立后积极与果农签订运输协议，为果农提供一条龙服务。从包装箱定制到产品运输，结合当地农村电商将"工业品下行"和"农产品上行"双向发展做强、做精。通过政府引导、交通运输部门支持、企业自主发展的方式，公司建立了标准仓储中心和冷链运输中心，切实做好服务农村工作，为实现农民发家致富的目标奠定了良好基础。

（六）"农业＋旅游业＋文化业"型乡村振兴

1. 基本含义

"农业＋旅游业＋文化业"型乡村振兴是指以深入挖掘文化底蕴为基础，以"文化＋"为手段，通过赋予旅游业、农业以特色文化内涵，大力发展文化创意产业，提升本地旅游吸引力和农产品附加值，从而实现乡村振兴。

2. 典型案例

南山街道放牛坪位于重庆市南山风景区内，原本是南山深处一片僻静的乡村，这里植被丰厚、森林繁茂，只有一条可以通车的蜿蜒小路连接外界。如今，"放牛坪"这个地方在重庆的名气越来越大，被森林掩映的小路上，驱车而来的人络绎于途。一切皆因近年来路边建起的一所民宿而起。2009 年，重庆本地画家王文亮在一次写生中路过此地，他被放牛坪一片面积为 5 亩左右的香樟林深深吸引。"在这里辟一处天地，造一所院落，唤三五好友，喝茶聊天岂不快哉？"这样的想法开始在他的脑海中浮现。2016 年 6 月，一家叫作"鉴宽山房"的民宿在放牛坪开始试运营，房东正是王文亮，他将香樟林旁边一间闲置的土坯农房买下，改建成一座有 13 个房间的民宿院落。"鉴宽山房"依山而建，拾级而上，两边错落树桩、闲舍、池塘，站在房间推窗而望，俯仰之间皆是令人心旷神怡的自然美景。为了体现回归自然的理念，房间内的很多摆设、物件是他就地取材亲手打磨出来的，在房间里可以看到带着年轮的木墩、废弃多年的树根，一截树枝、一段原木，随手一摆就成了支架、衣架。房间的墙上挂着王文亮自己画的油画，每个房间都有一个文艺的名字，如"一方""霜月""山语""时今"。为了让文创的味道更浓，在"鉴宽山房"还经常举办古琴、茶艺、花道、书画等交流活动，随着"鉴宽山房"在网络上的知名度越来越高，这里已经成为不少歌手、画家、手工爱好者等文化人小圈子的艺术交流空间。

（七）"农业＋加工业＋旅游业＋房地产业"型乡村振兴

1. 基本含义

"农业＋加工业＋旅游业＋房地产业"型乡村振兴是指综合运用提升农产品附加值、发展加工业、开发旅游资源、打造宜居乡居等手段，构建复合型、综合型乡村产业业态，从而实现乡村振兴的一种模式。

2. 典型案例

"美丽南方"田园综合体（以下简称"美丽南方"）位于广西壮族自治区南宁市西乡塘区石埠半岛，范围包括金陵镇的兴贤村以及石埠街道办事处的忠良村、永安村等，规划面积为 70 平方公里。目前，园区有自治区级现代特色农业示范区 3 个，入驻企业 60 多家，各级财政资金累计投入近 8

亿元，吸引社会资本 18 亿元，主要用于项目建设和产业发展，建成龟鳖养殖加工生产、葡萄种植及葡萄酒生产、青瓦房民俗风情古村落体验等生态农业、休闲农业、创意农业项目 48 个。"美丽南方"充分利用田园景观、自然生态及人文资源，进行农事体验、创意农业、农耕文化、休闲旅游等多种实践，探索生产生活生态"三生同步"、三次产业"三产融合"、农业文化旅游"三位一体"发展之路。"美丽南方"通过广西壮族自治区 2017 年国家农业综合开发田园综合体建设试点项目答辩，成为国家田园综合体建设试点项目。

二 按禀赋分

（一）"土地资源"型乡村振兴

1. 基本含义

"土地资源"型乡村振兴是指城市（特别是大城市）近郊乡村因拥有快速增值的土地资源，依托地缘优势，通过发展城市近郊产业等而实现收入的快速增长。

2. 典型案例

杭州市富阳区位于秀美的富春江畔，是富阳城区发展的重要轴带。富阳区加快都市融合，实现一体化发展；加快产业转型，还原富春山居自然生态。一方面，拔烟囱，关停淘汰"四无"企业，完成"低小散"整治；另一方面，签约高新制造、总部基地，大力引进和发展智能制造、信息技术等新兴产业，为打造现代版富春山居图示范区提供空间支撑。坚持城乡美丽建设，推进"三美"联动发展。富阳区持续抓好"富春山居"精品线路、精品村、特色村等建设，全面推进 23 个乡镇（街道）342 个小城镇环境综合整治项目，再现"百里富春山居图"和"五十里春江花月夜"的盛景。

（二）"自然资源"型乡村振兴

1. 基本含义

"自然资源"型乡村振兴是指部分乡村地区依托其丰富而独特的自然资源，通过生产加工、品牌提升等手段，进一步提升加工附加值而实现的乡村振兴。

2. 典型案例

浙江省湖州市安吉县是"中国竹乡"，安吉竹海是《卧虎藏龙》《夜宴》等电影的取景地。在这里，竹乡人用一根竹子，创造出了全国第一竹产业，安吉县以占全国2%的竹资源，形成了占全国20%的竹产品市场、年产值超百亿元的竹产业。以前卖原竹，砍下100斤竹子运出大山卖掉只能换回20多元钱，最多时也只有30多元。除去人工费，砍一年竹子也赚不了什么钱。现在把竹子做成凉席、家具、工艺品等，同样100斤竹子，一年的收入可以达到1000多元。"低、小、散"的传统发展模式无法把竹产业做大做强，安吉县通过科技创新、品牌建设、渠道拓展等手段着力推进竹产业转型升级，发展生态工业，打造绿色产业。安吉县有5万多名从业人员，竹产业收入占农民收入的近一半。竹产业形成由竹质结构材料、竹装饰材料、竹日用品、竹纤维制品、竹质化学加工材料、竹木加工机械、竹工艺品、竹笋食品八大系列3000多个品种组成的产品格局。竹子不仅发挥了巨大的经济价值，而且逐渐向竹文化领域延伸。安吉竹子博物馆是全国唯一的专业竹子博物馆。

（三）"生态资源"型乡村振兴

1. 基本含义

"生态资源"型乡村振兴是指部分乡村地区依托其优美的生态环境，通过打造成为吸引人的旅游景区而实现的乡村振兴。

2. 典型案例

江西婺源是全国著名的文化与生态旅游县，被外界誉为"中国最美的乡村"。2017 年 9 月，荣获"中国天然氧吧"称号。2018 年 12 月 12 日，被命名为第二批"绿水青山就是金山银山"实践创新基地。婺源生态环境优美，历史悠久，文化灿烂，境内有世界濒临绝迹的鸟种黄喉噪鹛，也有世界最大的鸳鸯越冬栖息地。良好的自然条件孕育了众多地方特产，其中红、绿、黑、白"四色"特产（荷包红鱼、婺源绿茶、龙尾歙砚、江湾雪梨）享誉古今。婺源旅游历经十几年的发展，从无到有、从小到大、从大到强。新时代，随着"旅游＋"战略的深入实施，婺源旅游各项指标位居全国县级前列，旅游和民宿、体育、养生等产业高度融合，乡村旅游品牌愈加响亮。

（四）"文化资源"型乡村振兴

1. 基本含义

"文化资源"型乡村振兴是指部分农村地区依托其独特的历史文化资源，通过深入挖掘和产业再造，将其打造成为吸引人的旅游景区而实现的乡村振兴。

2. 典型案例

江苏的周庄古镇是世界文化遗产预选地、首批国家 5A 级旅游景区，位于苏州城东南，位于昆山、吴江、上海三地交界处。周庄古镇四面环水，因河成镇，依水成街，以街为市。井字形河道上完好地保存着 14 座建于元、明、清各代的古石桥。800 多户居民枕河而居，60% 以上的民居依旧保存着明清时期的建筑风貌。周庄充分利用、挖掘水乡古镇旅游资源，将水乡古镇内 10 余处历史人文景观进行修复和重建，并逐一对外开放。近年来，周庄不断致力于优秀传统文化的挖掘、弘扬和传承，积极探索文化旅游，全力塑造"民俗周庄、生活周庄、文化周庄"，正日益成为向世界展示中国文化的窗口，更是受到了中外游客的青睐，每年吸引超过 250 万人次游客前来观光、休闲、度假，实现旅游收入 8 亿元。同时，加大招商引资力度，富贵园、江南人家、钱龙盛市等适宜现代休闲体验型旅游配套项目的相继推出和完善，扩大了旅游规模，做大了旅游盘子，使周庄旅游逐步向休闲度假型旅游发展。

（五）"人物资源"型乡村振兴

1. 基本含义

"人物资源"型乡村振兴是指部分农村地区依托其拥有的著名历史人物，通过科学合理的产业开发，使其成为著名的旅游景点而实现的乡村振兴。

2. 典型案例

湖南韶山是中国各族人民的伟大领袖毛泽东的故乡，也是他青少年时期生活、学习、劳动和从事革命活动的地方，是全国著名的革命纪念地、全国爱国主义教育基地、国家重点风景名胜区、中国优秀旅游城市。湖南韶山通过科学策划、开发旅游项目，积极谋划、实施"最忆韶山冲"文旅综合体和平里村田园综合体等重大项目，推动红色旅游与生态旅游、乡村旅游、人文旅游等多元产业融合发展；创新旅游管理体制机制，加强旅游市场和环境整治，为游客营造良好的旅游秩序，尤其是"七日无理由退货"和"先行赔付"制度的实施，受到了社会各界的一致认同。同时，大力发展研学教育，开展大型爱国主义主题教育活动，并通过举办红色旅游推介会、开展区域战略合作等一系列举措，提升红色品牌竞争力和影响力，推动"等游客"向"引游客"转变。2017年韶山共接待游客2052万人次，目前形成了以毛泽东同志故居、毛泽东同志纪念馆、毛泽东广场、滴水洞等为代表的系列著名红色旅游景点，形成了以红色文化纪念品为主的旅游商品体系，深受游客欢迎，红色旅游产业发展迅速。

（六）"交通资源"型乡村振兴

1. 基本含义

"交通资源"型乡村振兴是指部分乡村地区，因为处于临空、临港、临铁的交通要道，依托其交通优势发展商贸流通产业而实现的乡村振兴。

2. 典型案例

山东临沂有"两张名片"，一张"软名片"是"沂蒙精神"，另一张"硬名片"则是临沂商城。昔日的革命老区，从"四塞之崮，舟车不通"到

"买全国、卖全国"，这其中支撑起物流配送的高速公路功不可没。在临沂，这条路正是京沪高速公路临沂段。它是山东境内通行量最大的高速公路，起自临沂市蒙阴县与泰安市新泰市交界处，途经临沂市蒙阴县、沂南县等地，止于鲁苏界的郯城县红花埠南。得益于京沪高速公路的辐射带动，临沂成为国家级交通运输枢纽、"物流之都"。兰陵县代村是临沂以路兴业的一个缩影。代村规划建设了占地300亩的代村商城，建成了农展中心、农展广场、农科蔬苑、华夏菜园、沂蒙山农耕博物馆、湿地涵养区、大田风光区等十几处产业中心，吸引了10家企业、6家专业合作社、200多个种养大户入园经营，创建了4个有机品牌、10个绿色食品品牌，连续承办了六届中国兰陵（苍山）国际蔬菜产业博览会，共接待国内外游客数百万人次，举办新农民培训班500多期，培训人员30余万人次，实现了经济效益、生态效益和社会效益相统一。

（七）"政策资源"型乡村振兴

1. 基本含义

"政策资源"型乡村振兴是指部分农村由于特殊原因享有一定的独特优惠政策，并将这些政策有效利用而实现的乡村振兴。

2. 典型案例

赤溪是福建省宁德福鼎的一个畲族行政村，有"中国扶贫第一村"之称，每年观光旅游的游客都在30万人次以上，"中国扶贫第一村"成为赤溪的一块烫金招牌。1984年，时任福鼎县委宣传科科长王绍据到赤溪村采访，了解到当地的贫苦情况，便写了一篇《穷山村希望实行特殊政策治穷致富》的报告，寄给中央领导，希望国家能给予政策扶持。同年6月24日，《人民日报》头版以读者来信的形式刊发了王绍据的文章，并配发题为《关怀贫困地区》的评论员文章。同年9月，中共中央、国务院下发关于帮助贫困地区尽快改变面貌的通知，后来又制定《国家八七扶贫攻坚计划》，全国规模的扶贫工作拉开大幕。赤溪村也因此成为"中国扶贫第一村"。赤溪村被确定为整村推进扶贫开发重点村，由省民族与宗教事务厅挂钩帮扶三年。在各级党委、政府的持续帮扶下，赤溪村的道路宽了，水厂、电站、学校、卫生所等一座座设施拔地而起，生活服务功能日臻完善。数据显示，2017 年，赤溪村居民人均可支配收入为 16641 元，是 1984 年的 100 倍；贫困人数从 1984 年的 352 户减少到 2 户。如今的赤溪村已经是"全国旅游扶贫试点村""中国乡村旅游模范村""中国最美休闲乡村"。

（八）"临城资源"型乡村振兴

1. 基本含义

"临城资源"型乡村振兴是指部分乡村地区由于地处城郊，拥有巨大的市场资源，通过发展相关产业满足城市需求而实现的乡村振兴。

2. 典型案例

长沙"浔龙河模式"是中国城镇化促进会选定的都市近郊型乡村振兴的示范案例，已在全国进行推广与借鉴。浔龙河生态艺术小镇位于长沙县果园镇，总规划面积为 14700 亩。2009 年以来，当地以党建为引领，对乡村资源、乡村文明、乡村治理结构进行重构和提质，通过推动土地集中流转、环境集中治理、村民集中居住的"三集中"，实现了村民的就地城镇化；通过土地改革和混合运营，大力发展生态、文化、教育、旅游、康养五大产业，让绿水青山变成金山银山，推动农民致富增收，形成了有长沙特色的都市近郊型特色小镇发展模式。目前，浔龙河生态艺术小镇项目已完成生态、文化、旅游、教育、康养五大产业布局和部分产业项目建设。

（九）"复合资源"型乡村振兴

1. 基本含义

"复合资源"型乡村振兴是指部分乡村因同时拥有上述多种资源而实现的乡村振兴。

2. 典型案例

泖港镇地处上海市松江区南部、黄浦江南岸，是松江浦南地区三镇的中心，该镇的发展不倚仗工业，而是依托"气净、水净、土净"的独特资源优势，大力发展环保农业、生态农业、休闲农业。规范土地流转，实行家庭农场集中经营；完善服务管理，提高家庭农场运行质量；推动集约经营，优化家庭农场运行模式。成为上海的"菜篮子""后花园"，服务于以上海为主的周边大中城市。

三 按主体分

（一）"能人"主导型乡村振兴

1. 基本含义

"能人"主导型乡村振兴是指主要立足"能人"、找准"能人"、依靠"能人"，通过经济、产业或科技带头人，带领群众共同致富的乡村振兴模式。

2. 典型案例

山西省河津市龙门村位于秦晋交界的禹门口。村党委书记原贵生荣获全国劳动模范、全国五一劳动奖章、全国优秀企业家等荣誉称号，并当选为党的十七大、十八大代表，带领群众实现了农村城市化、农民职工化、农业机械化、生活小康化、住宅园林化，龙门村先后被评为"全国文明村""全国法治示范村""全国十佳小康村"。1996 年，原贵生当选村党委书记时，村里只有一台年产 2.5 万吨的焦炉，年产值不过几百万元。随后几年，原贵生发动党员和群众集资入股，建成了年产 22 万吨的焦炉生产线，并陆续建起村办电解铝厂和建材厂。原贵生虽是民办教师出身，但他对市场的判断非常准确，他说："光靠集体经济，很容易丧失活力，龙门村也要鼓励发展个体经济、混合所有制经济。"自 2013 年开始，龙门村与江西金鹰集团合作，共建"湿法炭黑生产线"项目，目前年产值为 1.6 亿元，龙门集团以土地、电气入股，每年能拿到 250 万元的分红。原贵生的意识很超前。早在多年前，在焦化、建材市场火热的时候，他就提出了"循环经济"的概念，并力推地热发电等节能产业。掌舵龙门村 20 多年，原贵生遭遇过家庭变故，龙门集团也经历过发展瓶颈，但他都未曾退缩。2016 年，建材市场低迷，而建材板块占到龙门集团营业收入的1/3，其影响非同小可，原贵生只得向管理要效益。在最要紧的 3 个半月时间里，他天天睡在办公室，凌晨两点起床，带着党员干部查岗，"半夜时分最容易打盹，一走神产品质量就可能不达标"。后半年，龙门集团一举扭亏为盈，实现了 1.2 亿元的盈利。目前，龙门村村集体固定资产为 15 亿元，年产值 28 亿元。在龙门村，每天一大早就能看到很多人在清扫街道，不少人佩戴"共产党员"的徽章。原贵生定了个规矩：党员和入党积极分子要义务为村里做贡献。原贵生话不多，穿一双老布鞋，见谁都是一脸笑容。这个带头人，在集体经济驱动发展、党建引领治企治村的路上，正带领村民马不停蹄、砥砺向前。

（二）"企业"主导型乡村振兴

1. 基本含义

"企业"主导型乡村振兴是指主要依托优势企业，通过优势企业带动实现的乡村振兴。

2. 典型案例

由茂源果品公司引领的乡村振兴"独乐模式"是这一类型的典型代表。独乐乡是河北省保定市易县的林果产业专业乡，自 1992 年起，独乐乡党委、政府坚持把发展林果业作为富民强乡的主导产业来抓，通过政策激励、科技培训、机制完善、典型带动、市场拉动、服务保障等多项举措，培植出茂源果品公司等典型龙头企业，走出了一条依靠科技兴林、优势企业带动、脱贫致富的成功之路。茂源果品公司位于独乐乡中独乐村，是保定市农业产业化重点龙头企业、国家扶贫企业、保定市扶贫龙头企业。公司带头人郭贺成是土生土长的独乐乡人，在乡党委、乡政府的大力支持下，他带领村民创新思路、改良品种、提升技术、延伸产业、拓展市场、细化管理，闯出了一条带领村民脱贫致富的好路子。2017 年茂源果品公司被保定市政府列为"太行山农业创新驿站"，2018 年被易县政府列为"双创双服"单位。目前，茂源果品公司总资产已达 9000 多万元，年总收入达 6000 多万元，种植林果 3000 多亩，年产磨盘柿、桃、李、杏、苹果等果品近 6000 吨，建成了 1100 平方米的 GMP 标准磨盘柿深加工车间、2640 平方米的保鲜速冻两用冷库。茂源果品公司建立了以果树种植、果品生产、果品深加工、果品销售为主的农业产业链，构建了"公司＋政府＋园区＋协会＋高校＋农户"的运营模式，形成了"产供销"一条龙、"贸工农"一体化、三次产业融合发展的良好格局，实现了经济效益、社会效益和生态效益的共赢。乡村振兴"独乐模式"的核心是"优势企业＋"，主要内容是"优势企业引领＋特色产业主导＋全域空间统筹＋科技创新驱动＋优美环境支撑＋共享共治保障"。

（三）"政府"主导型乡村振兴

1. 基本含义

"政府"主导型乡村振兴是指主要由政府扮演引导角色，更多发挥政府职能而实现的乡村振兴。"政府"主导型乡村振兴是我国乡村振兴中比较普遍的一种模式。

2. 典型案例

广东韶关南雄的乡村，通过政府精准施策而实现了乡村振兴。南雄以贫困村创建新农村示范村为抓手，大力推进以"三个下沉""两个整合""一个培育"为主的农村综合改革，通过充分发挥党支部的示范带头作用、党群理事会的引领作用和广大村民的主动性，做足土地文章，盘活农村土地资源，全面推进生态宜居美丽乡村建设。南雄在实施乡村振兴战略中，把重点放在做足土地文章、盘活农村土地上，通过发挥土地资源的优势，做活、做足农村土地文章，以突破生态宜居美丽乡村建设用地、产业发展用地和建设资金三个瓶颈，拓展生态宜居美丽乡村的深度和广度。首先是用好拆除危旧弃房腾退出来的 147 万平方米建设用地，按照"一户一宅"原则，将具体宅基地分配交由农村党群理事会去协调解决；其次是解决公建民营卫生站、文化场所、公厕等农村公共服务设施用地；最后是通过拆旧复垦成为复垦指标，在交易平台进行交易，收益按规定反哺用于支持乡村振兴及提高农户收益。通过互换并地、有偿流转、入股经营等形式，流转土地 8 万多亩，发展"一镇一品"特色农业。如乌迳镇长龙村流转土地3000 亩，通过"公司 + 农户 + 基地"模式，发展特色农业，解决村民参与产业发展、就业难题；界址镇百罗村流转了全村 60% 的土地共 800 多亩，用于种植莪术，农民以土地入股，年终按股份分红，增加了收入。

（四）"集体经济组织"主导型乡村振兴

1. 基本含义

"集体经济组织"主导型乡村振兴是指主要通过大力发展壮大村级集体经济，根据各村不同的资源禀赋、区位特点、产业优势，打造较强的集体经济而实现的乡村振兴。

2. 典型案例

陕西省礼泉县袁家村在 20 世纪 70 年代以前是一个"耕地无牛，点灯没油，干活选不出头"的"烂杆子村"，如今已成为火遍国内乡村旅游界的"关中民俗第一村"，集"中国十大美丽乡村""全国乡村旅游示范村""中国十佳小康村"等荣誉于一身。其重要经验就是努力践行产业共融、产权共有、村民共治、发展共享，有效解决了农村集体经济发展资源投入不足、活力下降、联系松散、监管困难等问题，蹚出了一条新时代中国特色社会主义农村新集体经济发展之路。袁家村的新集体经济实现了所有权、经营权、收益权的高度统一，其股份制经营模式主要由五部分构成。一是基本股。为盘活闲置资产，同时便于把农户的个体利益与集体利益紧密联结，袁家村对集体资产进行股份制改造，集体保留 38%，其余 62% 量化到户，每户 20 万元，每股年分红 4 万元。二是混合股。袁家村每一个商户、每一户农户的持股结构都不一样，既有资本入股，也有技术入股、管理入股等，加入合作社的农民既有袁家村的，也有周边其他村的，形成了混合持股的结构。三是交叉股。旅游公司、合作社、商铺、农家乐互相持有股份，共交叉持股 460 家商铺。村民可以自主选择自己入股的店铺，入股的村民范围已扩充到袁家村的各类经营户。四是调节股。针对经营户收入高低不均的现实，村里将盈利高的商户变为合作社，分出一部分股份给盈利低的商户，以缩小其与高收入商户的差距。五是限制股。在合作社入股过程中，全民参与、入股自愿，钱少先入、钱多后入，照顾小户、限制大户。股份少的可以得到较高比例的分红，股份超过限额的分红就会相应降低比例。

（五）"产业园区"主导型乡村振兴

1. 基本含义

"产业园区"主导型乡村振兴是指在乡村打造特色产业园区，通过园区发展带动经济发展，从而实现乡村振兴。

2. 典型案例

经过 20 多年的发展，杨凌已从昔日的关中小镇嬗变为"农科新城"，探索总结出了现代农业发展的"杨凌模式"。1997 年，我国第一个农业高新技术产业示范区在杨凌正式设立。在激发农业农村发展活力方面，杨凌率先进行了一系列有益的探索和尝试。从"清产核资"摸清"集体家底"，到资金变股金、农民变股东，再到"三变"改革、"千试点村"行动……杨凌基本实现了农村集体产权制度改革全覆盖。杨凌先后与阿里巴巴、京东集团、西瓜视频达成多项战略合作协议，实现了传统农业到数字农业的转型，着力把杨凌打造成为一个真正集智慧、生态、循环、科技于一体的现代化农业样本。

（六）"合作社"主导型乡村振兴

1. 基本含义

"合作社"主导型乡村振兴是指主要通过成立各类经济合作社，发挥合作社的作用，由合作社主导的乡村振兴模式。

2. 典型案例

陕西洛南县景村镇宏泰金银花专业合作社是国家级农民专业合作社示范社，成立于 2016 年 4 月，共有党员 24 名，带动贫困户 160 户。根据合作社生产经营和党员分布的具体情况，在金银花种植、黑花生种植、土蜂养殖、设施育苗、产品加工 5 个产业链上设立 5 个产业党小组，按照"双建双带双提升"党建领航精准扶贫工程要求，将"推动特色产业发展，促进群众精准扶贫"作为支部的中心工作，坚持"党支部＋合作社＋基地＋农户"的运行模式，充分发挥党组织、党员在产业发展和精准扶贫中的作用，促进了特色党建与精准扶贫深度融合、互推共赢。同时，开展"树旗评星"活动，充分调动党员的积极性。每季度末由党支部对每个党小组的工作进行综合评议，选树红旗党小组1~2个，由合作社党支部奖励该党小组1000元；通过自评、互评、组织审定等程序对24名党员评星，三星级以上的党员每评1颗星奖励150元。合作社提取销售收入的千分之五作为支部的党建工作经费，用于表彰奖励和开展日常党建工作。通过开展"树旗评星"活动，充分调动了每位党员参加党内组织生活、参与党建主题活动、履行党员义务、发挥先锋模范作用的积极性和主动性，有效提升了支部的组织力，促进了合作社的发展。合作社以种植金银花、黑花生、大棚蔬菜和养蜂为主导产业，通过支部引领、示范引导、辐射带动，帮扶周边4个镇11个村217户贫困户建立了金银花、黑花生、生态养殖、果蔬大棚4个产业基地，带动131户贫困户发展金银花种植3000多亩，实现了稳定脱贫，76户农户走上了致富道路。合作社2017年销售收入突破1000万元，利润突破100万元。

（七）"复合"主导型乡村振兴

1. 基本含义

"复合"主导型乡村振兴是指主要发挥能人、政府、企业、集体经济组织、产业园区、合作社等各类主体中两个以上主体的作用，通过综合发挥多类主体作用，由复合型主体引导的乡村振兴模式，如"公司＋合作社＋农户"主导的乡村振兴。在实践中，乡村振兴往往需要发挥多类主体的作用，因此这一类型是我国乡村振兴的普遍类型。

2. 典型案例

海南芭蕉村曾是一个远近闻名的"贫困村"。全村120户，几乎都住老旧瓦房和茅草房，环境卫生"脏乱差"，农民收入低于全镇平均水平。"全村119户人家，以前竟然有40多个单身汉，'光棍村'的说法曾让村民和村干部倍感头疼；这些单身汉不是醉醺醺地打牌，就是冲突不断，外人连村子都不敢进。"曾在芭蕉村任村民小组长的南班村党支部书记高勇坦言，村民发展动力缺失，没有上进心，以低效产业为主的芭蕉村，迟迟没有富起来的迹象。然而，改变发生在 2012 年。这一年，白沙将芭蕉村纳入"美丽乡村"打造计划之列，采取农户出一点、政府出一点、银行贷一点、集体补一点、企业出一点的方式，共投入 3000 余万元进行了整村大改造，让家家户户都住上了 143 平方米的二层楼房。纵横有序的林荫村道取代了泥泞土路，告别了每到雨季村里都是泥泞遍地、污水横流的日子。美了村庄环境，也美了村民的心。随着美丽乡村建设的启动，村民们开始主动外出打工，村民的精神面貌变了，接触的人也多了，40 多位新媳妇一个接一个地被娶回来——"光棍村"成为历史。芭蕉村村民借助邦溪镇整体开发的机遇，纷纷做起了民宿产业，还成立了芭蕉村休闲观光农业合作社，发动全体村民入股，吃上了旅游饭。依托芭蕉村的区位优势和生态优势，村里成立了芭蕉村休闲观光农业合作社，引导村民参与旅游发展。此外，芭蕉村还整合 1460 万元资金启动休闲农庄建设，打造集民宿、餐饮、自驾、度假等于一体的综合农业休闲乐园，2018 年全村实现了旅游增收 15 万元。

四 按功能分

（一）"特色小城镇"主导型乡村振兴

1. 基本含义

"特色小城镇"主导型乡村振兴是指在乡村地区建设"特色小城镇"，因地制宜发展特色小城镇经济，促进城乡融合发展，带动乡村产业兴旺，从而实现乡村振兴。我国小城镇先后涌现出城市辐射型（京津冀、长三角）、乡镇企业推动型（"苏南模式"）、民营经济主导型（"温州模式"）、外资驱动型（珠三角）、"特色小镇"的浙江经验等多种经典小城镇发展模式。

2. 典型案例

美国纳帕谷葡萄酒小镇位于美国加州旧金山以北 80 公里处，由 8 个小镇组成，是一个 35 英里长、5 英里宽的狭长区域，风景优美，气候宜人，是美国第一个跻身世界级的葡萄酒产地。纳帕谷起步于 19 世纪中期，如今已成为一个以葡萄酒文化、庄园文化闻名，包含品酒、餐饮、养生、运动、婚礼、会议、购物及各类娱乐设施的综合性乡村休闲文旅小镇集群。每年接待世界各地的游客达 500 万人次，旅游经济收益超过 6 亿美元，为当地直接创造 2 万多个工作机会。纳帕谷"依托美丽环境支撑的和谐小镇"是小镇的最大优势，2012 年的一份游客调查报告显示，品酒并不是吸引游客的首要原因。37% 的游客表示，美丽的风景才是吸引他们的最重要原因，旅游业是纳帕谷最大的收入来源。

（二）"田园综合体"主导型乡村振兴

1. 基本含义

"田园综合体"主导型乡村振兴是指在乡村地区建设"田园综合体"，因地制宜发展特色田园经济，促进三次产业融合发展，带动乡村产业兴旺，从而实现乡村振兴。

2. 典型案例

浙江湖州市安吉县鲁家村是美丽乡村精品示范村、全国首个家庭农场集聚区。2011~2016 年，鲁家村集体经济年收入从 1.8 万元增至 286 万元，农村居民人均纯收入由 1.9 万元增至 3.2 万元。鲁家村以"公司+村+家庭农场"模式，启动了全国首个家庭农场集聚区和示范区建设项目，将美丽乡村田园综合体"有农有牧、有景有致、有山有水、各具特色"的独特魅力呈现给世人。在鲁家村的发展历程中，离不开村委会基层组织的积极作为，也离不开政府层面的大力支持。例如，安吉县对美丽乡村精品村创建给予奖励资金，允许村集体提前预支一部分资金投入创建，在解决建设用地指标时向乡村旅游重点项目倾斜，对乡村河道环境等的整治均有相配套的资金，这些都成为鲁家村"腾飞"不可或缺的助力。早在十几年前，鲁家村就花费 300 万元请设计公司对整个村子进行环境规划、产业规划和旅游规划。鲁家村用活了村内的旧屋、河道、果林、菜园等素材，而不是城市化的照搬照抄；创新了产业规划设计，打造了合理的乡村空间格局、产业结构、生产方式和生活方式，促进了乡村人与自然和谐共生，让更多人爱上乡村。

（三）"乡村旅游"主导型乡村振兴

1. 基本含义

"乡村旅游"主导型乡村振兴是指以乡村旅游产业为主导，主要通过发展乡村旅游业，带动其他产业发展，从而实现乡村振兴。

2. 典型案例

莫干山位于浙江省湖州市德清县境内，原属武康县，为天目山的分支，处于沪、宁、杭金三角的中心区域。莫干山是国家 AAAA 级旅游景区，被列为国家级风景名胜区、国家森林公园。莫干山以竹、泉、云和清、绿、冰、静的环境著称，素有"清凉世界"之美誉，并享有"江南第一山"之美誉，清末民初兴建的数百幢别墅，被称为"世界建筑博物馆"。2016 年，莫干山被国家旅游局列为中国国际乡村度假旅游目的地。《纽约时报》评选的全球最值得一去的 45 个地方中，莫干山排名第 18 位。莫干山坚信"只有大河有水，小河才不会干"，一个"裸心谷"成就了莫干山。莫干山不仅发展"裸心谷"精品民宿，而且开发"洋家乐"创新民宿。莫干山坚持"不浮夸、不盲目"的乡村改造工作，既保留了原有建筑，也恢复了"民国风格"，使乡村改造工作很好地服务于旅游业的发展。

（本章执笔：魏云）

第五章
探索建立乡村振兴的评价体系

一 乡村振兴现有理论述评

（一）张培刚的农业现代化理论

张培刚教授（1913～2011 年）被誉为发展经济学之父，他所著的《农业与工业化》是发展经济学的奠基之作。张培刚先生的农业现代化理论认为工业和农业的发展并不是矛盾的，而是受到同一个技术进步过程的驱动，二者的发展都是技术进步的表象。在张培刚先生眼里，工业与农业只是产品不同，城市与乡村只是生产的场所不同，这些区别都很重要，但都不是最重要的。最重要的，是采取什么样的技术进行生产。比如说农业，是刀耕火种，是一人一犁一耕牛，还是采用现代化的机械、种子、化肥、灌溉。再比如说工业，是作坊里的手工业，还是机器化的大工业。因此，张培刚先生定义的工业化的着力点不是"产品"，而是"如何生产"。通常意义上的"工业品"可以工业化，"农产品"也可以工业化，前提是只要采用现代的工业化的生产技术。在张培刚先生的视角里，工业化的重点并不在"工业"，而在"化"，其实质是用先进的技术改造传统的农业和工场手工业。

（二）刘易斯等的二元结构理论

以刘易斯（Lewis）为首的部分发展经济学家认为，发展中国家存在两个部门和两个区域，即生产率低下的传统农业部门和生产率较高的现代工业部门，以及凋敝的农村和繁荣的城市，这种典型的二元经济结构在发展上要求采取工业和城市优先或者说工业主导农业、城市主导乡村的不平衡发展战略。在这一发展战略下，乡村建设与发展只不过是以一种被动式的满足工业部门和城市发展的方式进行。

德国地理学家克里斯托勒（Christaller）强调城市与农村、工业与农业协调互促的发展关系。他认为，一个国家要想在全国范围内取得广泛的经济增长，就需要在国家范围内建立起一个一体化（Integrated）的居落系统（Settlement System）。这个全国性的居落系统既包括城市，也包括农村。居落系统可以实现城市与农村、工业与农业之间产品和服务的互相交换，从而推动全国性的市场交易顺利进行。

美国经济学家拉尼斯和费景汉（Ranis and Fei）认为，农业在经济发展中不仅仅如刘易斯所说的那样消极地为工业部门提供劳动力，还积极地为工业部门和城镇提供剩余农产品。为保证工业化和城镇化的顺利推进，必须重视农业发展，重视农业劳动生产率的提高，以释放更多劳动力和提供更多农产品。因此，要积极推动农业部门的建设与发展。

（三）舒尔茨的改造传统农业理论

经济增长不能单靠对工业的关注来加以解释，美国经济学家西奥多·W. 舒尔茨认为传统经济学对农业的关注不够，提出通过对传统农业的改造，向农业投入新的生产要素，来实现传统农业向现代农业的转变，从而带动经济增长。舒尔茨认为，农场规模的变化并不是现代化进程中产生的经济增长的源泉。改造传统农业求助于"规模收益"的概念是无用的，因为改造传统农业需要引入一种以上的新农业要素，所以在这个改造过程中，关键问题不是规模问题，而是要素的均衡性问题。

二 建立新的乡村振兴理论分析框架

（一）"五个振兴"理论

2018 年，习近平总书记在参加十三届全国人大一次会议山东代表团审议时，就如何实施好乡村振兴战略做出"五个振兴"的科学论断，为实施乡村振兴战略进一步明确了目标和路径。习近平总书记提出的"五个振兴"是落实乡村振兴战略的关键，也为建立乡村振兴理论分析框架提供了重要指导。

"五个振兴"理论涵盖经济、政治、文化、社会、生态文明等方方面面，与实施乡村振兴战略"产业兴旺、生态宜居、乡风文明、治理有效、生活富裕"的总要求一脉相承。"五个振兴"理论各有侧重、相互作用，其中产业振兴是乡村振兴的基础，人才振兴是乡村振兴的关键，文化振兴是乡村振兴的灵魂，生态振兴是乡村振兴的要求，组织振兴是乡村振兴的保障。"五个振兴"理论见图 5－1。

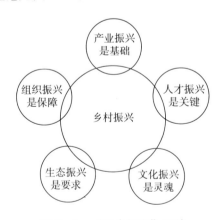

图 5－1　"五个振兴"理论

（二）乡村人本发展理论

乡村人本发展理论是人本发展理论在乡村振兴领域的具体应用。人本发展理论是由经济学家李佐军围绕"满足人""依靠人""引导人""装备人""安置人"建立起的一个既能解释各种现象和提出各种对策，又能整合各类社会科学的系统分析框架。人本发展理论提供了一种简洁有力的解释现象和提出对策的系统分析方法。人本发展理论围绕人，将发展目标归于"满足人"，将发展主体归于"依靠人"，将发展手段归纳为（制度）"引导人"、（资源）"装备人"和（分工）"安置人"，因而将各种纷繁复杂的因素整合成一个逻辑自洽的分析框架。若要解释某种现象，则可先分析与该现象有关的人的需求，再分析行为主体的行为以及影响主体行为的主要因素，就可理出一个解释框架。若想提出某方面的对策，也可先分析该方面对策所涉及的人的需求，再分析有关行为主体的行为及其主要影响因素（或约束条件），就可理出一个对策体系。①

首先，"满足人"反映人类追求的目标。乡村人本发展理论的"满足人"就是满足乡村居民对美好生活的需要，这与乡村振兴战略的根本目标"生活富裕"是一致的。

其次，"依靠人"反映人类主体及其行为。乡村人本发展理论的"依靠人"就是依靠包括农民等在内的各种主体，这与"五个振兴"理论中的人才振兴、组织振兴具有一致性。

最后，（制度）"引导人"、（资源）"装备人"和（分工）"安置人"则反映影响人类行为和形成各种现象的手段（或因素或约束条件）。三层次内容共同构成了一个相互影响、相互依存的统一整体，构成了一个能系统演化的有机体。乡村人本发展理论的"引导人""装备人""安置人"就是通过构建有效的体制机制（如土地机制），积极引入各类要素（如资金、技术等），构建现代化乡村产业体系，实现乡村振兴。（制度）"引导人"包含"治理有效""乡村文明"等内容，（资源）"装备人"和（分工）"安置人"则是"产业兴旺"的前提条件。乡村人本发展理论模型见图5-2。

---

① 李佐军：《人本发展理论：解释经济社会发展的新思路》，中国发展出版社，2008。

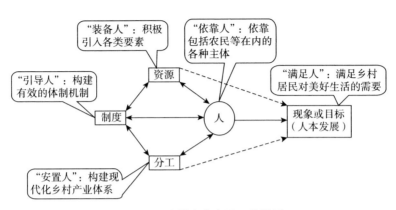

图 5 - 2　乡村人本发展理论模型

（三）乡村绿新发展理论

乡村绿新发展理论是新动能"六途径"绿色发展理论和"五级火箭"理论在乡村振兴领域的组合、延伸和创新。新动能"六途径"绿色发展理论的主要内容可以概括为"降耗""减排""止损""增绿""提效""改制"六个方面："降耗"（含节能），即降低资源能源消耗；"减排"，即减少"三废"和二氧化碳等排放；"止损"，即阻止或减少生态环境损害；"增绿"，即增加绿色生态空间；"提效"，即提高全要素生产率；"改制"，即建立促进绿色发展的制度体系。新动能"五级火箭"理论包括新制度、新主体、新要素、新产业、新市场五个重要方面以及新定位、新思路、新布局、新环境、新行动五大支撑。"五级火箭"之间是有逻辑关系的：新制度驱动新主体，新主体运用新要素，新要素支撑新产业，新产业满足新市场；新定位、新思路、新布局、新环境、新行动构成"五新支撑框架"。[①] 乡村绿新发展理论模型见图 5 - 3。

乡村绿新发展理论的主要内容包括：一是构建乡村振兴"五级火箭"，即乡村新制度驱动乡村新主体，乡村新主体运用乡村新要素，乡村新要素支撑乡村新产业，乡村新产业满足乡村新市场；二是夯实乡村振兴"五新

---

① 李佐军主编《发展绿色新动能经济——中国发展动力研究报告系列三》，社会科学文献出版社，2018。

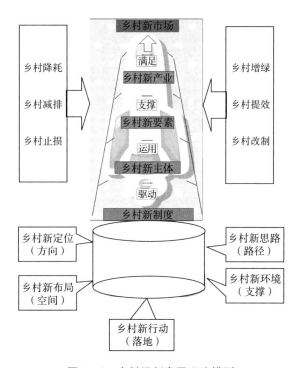

图 5 - 3 乡村绿新发展理论模型

支撑框架",即明确乡村新定位、谋划乡村新思路、优化乡村新布局、美化乡村新环境、实施乡村新行动;三是实现乡村的绿色发展,即实施"乡村降耗""乡村减排""乡村止损""乡村增绿""乡村提效""乡村改制",其中"乡村改制"与"乡村新制度"具有相同的内涵。

(四)城乡统一制度理论

城乡统一制度理论[1]即要建立城乡统一的户籍制度、土地制度、产权制度、财税制度、投融资制度、福利保障制度、劳动用工制度、教育制度、医疗制度、选举制度、社会组织制度等。只有建立城乡统一的制度,才能走出城乡分割体制,形成全国统一市场,规范政府行为,充分调动城乡经济主体的积极性和创造性,转变"城市偏向"的发展战略,形成城乡协调发

---

[1] 李佐军:《统筹城乡发展的关键是建立城乡统一制度》,《新经济导刊》2004 年第 3 期。

展的局面，为乡村振兴战略的实施奠定坚实的制度基础。

一是建立城乡统一的产权制度。城乡不统一的产权制度使城乡之间的劳动力转移面临巨大障碍，使城乡之间的生产要素优化配置难以顺利进行，阻碍城乡协调发展。因此，要逐步建立城乡统一的产权制度。要按照与市民同样的标准对农民的资金所有权进行保护，决不允许各部门在国家法律规定之外随意侵犯农民的资金所有权（如摊派、集资、克扣等）。

二是建立城乡统一的价格制度。城乡统一的、自由的价格制度是现代市场经济最基本的特征。必须按照现代市场经济的要求，实行城乡统一的、自由的价格制度，彻底消除工农业产品价格剪刀差，打破垄断行业的垄断定价，减少对部分农产品的保护定价。

三是建立城乡统一的户籍制度。我国城市户籍与农村户籍所承载的权益是不一致的，这种城乡不统一的户籍制度，既不符合社会主义的理想，也不符合市场经济公平竞争的原则。必须建立城乡统一的以身份证管理为核心的人口流动制度。

四是建立城乡统一的就业制度。在现代市场经济制度下，城乡就业制度应是统一的。在城乡统一就业制度的引导下，劳动力在城市和农村的边际生产率和工资率应趋于均衡。必须承认和实现劳动力的择业自由及选择工作地点的自由，实行城乡统一的就业、失业登记制度。

五是建立城乡统一的福利保障和教育制度。城乡不统一的福利保障和教育制度既不公平，也阻碍了城市对农村人口和劳动力的吸纳。必须尽快建立城乡统一的福利保障和教育制度，通过建立城乡统一的教育和医疗卫生制度，消除城乡分割制度下农村劳动力在获得教育、技能培训、健康与营养等人力资本投资方面与城市劳动力存在的巨大差别。

六是建立城乡统一的财税金融制度。城乡不统一的财税金融制度，使农民承担了过多的负担和责任，而没有享受到应有的权益，扩大了城乡差距。必须建立城乡统一的财税金融制度，如统一城乡税制，统一城乡居民的非税负担，使城乡的财政支出与其人口比例大致相适应，对农村金融资金的转移进行适当的限制等，加大对农村的财政转移支付力度。

三 乡村振兴评价指标体系

（一）现有乡村振兴评价指标体系述评

在当前已有研究中，与我国乡村振兴评价指标体系相关性较强的有以下几项。

国家发展改革委牵头有关部门根据 2018 年中央一号文件编制的《乡村振兴战略规划（2018~2022 年）》，明确了今后五年的重点任务，围绕产业兴旺、生态宜居、乡风文明、治理有效、生活富裕的总要求，提出了 22 个具体指标，其中约束性指标 3 个、预期性指标 19 个，并首次将乡村振兴指标体系作为其重要部分写入《乡村振兴战略规划（2018~2022 年）》。该指标体系为乡村振兴战略提供了具体的目标，具备可操作性，为乡村振兴的决策者和建设者指明了方向。另外，通过评价指标体系对乡村振兴进程进行监测，可及时发现乡村振兴进程中存在的问题，并采取针对性措施予以纠正，保证乡村振兴战略顺利实施。

中国社会科学院 2018 年发布的《乡村振兴发展指数暨湖州市乡村振兴发展评价报告》，按照乡村振兴战略的总体要求，以 2035 年基本实现农业农村现代化为目标提出包括 5 个一级指标、14 个二级指标、34 个三级指标的乡村振兴发展指数，并以湖州市为代表进行乡村振兴发展指数分析，得出湖州市乡村振兴发展水平，探索发展模式，总结先进经验，为各地探索乡村振兴提供了宝贵经验。

西南财经大学中国西部经济研究中心贾晋研究员带领团队编写了《中国乡村振兴发展指数蓝皮书（2018）》，并在该书中提出"六化四率三风三治三维"的指标体系，反映了乡村振兴战略中的生活富裕程度。该书通过乡村振兴指标体系测算了 30 个省份的乡村振兴发展指数，比较了各省份乡村振兴发展水平之间的差距，并对其进行了发展梯队的划分，通过梳理领先地区的发展特点，厘清落后地区的发展误区，总结推广典型经验，为编制乡村振兴规划和从供给侧结构性改革的视角推动乡村振兴战略落地提供了科学依据和实践方向，并尝试构建县级乡村振兴评价指标体系，对县域发展具有重要意义。《中国乡村振兴发展指数蓝皮书（2018）》乡村振兴评价指标体系见表5-1。

表5-1　《中国乡村振兴发展指数蓝皮书（2018）》乡村振兴评价指标体系

一级指标	二级指标	三级指标	单位
产业兴旺	农业效率化	人均农林牧渔业产值	元
		节水灌溉耕地面积占比	%
	农产品品质化	农产品区域公用品牌价值	亿元
	农业机械化	亩均机械动力	万千瓦/亩
	农业科技化	研发经费投入占地区生产总值比重	%
	农民组织化	国家农民专业示范合作社数量	个
		农业产业化国家重点龙头企业数量	家
	农业融合化	农产品加工业规模以上企业主营业务收入	亿元
		中国最美休闲乡村数量	个
生态宜居	乡村规划率	已编制村庄规划的行政村占比	%
	道路通达率	人均村庄道路面积	平方米
		开通互联网宽带业务的行政村占比	%
	生活宜居率	农村卫生厕所普及率	%
		农村自来水供给普及率	%
		农村生活污水处理率	%
		农村生活垃圾处理率	%
	医疗配套率	农村医疗卫生人员数占比	%
		农村居民每万人养老服务机构数量	个
乡风文明	家庭之风	农村居民平均受教育年限	年
		每万人文化技术培训教学点数量	个
	民俗之风	全国文明村占行政村的比重	%
		村社邻居社交频繁程度	分

一级指标	二级指标	三级指标	单位
乡风文明	社会之风	每万人村文化活动场所数量	个
		农村居民人均文化娱乐消费支出	元
治理有效	民主自治	村委会成员专科及以上学历比例	%
		村支书、村委会主任非"一肩挑"比例	%
	基层法治	全国民主法治示范村占行政村比例	%
		农村居民治安满意度	分
	社会德治	弱势群体受关照度	分
		村社居民相互信任度	分
生活富裕	农民收入	农村居民纯收入	元
		农村居民人均纯收入增长率	%
	收入差距	城乡居民收入差距比	倍
		恩格尔系数	%
	生活品质	每百户汽车拥有量	辆
		人均年食品消费蛋白质含量	千克

（二）构建乡村振兴评价指标体系的原则

乡村振兴评价指标体系的构建原则包括系统性原则、导向性原则、延续性原则、科学性原则、可比性原则。

1. 系统性原则

乡村振兴战略是一个系统而庞大的工程，乡村振兴评价指标体系作为乡村振兴战略的导向与监测手段，需从多层次、多角度、多方面反映乡村振兴战略的实际情况。在本次研究中，乡村振兴评价指标体系由 5 个一级指标、15 个二级指标、31 个三级指标构成，各指标相互联系、相互协调，共同支撑构建整体的评价指标体系。

2. 导向性原则

在本次研究中，乡村振兴评价指标体系构建的目标是依据乡村振兴战略的二十字总要求对各省份乡村振兴战略的实施进度进行综合具体的评价。

而评价的目的也不仅仅是做出综合排名，还要对各省份乡村振兴提出具体要求，明确各省份在乡村振兴总要求中的优势与不足，为各省份的乡村振兴领导者和建设者指明道路，因地制宜地引导其采取相应的措施实现乡村振兴。

3. 延续性原则

在构建乡村振兴评价指标体系时，既参考了贾晋研究员带领团队编写的《中国乡村振兴发展指数蓝皮书（2018）》，也参考了国家发展改革委牵头编制的《乡村振兴战略规划（2018～2022年）》。在充分借鉴已有指标体系的前提下，乡村振兴评价指标体系将其他优秀指标体系的部分指标作为最终结果纳入其中，并对一些指标依据实际情况如数据可得性进行修改。

4. 科学性原则

乡村振兴评价指标体系的数据来源为权威性的统计年鉴及报告，对数据的处理均采取科学的方法。乡村振兴评价指标体系的构建依据乡村振兴战略的总要求进行，能够客观反映各省份的乡村振兴状况。

5. 可比性原则

构建乡村振兴评价指标体系，既要能对各省份的乡村振兴各项指标进行纵向分析，又要能对各省份的乡村振兴情况进行横向比较，因此需要保证评价指标体系口径的一致，并且对每一个指标进行标准化处理，确保各省份之间相互可比。

（三）新的乡村振兴评价指标体系

1. 乡村振兴评价指标体系的内容

在构建思路上，乡村振兴评价指标体系分为三个层次。第一层次是由乡村振兴战略"产业兴旺、生态宜居、乡风文明、治理有效、生活富裕"的总要求所决定的，并以这二十字作为一级指标；第二层次是根据二十字总要求的具体内涵，进一步分离出以振兴乡村为主旨的二级指标；第三层次是根据所确定的二级指标指向的具体领域，选择数据可测可得，并具有可比性的基础性指标作为三级指标。

第一，产业兴旺。产业兴旺下分4个二级指标：农业生产、科技进步、涉农产业、品牌建设。农业生产通过农林牧渔总产值指数和农业劳动生产率 2 个指标反映农业生产能力（数据来源：各省份统计年鉴）；科技进步通过农业科研投入占比和亩均机械动力 2 个指标反映农业科技发展潜力（数据来源：各省份统计年鉴）；涉农产业通过农产品加工产值与农业总产值之比和乡村旅游发展指数 2 个指标反映地区三次产业融合能力（数据来源：各省份统计年鉴、《中国休闲农业和乡村旅游发展研究报告》）；品牌建设通过农业龙头 500 强企业数量这一指标反映农业品牌建设能力（数据来源：中国农业新闻网）。

第二，生态宜居。生态宜居下分 2 个二级指标：自然生态宜居、人为生态宜居。自然生态宜居通过绿化覆盖率、地区二级以上空气优良天数占比、地表水水质优良区域占比、农用地优质土壤占比（无数据，权重为 0）4 个指标反映自然环境的宜居程度（数据来源：各省份统计年鉴、《全国环境统计公报》）；人为生态宜居通过具备条件的建制村硬化路比例、对生活垃圾进行处理的村占比、对生活污水进行处理的村占比、禽畜粪综合利用率、农村卫生厕所普及率 5 个指标反映人为对环境的保护程度（数据来源：第三次农业普查报告）。

第三，乡风文明。乡风文明下分 3 个二级指标：文明建设、乡村教育、文化娱乐。文明建设通过县级及以上文明村和乡镇占比这一指标反映社会主义农村的文明进步程度（数据来源：全国文明城市名单）；乡村教育通过各地区 0~6 岁接受学前教育人数占比、各地区义务教育专任教师学历合格率、各地区（乡村）6 岁以上人口专科以上学历占比 3 个指标反映农村教育的基本情况（数据来源：国家及地方统计局、《全国教育事业发展统计公报》）；文化娱乐通过村综合性文化服务中心覆盖率、农村居民教育文化娱乐支出占比 2 个指标反映农村的精神文明发展状况（数据来源：《中国农村统计年鉴》）。

第四，治理有效。治理有效下分 3 个二级指标：民主自治、基层法治、社会德治。民主自治通过村委会选举选民参与率这一指标反映民主自治的有效程度（数据来源：《中国农村基层民主政治建设统计年鉴》历年均值）；基层法治通过全国民主法治示范村占行政村的比例这一指标反映基层法治的建设情况（数据来源：中国普法网）；社会德治通过弱势群体受关照度和村社居民相互信任度 2 个指标反映农村居民思想道德建设状况（数据来源：人大 CGSS 调查问卷数据库）。

第五，生活富裕。生活富裕下分 3 个二级指标：农民收入、农民消费、收入差距。农民收入通过农村居民人均纯收入这一指标反映农民生活富裕程度（数据来源：《中国农村统计年鉴》）；农民消费通过农村居民恩格尔系数、农村居民人均消费支出 2 个指标反映农村居民消费能力（数据来源：《中国农村统计年鉴》）；收入差距通过城乡居民收入比、农村居民基尼系数 2 个指标反映城市居民与农村居民收入差距情况（数据来源：《中国农村统计年鉴》、田卫民的《省域居民收入基尼系数测算及其变动趋势分析》）。乡村振兴评价指标体系见表 5 - 2。

表 5 - 2 乡村振兴评价指标体系

一级指标	一级指标权重	二级指标	二级指标权重	三级指标	三级指标权重
产业兴旺	0.22	农业生产	0.11	农林牧渔总产值指数	0.5
				农业劳动生产率	0.5
		科技进步	0.54	农业科研投入占比	0.5
				亩均机械动力	0.5
		涉农产业	0.17	农产品加工产值与农业总产值之比	0.5
				乡村旅游发展指数	0.5
		品牌建设	0.18	农业龙头 500 强企业数量	1
生态宜居	0.15	自然生态宜居	0.43	绿化覆盖率	0.5
				地区二级以上空气优良天数占比	0.25
				地表水水质优良区域占比	0.25
				农用地优质土壤占比	0
		人为生态宜居	0.57	具备条件的建制村硬化路比例	0.2
				对生活垃圾进行处理的村占比	0.2
				对生活污水进行处理的村占比	0.2
				禽畜类综合利用率	0.2
				农村卫生厕所普及率	0.2

一级指标	一级指标权重	二级指标	二级指标权重	三级指标	三级指标权重
乡风文明	0.21	文明建设	0.68	县级及以上文明村和乡镇占比	1
		乡村教育	0.21	各地区 0~6 岁接受学前教育人数占比	0.4
				各地区义务教育专任教师学历合格率	0.3
				各地区（乡村）6 岁以上人口专科以上学历占比	0.3
		文化娱乐	0.11	村综合性文化服务中心覆盖率	0.7
				农村居民教育文化娱乐支出占比	0.3
治理有效	0.19	民主自治	0.32	村委会选举选民参与率	1
		基层法治	0.64	全国民主法治示范村占行政村的比例	1
		社会德治	0.04	弱势群体受关照度	0.5
				村社居民相互信任度	0.5
生活富裕	0.23	农民收入	0.55	农村居民人均纯收入	1
		农民消费	0.23	农村居民恩格尔系数	0.5
				农村居民人均消费支出	0.5
		收入差距	0.21	城乡居民收入比	0.6
				农村居民基尼系数	0.4

2. 测算方法

本文主要采用如下方法逐步计算各级乡村振兴发展指数。本文将乡村振兴发展指数分成 5 个一级指标、15 个二级指标和 31 个三级指标。对于各个指标存在的量纲不统一，可通过极差法对原始数据进行处理。处理公式如下：

$$a_{ij} = \frac{A_{ij} - \min_{ij}}{\max_{ij} - \min_{ij}} \tag{1}$$

其中，a_{ij} 表示省份维度 i 的第 j 个指标处理后的数值，A_{ij} 表示实际值，$\min_{ij}$ 和 $\max_{ij}$ 分别表示省份维度 i 的第 j 个指标的最小值和最大值。$i = 1, 2, \cdots, 31$；$j = 1, 2, \cdots, n$（n 表示不同层级、不同维度下的指标数量）。所选各子指标中仅有农村居民恩格尔系数、城乡居民收入比和农村居民基尼系数 3 个指标与乡村振兴发展呈反向关系，其余 28 个指标均呈正向相关关系。通过上述公式最终将全部基础指标转换为经过归一化处理的规范评价指标。

在权重确定方式上，本文采取主观与客观相结合的综合权重确定方法。对于三级指标，结合专家意见及现实情况，以指标在乡村振兴战略中所体现出的重要程度进行权重赋值。因此，三级指标赋权方法主要采用主观方法——专家打分法。在构建各个二级指标后，为避免主观性过强引起指标构建有失偏颇，本文在接下来的一级指标及综合指标合成过程中采用客观权重赋值方法——变异系数法。

变异系数反映单位均值的离散程度，常用于对两个总体均值不等的离散程度的比较。作为一种客观赋权方法，变异系数法对各个指标的权重确定方法是根据其离散程度进行赋权的。因为在评价指标体系中，取值差异越大的指标，往往是越难以实现的指标，这样的指标更能反映被评价单位的差距。变异系数计算公式为：

$$CV_{ij} = \frac{\sqrt{(A_{ij} - \overline{A_{ij}})}}{A_{ij}} \tag{2}$$

其中，CV_{ij}表示第i维第j个指标的变异系数，$\overline{A_{ij}}$表示第i维第j个指标的均值。由此，便可计算出各个指标的具体权重w_{ij}。

$$w_{ij} = \frac{CV_{ij}}{\sum_j CV_{ij}} \tag{3}$$

依据上述公式计算出各基础指标的加权系数，并逐级确定每一级指标的具体加权系数。在合成维度指数时，通过测算各维度经过归一化处理后的指标值与理想值之间的欧式距离，对其进行标准化并做反向处理形成测算结果。测算公式为：

$$RFSII_i = 1 - \frac{\sqrt{\sum_{j=1}^{n} w_{ij}^2 (1 - a_{ij})^2}}{\sqrt{\sum_{j=1}^{n} w_{ij}^2}} \tag{4}$$

其中，$RFSII_i$表示维度指数，a_{ij}是经过归一化处理的指标值，通过式（4）可以计算各二级指标的具体数值，再经过上文的逐级加权系数矩阵，最终合成一级指标乃至乡村振兴发展综合指数。

四 对各地乡村振兴的评价分析

(一)乡村振兴发展指数综合评价

通过乡村振兴评价指标体系进行评价,各省份在乡村振兴战略实施进度上还存在很大的差距。在总指标评价下,各地区的乡村振兴发展指数按东部地区、中部地区、东北地区、西部地区依次递减,数值分别为0.419、0.240、0.199、0.170。由此可见,我国乡村振兴战略的实施情况存在明显的区域差异。

在乡村振兴发展指数测算中,发展指数排名前10位的省份包括浙江省、上海市、北京市、江苏省、山东省、天津市、福建省、广东省、湖北省、湖南省,其中东部地区占据8个名额,中部地区占据2个名额。在东部地区,浙江省在生态宜居方面排名第一,上海市在生活富裕方面排名第一,山东省在产业兴旺、治理有效方面排名第一,福建省在乡风文明方面排名第一。

在乡村振兴发展指数测算中,发展指数排名后10位的省份包括黑龙江省、吉林省、四川省、山西省、云南省、陕西省、贵州省、青海省、西藏自治区、甘肃省,其中东北地区占据2个名额,西部地区占据7个名额,中部地区占据1个名额。上述乡村振兴发展较为落后的省份在产业兴旺、生态宜居、乡风文明、治理有效、生活富裕方面的实力不平衡或在各方面全面落后的状况,需要在今后的发展中应对各种挑战,加快发展社会主义新农村,早日实现乡村振兴。乡村振兴发展指数及排名见表5-3。

表5-3 乡村振兴发展指数及排名

省份	乡村振兴发展指数	全国排名	分属地区	地区排名
浙江省	0.5552	1	东部地区	1
上海市	0.5424	2	东部地区	2

续表

省份	乡村振兴发展指数	全国排名	分属地区	地区排名
北京市	0.5122	3	东部地区	3
江苏省	0.4985	4	东部地区	4
山东省	0.4570	5	东部地区	5
天津市	0.4413	6	东部地区	6
福建省	0.3922	7	东部地区	7
广东省	0.2916	8	东部地区	8
湖北省	0.2804	9	中部地区	1
湖南省	0.2662	10	中部地区	2
安徽省	0.2639	11	中部地区	3
河北省	0.2532	12	东部地区	9
海南省	0.2419	13	东部地区	10
河南省	0.2378	14	中部地区	4
江西省	0.2292	15	中部地区	5
辽宁省	0.2144	16	东北地区	1
广西壮族自治区	0.2071	17	西部地区	1
宁夏回族自治区	0.1990	18	西部地区	2
内蒙古自治区	0.1975	19	西部地区	3
新疆维吾尔自治区	0.1966	20	西部地区	4
重庆市	0.1936	21	西部地区	5
黑龙江省	0.1918	22	东北地区	2
吉林省	0.1896	23	东北地区	3
四川省	0.1803	24	西部地区	6
山西省	0.1641	25	中部地区	6
云南省	0.1583	26	西部地区	7
陕西省	0.1557	27	西部地区	8
贵州省	0.1411	28	西部地区	9
青海省	0.1364	29	西部地区	10
西藏自治区	0.1352	30	西部地区	11
甘肃省	0.1334	31	西部地区	12

（二）产业兴旺指数评价

在产业兴旺方面发展较好的省份有山东省、江苏省、北京市、浙江省、天津市。

山东省的农业科研投入占比在全国排名第二，仅次于江苏省，亩均机械动力也排在前列，具有强大的科技研发及应用能力，科技进步指标排名第一；山东省拥有 80 家农业龙头 500 强企业，品牌数量多、质量高，品牌建设指标排名第一；山东省的农产品加工产值与农业总产值之比较高，乡村旅游发展指数较大，涉农产业指标发展综合实力较强，但其农业劳动生产率较低，与其农业科研能力、机械化水平、涉农产业发展能力不相适应，应着重提高地区农业劳动生产率。

江苏省的农林牧渔总产值指数与农业劳动生产率排名居中游水平，与其产业兴旺水平有一定差距，还需着力发展；农业科研投入占比排名第一，亩均机械动力居中上游水平，具有极强的农业科研能力，但应用能力有些薄弱，应加强农业科学技术的具体应用，提升机械化水平；由于近年来江苏省大力发展第二、第三产业，乡村旅游发展指数排名第一，涉农产业指标发展情况良好；江苏省拥有 34 家农业龙头 500 强企业，在全国排名第三，品牌实力较强。

北京市是我国的政治、文化、国际交流、科技创新中心，农业科研创新能力较强，科技进步指标排名较靠前；北京市以第三产业为主，农产品加工产值与农业总产值之比排名居中游水平，乡村旅游发展指数排名较靠前，整体来说涉农产业指标发展良好，但其农业生产及品牌建设指标处于全国靠后位置，需继续增强农业生产能力，加强农业品牌建设管理。

浙江省的农林牧渔总产值指数与农业劳动生产率均处于中游位置，需进一步加强农业生产管理，提高劳动生产率；农业科技投入占比高，机械化程度高，科技进步指标排名靠前；农产品加工产值与农业总产值之比以及乡村旅游发展指数排名居中上游水平，涉农产业指标综合发展良好；品牌建设指标居中游水平，还需重点建设。

天津市的农业劳动生产率在全国排名第二，农业生产能力较强；农业科研投入占比高，但机械化程度一般，科技进步指标总体发展良好；农产品加工产值与农业总产值之比以及乡村旅游发展指数的综合排名居中下游水平，需重点关注、发展涉农产业；农业知名品牌少，还应着重加强农业品牌建设。

从分项指标看，产业兴旺包括农业生产、科技进步、涉农产业、品牌建设。

在农业生产方面表现较好的省份有黑龙江省、天津市、福建省等。近年来这些省份的农业产值逐年上涨。黑龙江省作为传统农业大省，通过供给侧结构性改革，引入优质农作物，优化作物种植，实现由个体种植向合作社等集体种植发展，构建产供链条，并总结出土壤改良、有机肥施用、鱼鸭稻共作、鱼蟹稻共作等生态种植养殖新模式；天津市、福建省不具备丰厚的耕地资源，在农业生产方面处于劣势，但两个省份集中建设农业产业园区，如福建省的"一区两园"、农村创业园、示范基地，天津市的津南国家农业科技园、滨海新区四季生态田园示范园区，依靠产业园区建设完整的农业产业链，带动整个地区的农业发展。

在科技进步方面表现较好的省份有山东省、北京市、江苏省等。山东省、江苏省的第二产业发达，政府投入力度大，两个省份分别拥有农业龙头500强企业80家、34家，并拥有多所农业科学院和多个农业科技研发平台，社会资源丰富，社会资金对农业生产发展研究的投入力度大，因此山东省、江苏省的农业科研投入占比相较于其他省份要大；北京市的农业龙头500强企业数量较少，农业科技研发投入主要依靠政府，与山东省及江苏省政企联合投入研发相比有劣势，但由于其拥有丰厚的科技资源及教育资源，农村居民具有较高的文化技术水平，科技研发落地、应用能力较强，机械化水平较高。

在涉农产业方面表现较好的省份有上海市、江苏省、四川省等。上海市主要依托农产品加工业的迅速发展，通过建立农业产业园区形成农业供销全产业链，并通过政策聚焦，出台《上海市都市现代农业发展专项项目和资金管理办法》，对农业生产加工产业进行精准扶持，并通过搭建新春农副产品大联展、盛夏大联展、金秋大联展等农产品展销平台带动农产品加工业发展；江苏省、四川省主要依托乡村旅游发展，创新建立"公司+农户""公司+基地+农户+市场""土地合作社"等模式，保障乡村旅游健康发展，并推进乡村旅游品牌建设，建设乡村旅游集聚区，如乡村旅游古镇、度假区，打造星级乡村旅游区，积极进行新业态载体建设，如乡村自驾游基地、乡村书屋、乡村咖啡屋等新产品业态，丰富乡村旅游发展内涵。

　　在品牌建设方面表现较好的省份有山东省、河南省、江苏省等。这些省份的政府对农业龙头企业的扶持力度大，出台了一系列针对农业企业的扶持政策，如山东省全面清理取消涉及龙头企业的不合理收费项目，对于设备检测费减半征收；完善农产品出口检验检疫制度，继续对出口活畜、活禽、水生动物全额免收出入境检验检疫费，对其他出口农产品减半收取检验检疫费；严格遵照《中华人民共和国农产品质量安全法》《山东省农产品质量安全条例》《山东省农产品质量安全监督管理规定》，针对农产品质量安全实施严格检查，保证农产品质量。产业兴旺综合能力提升措施见表5-4，产业兴旺指数及排名见表5-5。

表5-4　产业兴旺综合能力提升措施

指标	产业兴旺综合能力提升措施
农业生产	1. 鼓励农民向种植大户、合作社集中，实现规模化种植； 2. 因地制宜种植作物，提高土地利用率； 3. 加强农业水利基础设施建设，为农业发展创造条件； 4. 建设农业产业园区，以园区带动生产； 5. 加强农民专业知识和技能培训，实现科学化种植与管理
科技进步	1. 培植科技型农业企业，建设农业科技创新团队，增强农业科技创新能力； 2. 打造农业科技创新投融资品牌，引导社会资本向农业科技发展流动； 3. 加强农民专业知识和技能培训，助力科研成果落地
涉农产业	1. 完善政策法规，鼓励发展涉农产业； 2. 搭建涉农产业平台，带动市场交易，促进交流； 3. 创新产业模式与体制机制，维持产业生命力
品牌建设	1. 加大政策扶持力度，促进农产品企业发展； 2. 加强质量监管，保证品牌质量

表5-5 产业兴旺指数及排名

省份	产业兴旺指数	全国排名	分属地区
山东省	0.6137	1	东部地区
江苏省	0.4783	2	东部地区
北京市	0.3813	3	东部地区
浙江省	0.3757	4	东部地区
天津市	0.3698	5	东部地区
四川省	0.3525	6	西部地区
湖南省	0.3033	7	中部地区
安徽省	0.2976	8	中部地区
上海市	0.2974	9	东部地区
河南省	0.2467	10	中部地区
福建省	0.2239	11	东部地区
广东省	0.2212	12	东部地区
湖北省	0.2125	13	中部地区
重庆市	0.1930	14	西部地区
河北省	0.1702	15	东部地区
江西省	0.1477	16	中部地区
辽宁省	0.1312	17	东北地区
黑龙江省	0.1292	18	东北地区
陕西省	0.1192	19	西部地区
西藏自治区	0.0930	20	西部地区
广西壮族自治区	0.0905	21	西部地区
内蒙古自治区	0.0864	22	西部地区
海南省	0.0820	23	东部地区
宁夏回族自治区	0.0777	24	西部地区
贵州省	0.0760	25	西部地区
青海省	0.0724	26	西部地区
吉林省	0.0615	27	东北地区
云南省	0.0612	28	西部地区

省份	产业兴旺指数	全国排名	分属地区
山西省	0.0603	29	中部地区
新疆维吾尔自治区	0.0574	30	西部地区
甘肃省	0.0535	31	西部地区

（三）生态宜居指数评价

在生态宜居方面发展较好的省份有浙江省、北京市、福建省、广东省、江西省。

浙江省"林密山多，水多海阔"，湿地资源丰富，绿化覆盖率、地区二级以上空气优良天数占比、地表水水质优良区域占比均排在中上游，自然生态宜居指标排名居中上游水平，还需继续增绿保质；除了具备条件的建制村硬化路比例排在中上游，其他人为生态宜居指标都处于全国领先的地位，总体人为环境塑造十分优质。

北京市是生态宜居指标前5名中唯一的北方省份，北京市积极增绿，绿化覆盖率排名第一，地区二级以上空气优良天数占比、地表水水质优良区域占比均处于中下游水平，需要继续加强空气及水资源的治理；在人为生态宜居指标方面，北京市拥有较高的环境治理水平和管理水平，各项指标排名靠前，总体人为生态宜居水平较高。

福建省地处东南沿海，是我国四大林区之一，气候条件适宜，在自然生态宜居指标方面表现良好，各项指标排名均居前列；在人为生态宜居指标方面，各项指标排名同样均居前列。

广东省地表水资源丰富，大江大河水质良好，但城区内地表水受生活污水影响大，地表水水质优良区域占比排在中游，需继续加强地表水污染治理，其他指标表现良好；在人为生态宜居指标方面，对生活污水进行处理的村占比不高，还需继续推进污水处理工作。

江西省森林资源丰富，绿化覆盖率高，地区二级以上空气优良天数占比和地表水水质优良区域占比排在中上游,自然生态宜居指标总体表现良好;在人为生态宜居指标方面,农村卫生厕所普及率及对生活污水进行处理的村占比与上述4个省份相比具有较大差距,应着力弥补短板。

从分项指标看,生态宜居包括自然生态宜居和人为生态宜居。

在自然生态宜居方面表现较好的省份有福建省、江西省、北京市等。福建省自然资源丰富,气候适宜,积极建设生态廊道、"绿心"、绿地公园,提高增绿能力,通过实施挥发性有机物整治"十百千"工程,提升空气质量,全面实施河湖长制,并制订专项处理方案,如《福建省城市黑臭水体治理攻坚战实施方案》,提升地表水水质,通过建立生态云平台,实现区域环境联防联控;江西省森林资源丰富,加强森林公园和自然保护区建设,实施长防林、珠防林工程,并加大林业资金投入,进行乡(镇)门户绿化建设、秀美特色村庄绿化建设,在绿化覆盖率方面排名靠前;北京市在自然资源方面不具备优势,但得益于系统性的生态治理和绿化建设,包括建设生态屏障、生态走廊、风沙治理区、楔形绿地等,依靠完整的生态系统提升绿化覆盖率,取得人均公园绿地面积第一、绿化覆盖率第一的成绩。

在人为生态宜居方面表现较好的省份有浙江省、上海市、北京市等。浙江省在中心镇、太湖、钱塘江流域、水系源头区域、环境敏感地区建设城镇污水处理设施及固体废物污染防治设施,推进生活垃圾处理设施无害化改造,并积极落实发达农村地区"户集、村收、镇(乡)运、县处理",经济欠发达地区、偏远山区、海岛推广"统一收集、就地分拣、综合利用、无害化处理"方式,基本实现污水处理和生活垃圾处理的全覆盖;上海市、北京市分别作为我国的经济、政治中心,以第三产业为主,城乡基础设施及配套设施完善,除环保基础设施完备,治理理念、治理模式先进之外,具备条件的建制村硬化路比例分别达到99.9%、97.8%,大幅领先全国其他省份。生态宜居综合能力提升措施见表5-6,生态宜居指数及排名见表5-7。

表5-6　生态宜居综合能力提升措施

指标	生态宜居综合能力提升措施
自然生态宜居	1. 建立自然环境保护法律体系，加强生态保护及生态建设； 2. 加大资源保护投入，保护农村自然生态； 3. 加强林业工程建设，增加农村生态绿量
人为生态宜居	1. 积极发展绿色农业、绿色生产，减少污染物排放量； 2. 加强基础设施建设，提升农村宜居水平

表5-7　生态宜居指数及排名

省份	生态宜居指数	全国排名	分属地区
浙江省	0.6955	1	东部地区
北京市	0.6875	2	东部地区
福建省	0.6728	3	东部地区
广东省	0.6433	4	东部地区
江西省	0.6131	5	中部地区
上海市	0.5728	6	东部地区
江苏省	0.5525	7	东部地区
海南省	0.5461	8	东部地区
广西壮族自治区	0.4813	9	西部地区
山东省	0.3769	10	东部地区
湖南省	0.3761	11	中部地区
安徽省	0.3486	12	中部地区
湖北省	0.3433	13	中部地区
天津市	0.3428	14	东部地区
重庆市	0.3417	15	西部地区
四川省	0.3299	16	西部地区
贵州省	0.2999	17	西部地区
西藏自治区	0.2681	18	西部地区
云南省	0.2611	19	西部地区
黑龙江省	0.2602	20	东北地区

续表

省份	生态宜居指数	全国排名	分属地区
宁夏回族自治区	0.2503	21	西部地区
新疆维吾尔自治区	0.2403	22	西部地区
内蒙古自治区	0.2351	23	西部地区
甘肃省	0.2341	24	西部地区
河南省	0.2287	25	中部地区
青海省	0.2027	26	西部地区
陕西省	0.1971	27	西部地区
河北省	0.1922	28	东部地区
山西省	0.1829	29	中部地区
吉林省	0.1788	30	东北地区
辽宁省	0.0704	31	东北地区

（四）乡风文明指数评价

在乡风文明方面发展较好的省份有福建省、江苏省、浙江省、内蒙古自治区、北京市。

福建省多次在文明城市、文明村镇评比中取得卓越成就，县级及以上文明村和乡镇占比高，文明建设指标排名第一；乡村学前教育覆盖率、教育质量较高，乡村居民取得高学历人口较多，乡村教育指标发展较好；农村居民教育文化娱乐支出占比较低，文化娱乐水平还有待提高。

江苏省取得文明城市数量第一等文明建设成就，县级及以上文明村和乡镇占比仅低于福建省，排名第二；乡村教育发展均衡，高学历乡村居民多，教育质量高；村综合性文化服务中心覆盖率较低，导致文化娱乐水平较低。

浙江省与江苏省指标相近，文明建设状况良好，乡村教育质量高，但村综合性文化服务中心覆盖率低，文化娱乐水平低。

　　内蒙古自治区县级及以上文明村和乡镇占比排名居中游水平，文明建设状况一般；乡村学前教育覆盖率低，乡村教育指标排名靠后，应重点关注学前教育的问题；村综合性文化服务中心覆盖率排在中游，但农村居民教育文化娱乐支出占比高，文化娱乐水平较高。

　　北京市区级及以上文明村和乡镇占比较低；得益于丰厚的教育资源，乡村教育各项指标全面领先，总体排名第一；村综合性文化服务中心覆盖率排在中游，农村居民教育文化娱乐支出占比低，文化娱乐建设较差。

　　从分项指标看，乡风文明包括文明建设、乡村教育和文化娱乐。

　　在文明建设方面表现较好的省份有福建省、江苏省、浙江省等。福建省、江苏省修订文明村镇测评体系，江苏省把"社会文明程度测评指数"纳入省"十三五"经济社会发展主要指标，加强示范点、家风文化馆、乡村学校少年宫建设；浙江省打造文明网，开设乡风文明专栏，精神文明建设工作信息录用率继续保持全国第一。

　　在乡村教育方面表现较好的省份有北京市、上海市等。北京市、上海市分别为我国的政治、经济中心，地域教育资源丰富。在此基础上，北京市教委全面落实推进乡村教师支持计划，出台相关政策，如为乡村教师提供落户政策，为招聘教师提供事业编制，通过加强乡村教师队伍建设、惠及乡村教师切身利益和提升乡村教师专业素养等多项举措，努力实现教育现代化和义务教育优质均衡发展；上海市实行委托管理，选择中心城区优质学校和优质教育中介机构，采取团队进驻提升乡村教育的方式，实现优质教育资源分流到农村。

　　在文化娱乐方面表现较好的省份有贵州省、山西省等。贵州省县、乡两级着力"补短板、提档次"，对未达标的图书馆、文化馆、乡镇综合文化站进行新建及改扩建，重点建设综合性文化服务中心。贵州省、山西省深入挖掘地域文化，开展文化活动，探索促进文化消费模式。乡风文明综合能力提升措施见表5-8，乡风文明指数及排名见表5-9。

表 5 - 8　乡风文明综合能力提升措施

指标	乡风文明综合能力提升措施
文明建设	1. 广泛宣传,营造文明村镇建设氛围; 2. 积极创办文明活动,以活动带动文明村镇建设; 3. 制定文明村镇考核细则,指引文明村镇发展
乡村教育	1. 出台教育政策,加大农村教育投资,促进城乡教育均衡化; 2. 发掘培养本地资源,引进外部资源,打造优秀的行政、教学人员队伍
文化娱乐	1. 建设文化服务中心,健全文化服务体系,实现乡、村两级公共文化服务全覆盖; 2. 深入探索地域文化,创造特色文化活动形式,引导农村居民消费

表 5 - 9　乡风文明指数及排名

省份	乡风文明指数	全国排名	分属地区
福建省	0.8228	1	东部地区
江苏省	0.7166	2	东部地区
浙江省	0.5501	3	东部地区
内蒙古自治区	0.3102	4	西部地区
北京市	0.3042	5	东部地区
山东省	0.3029	6	东部地区
上海市	0.2967	7	东部地区
安徽省	0.2900	8	中部地区
宁夏回族自治区	0.2648	9	西部地区
湖南省	0.2637	10	中部地区
河北省	0.2310	11	东部地区
黑龙江省	0.2304	12	东北地区
河南省	0.1960	13	中部地区
新疆维吾尔自治区	0.1945	14	西部地区
贵州省	0.1892	15	西部地区
海南省	0.1882	16	东部地区
陕西省	0.1848	17	西部地区
广东省	0.1713	18	东部地区

省份	乡风文明指数	全国排名	分属地区
辽宁省	0.1707	19	东北地区
山西省	0.1634	20	中部地区
湖北省	0.1608	21	中部地区
江西省	0.1588	22	中部地区
天津市	0.1417	23	东部地区
青海省	0.1414	24	西部地区
甘肃省	0.1409	25	西部地区
重庆市	0.1404	26	西部地区
西藏自治区	0.1387	27	西部地区
广西壮族自治区	0.1358	28	西部地区
吉林省	0.1355	29	东北地区
云南省	0.1265	30	西部地区
四川省	0.1149	31	西部地区

（五）治理有效指数评价

在治理有效方面发展较好的省份有山东省、上海市、天津市、北京市、浙江省。

山东省是孔孟之乡、儒家文化发源地，注重德治与法治相结合，基层法治指标排名第一，社会德治指标排在前列，民主自治指标排在中游，需继续加强民主治理。

上海市村委会选举选民参与率高，全国民主法治示范村占行政村的比例高，民主自治与法治能力强，但弱势群体受关照度较低，德治氛围薄弱，需全市人民共同努力。

天津市村委会选举选民参与率不高，选举民主程度不高，全国民主法治示范村占行政村的比例高，法治能力强，村社居民相互信任度和弱势群体受关照度较低，社会德治有待加强。

北京市同上海市相似，民主自治与法治能力强，但社会德治氛围薄弱。

浙江省村委会选举选民参与率较高，全国民主法治示范村占行政村的比例较高，弱势群体受关照度和村社居民相互信任度较高，民主自治、基层法治与社会德治水平较高，处于全面发展的态势。

从分项指标看，治理有效包括民主自治、基层法治和社会德治。

在民主自治方面表现较好的省份有广东省、广西壮族自治区、海南省等。这些省份主要依靠制定完备的政策、法规及指导性文件，如广东省的《广东省实施〈中华人民共和国村民委员会组织法〉办法》《广东省村民委员会选举办法》《村民委员会选举规程》等，采取"两推一选""二选联动"的方式改善农村党支部和村委会的关系，同时着重强调村委会选举的监察体制机制，在国内率先推行选举观察员制度，对部分不合规矩的村委会选举及时进行补足修正。

在基层法治方面表现较好的省份有山东省、天津市、上海市等。山东省运用信息化手段建立政府立法平台、行政执法平台、复议监督平台助力法治建设。天津市、上海市将法律服务延伸到基层，如天津市在全国率先建立了"法律六进"工作制度，推动法治宣传教育向社会各领域、各行业延伸，依托律师担任村（居）法治副主任或法律顾问，推动覆盖城乡居民的公共法律服务体系建设；上海市实现"村村有顾问"，以村规民约形式推动乡村治理制度化、精细化、法治化，并深化"民警兼任村官"双融入工作，推动"电子走访"向农村宅基地延伸。

在社会德治方面表现较好的省份有内蒙古自治区、河南省、云南省等。内蒙古自治区的企业、协会、村集体组织创办公益项目，举行帮扶活动，新闻媒体宣传报道，各界志愿者踊跃参加，提高了弱势群体受关照度；河南省、云南省着重通过学校教育，设立道德标杆，如河南省通过出台《关于推进全省诚信建设制度化的实施意见》等文件，建立河南省诚信"红黑榜"发布工作联席会议制度，形成从上到下的诚信奖惩机制，切实提高了社会信任度。治理有效综合能力提升措施见表5-10，治理有效指数及排名见表5-11。

表 5 – 10 治理有效综合能力提升措施

指标	治理有效综合能力提升措施
民主自治	1. 出台政策、法律，建立规范村民参与自治的途径与机制，保障村民有效行使民主权利； 2. 建立组织体系与制度体系，使村民、村务有组织治理，有制度可依； 3. 实行严格的监察制度，保证村民参选制度正常运行
基层法治	1. 建立信息化法治平台，为收集信息、处理问题提供工具支撑； 2. 成立普法、依法治村领导小组，对农村普法、依法治村进行有效领导； 3. 建立村民法治学校及法律服务站，促使农村居民学法、知法、守法、用法
社会德治	1. 出台公益鼓励政策，带动各界积极参与； 2. 利用有效载体，宣传弘扬优秀传统文化； 3. 树立模范标杆，发挥模范带头作用； 4. 建立道德评价体制机制，提升社会道德水平

表 5 – 11 治理有效指数及排名

省份	治理有效指数	全国排名	分属地区
山东省	0.8300	1	东部地区
上海市	0.7313	2	东部地区
天津市	0.6200	3	东部地区
北京市	0.5641	4	东部地区
浙江省	0.4618	5	东部地区
海南省	0.4057	6	东部地区
河北省	0.3649	7	东部地区
广东省	0.3616	8	东部地区
湖北省	0.3541	9	中部地区
新疆维吾尔自治区	0.3521	10	西部地区
广西壮族自治区	0.3331	11	西部地区
江苏省	0.2994	12	东部地区
陕西省	0.2665	13	西部地区
山西省	0.2586	14	中部地区
吉林省	0.2558	15	东北地区
云南省	0.2494	16	西部地区

续表

省份	治理有效指数	全国排名	分属地区
重庆市	0.2290	17	西部地区
江西省	0.2243	18	中部地区
湖南省	0.2229	19	中部地区
辽宁省	0.2106	20	东北地区
宁夏回族自治区	0.2100	21	西部地区
河南省	0.2061	22	中部地区
内蒙古自治区	0.2035	23	西部地区
西藏自治区	0.1962	24	西部地区
贵州省	0.1550	25	西部地区
青海省	0.1523	26	西部地区
安徽省	0.1307	27	中部地区
福建省	0.1285	28	东部地区
甘肃省	0.0963	29	西部地区
黑龙江省	0.0665	30	东北地区
四川省	0.0142	31	西部地区

（六）生活富裕指数评价

在生活富裕方面发展较好的省份有上海市、浙江省、天津市、北京市、江苏省。

上海市经济发达，农村居民人均纯收入排名第一，农民收入水平高；上海居民收入高，物价也高，农村居民人均消费支出高，农村居民恩格尔系数较高，农民消费水平高，但生活水平不高；城乡居民收入比低，农村居民基尼系数低，城乡居民、农村居民间收入差距小。

浙江省农村居民人均纯收入高，农村居民人均消费支出高，农村居民恩格尔系数高，农村居民收入支出水平高，但生活水平不高；城乡居民收入比低，农村居民基尼系数高，农村居民间收入差距较大，需要重点关注。

天津市与浙江省相似，农村居民收入支出水平高，但生活水平一般，且农村居民间收入差距大。

北京市农村居民人均纯收入高，农村居民人均消费支出高，农村居民恩格尔系数低，农村居民收入支出水平高，生活水平高；城乡居民、农村居民间收入差距较小，在缩小收入差距方面表现良好。

江苏省整体趋势与浙江省、天津市相似，但江苏省农村居民恩格尔系数相对较低，农民生活水平相对较高。

从分项指标看，生活富裕包括农民收入、农民消费、收入差距。

在农民收入方面表现较好的省份有上海市、浙江省、北京市等。农民收入在很大程度上由地区经济带动，上海市、浙江省、北京市的经济水平高，各城市鼓励新产业、新业态发展，增加农村居民经营性收入，实施"岗位补贴""社保补贴"等政策，鼓励用人单位招用本市农村劳动力，提升工资性收入，创新利用农村土地，提高财产性收入，同时还制定了各项社会保障标准上调政策，提升转移性收入。

在农民消费方面表现较好的省份有天津市、浙江省、北京市等。这些省份均是经济发达的省份，物价水平普遍较高。此外，还通过制定消费拉动政策，建立促消费政策体系拉动农村居民消费，如北京市计划 2019 年在旅游、文化、体育、健康、养老、家政、教育、信息等领域各出台至少一项促消费政策，形成全市促进总消费政策集成。

在收入差距方面表现较好的省份有辽宁省、湖北省、上海市等。这些省份除增加农民收入、缩小城乡收入差距外，还通过改革税收制度，提高转移支付，缩小城乡居民及农村居民间收入差距。生活富裕综合能力提升措施见表 5 – 12，生活富裕指数及排名见表 5 – 13。

表 5 – 12　生活富裕综合能力提升措施

指标	生活富裕综合能力提升措施
农民收入	1. 推动农业产业化发展，以结构优化增加农民经营性收入； 2. 加大政策扶持力度，以推动就业增加农民工资性收入； 3. 提高社会保障水平，以社会福利增加农民转移性收入

指标	生活富裕综合能力提升措施
农民消费	制定鼓励消费政策
收入差距	制定合理的税收制度，缩小城乡居民收入差距

表 5 - 13　生活富裕指数及排名

省份	生活富裕指数	全国排名	分属地区
上海市	0.8124	1	东部地区
浙江省	0.7158	2	东部地区
天津市	0.6844	3	东部地区
北京市	0.6678	4	东部地区
江苏省	0.4460	5	东部地区
辽宁省	0.3897	6	东北地区
湖北省	0.3459	7	中部地区
吉林省	0.3069	8	东北地区
河北省	0.2964	9	东部地区
黑龙江省	0.2724	10	东北地区
安徽省	0.2608	11	中部地区
河南省	0.2464	12	中部地区
山西省	0.2170	13	中部地区
山东省	0.2096	14	东部地区
宁夏回族自治区	0.2088	15	西部地区
福建省	0.2051	16	东部地区
内蒙古自治区	0.2034	17	西部地区
湖南省	0.1961	18	中部地区
广东省	0.1805	19	东部地区
新疆维吾尔自治区	0.1748	20	西部地区
甘肃省	0.1655	21	西部地区
江西省	0.1433	22	中部地区
青海省	0.1342	23	西部地区

续表

省份	生活富裕指数	全国排名	分属地区
重庆市	0.1151	24	西部地区
四川省	0.1145	25	西部地区
云南省	0.1100	26	西部地区
海南省	0.1096	27	东部地区
广西壮族自治区	0.1000	28	西部地区
贵州省	0.0644	29	西部地区
陕西省	0.0446	30	西部地区
西藏自治区	0.0352	31	西部地区

（本章执笔：刘雪飞、张少辉、魏云）

中 篇 案例剖析

第六章
案例一：无锡田园东方

一 基本情况

无锡田园东方项目（以下简称田园东方）位于江苏省无锡市惠山区阳山镇北部，东南部分别与阳山镇老镇区和新镇区相接，新长铁路穿过其南部。该项目是在原有拾房村、虹桥村、住基村的基础上进行保护性开发和建设，占地面积约 6246 亩（约占镇区总面积的 1/10），其中农业基地 3000亩以上、郊野绿地与自然水面 1000 亩以上、文旅商住等建设用地 1000 亩以上。田园东方是无锡田园东方投资有限公司旗下运营项目品牌，是国内首个田园综合体①，也是中国首个田园主题旅游度假区。作为田园综合体项

---

① "田园综合体"是张诚 2012 年结合北大光华 EMBA 课题，基于乡村在不能偏安一隅地身处新型城镇化经济浪潮中而研究的有理论、有产品、有规划、有盈利模式的商业模式方法论，即《田园综合体模式研究》，并在无锡阳山等地开展了长达 4 年的落地实践。2016 年 9 月，中央农办领导考察指导该项目，对该模式给予高度认可。2017 年由田园东方首创的"田园综合体"一词正式写入中央一号文件。

目，旨在以企业与地方合作的方式，在乡村地区进行大范围、整体、综合的规划、开发和运营。

田园东方是以新田园主义理论为指导，从生产、生活、生态"三生融合"出发，以"美丽乡村"为背景，以"田园生活"为目标核心，将田园东方与阳山镇的发展融为一体，包含现代农业、休闲文旅、田园社区三大板块。着力打造以生态高效农业、农林乐园、园艺中心为主体，充分体现花园式农场运营理念的农林、旅游、度假、文化、居住的综合性园区。

田园东方是田园综合体理论的首个提出者，也是田园综合体的首个实践者，是以田园综合体为商业模式，以文旅产业为主要业务，开展田园文旅小镇、特色田园乡村、旅游度假项目的研发、规划、投资、开发、运营的企业。田园东方伴随对过去几年实践的思考和对未来的展望，在《田园综合体模式研究》的基础上，提出"新田园主义十大主张"。一是主张产业驱动和模式可复制。田园东方强调采用模式可复制、可推广的创新田园综合体商业模式，如"农业＋文旅＋田园社区"。通过农业、农产品加工业、服务业的有机结合，实现了生态农业、休闲旅游、田园居住的复合功能。用旅游产业引导中国乡村现代化、城乡一体化、新型城镇化。二是主张对接"三农"。田园东方鼓励与农民、农业、农村产生关联，积极促进产业和文化的发展，实现"三农""富强美"的发展目标，包括"政府＋企业＋村集体＋农户"（"政府"是基础保障；"企业"是重要组成部分；"村集体"是土地的所有者，也是公司项目顺利开展、农民充分受益的重要纽带；"农户"是主体核心，也是主要参与者与受益者）等多种可行的合作方式。三是主张城乡互动。鼓励城市人来乡村消费、旅游、创业、生活和定居，形成经济和文化的互动，促进交流与融合。四是主张乡朴美学。该项目包含教育和文化设施，容纳、对接并开展社会公益事业。五是主张教育与文化。在乡村建设中反对浮夸的仿古中式风格等约定俗成的东西，新田园主义的美学观是洗尽铅华后的自然与天真，如田野乐园。六是主张开放与共建。主张兼容并包、联合发展，该项目主张企业与集体合作社公司化合作、集体土地资产合规化利用、农业生产销售合作、职业农民从业增收、新农人创业、农业科技与品牌创建等多方面、多层级共建的"开发"方式。七是主张与时俱进。在可持续发展、人文和自然等理念的指导下，主张乡村现代化以及将传统田园生活与现代科技相对接。八是主张营造新社区。主张遵循生态、生产、生活"三生融合"。生态环境保持良好，经济上可持续盈利，当地人的生活可持续发展、成长。强调可持续的产业培育，方法上可持续、可循环，强调自然生态理念，包括风格、技术、运营和管理文化。九是主张实践。不应只停留在建造物理空间上，更重要的是要打造追求自然和人文主义的生活方式，打造具有场所精神的社区。十是主张落地。结合社会环境、时代背景，以可持续的成功的商业模式、产品模式开展实践，务实地作用于中国乡村经济和社会的发展。

田园东方的优势。一是地理位置优越。田园东方地处我国的长三角地区，东邻上海、苏州，西接南京，南临太湖，北靠长江。二是自然资源丰富。阳山镇素有"水蜜桃之乡"和"绿色大氧吧"的美誉，绿地覆盖率超过70%，桃林面积约2万亩，水蜜桃品种达20多种，生态林面积约7000亩，山地面积约10平方公里。三是交通条件便利。高铁距离苏州、常州15分钟车程，距离上海45分钟车程；新长铁路、陆马快通、锡宜高速、342省道穿境而过，西环线对接市区高架，靠近京沪、沪宁高速。

田园东方不可忽视的劣势。受旅游客群"5+2"生活模式和农业产品季节性的影响，项目有明显的旅游淡旺季。

田园东方抓住了国家政策的机遇，在"新型城镇化"①和"乡村振兴"等国家政策背景下，借助"田园综合体"模式积极探索"田园"经济。上述做法不仅符合国家政策、产业发展的大趋势，而且抓住了乡村旅游的机遇。2012~2017年中国休闲农业与乡村旅游收入增长迅速。其中，2013年、2015年、2016年全国乡村旅游收入占比都超过30%。据初步统计，2017年全国乡村旅游收入达到了7400亿元。随着生活水平的提高，人们越发追求

---

① 新型城镇化是以城乡统筹、城乡一体、产业互动、节约集约、生态宜居、和谐发展为基本特征的城镇化，是大中小城市、小城镇、新型农村社区协调发展、互促共进的城镇化。

精神享受，回归自然，这无疑会进一步促进乡村旅游业的发展。"十二五"期间，全国乡村旅游接待游客人数和营业收入年均增速均超过 10%。2017年全国乡村旅游接待游客人数超过 28 亿人次，旅游成为扶贫和富民新渠道。

二 主要做法

（一）打造三次产业融合发展的产业体系

田园东方的核心是农业，在整个综合体项目中农业用地面积比例高达80%。20 世纪 80～90 年代，无锡阳山镇农民立足种桃致富，调整产业结构，扩大种植面积，通过改良品种、更新技术、塑造品牌、开拓市场等举措，种植效益不断提升，形成了"三月花海、七月桃香"的农业特色，具有良好的农业基础。无锡阳山镇自 1997 年以来每年举办桃花节，通过"政府搭台、打响品牌、惠泽百姓"模式，取得了良好的效果，促进了阳山镇经济的快速发展和不断升级。于是，政府抢抓招商引资的机遇，引进工业企业近 500 家，形成了以新材料、精密仪器、生物技术、工艺品加工、绿色食品加工等为主体的工业体系，具有良好的工业基础。

田园东方充分依托所在地阳山镇的产业条件，结合自身优势开展科学合理的产业规划，以第二产业优化为保障，促进现代农业发展，并从长期发展角度做出"生产农业（水蜜桃种植基地）＋休闲农业（农业观光、农业采摘、农事体验）＋CSA 社区支持农业（农场、果蔬认养基地、绿色蔬菜基地、水产养殖基地）"的产业规划，积极植入第三产业。以文化旅游为引擎，引领第一产业增效、第二产业升级；以"旅游＋地产"为指引，代替工业反哺农业发展。整体打造三次产业融合发展，并具有显著区域特色的田园综合体。田园东方三次产业融合发展情况见图 6－1。

（二）制定以项目功能定位为核心的总体规划

三大板块主要业态内容见图 6－2。一是农业板块。田园东方做出"四

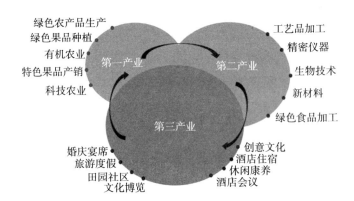

图 6－1　田园东方三次产业融合发展情况

农业板块	文化板块	居住板块
➤ 有机示范园：科技研发与成果孵化、标准化育苗、智慧果园、有机水蜜桃种植、富硒桃种植、新品种水蜜桃种植、水蜜桃标准化种植 ➤ 果品设施栽培示范园：水蜜桃设施栽培和优质蜜梨、枇杷、猕猴桃、葡萄果园 ➤ 水蜜桃生产示范园 ➤ 蔬菜水产种养示范园：设施蔬菜、露天蔬菜、水产养殖区 ➤ 农业休闲观光示范区：蜜梨、枇杷、柑橘、猕猴桃、葡萄、水蜜桃采摘园 ➤ 苗木育苗示范区：设施大棚、露天育苗区 ➤ 产品加工物流园区 ➤ 现代农业展示区：高标准农田、景观农业、生态环境规划之水循环氮磷拦截池 ➤ 综合服务中心：管理服务信息教育中心、专家院士研究工作室 ➤ 资源再生中心：生态有机肥生产基地、有机栽培基质种苗繁育基地、公用设备和设施	➤ 景观：桃林、四季花海、村民菜地、桃花泉、清境拾房文化市集、田园大讲堂等 ➤ 住宿：花间堂・稼圃集民宿、田园途家亲子度假别墅等 ➤ 餐饮：主题餐厅、绿色有机生态餐厅、多多的面包树、拾房咖啡、清境拾房文化市集等 ➤ 文创：田园大讲堂、华德福学校、田园东方蜜桃故事馆、田园城品、拾房书院、清境拾房文化市集等 ➤ 娱乐：拾房手作、圣甲虫乡村铺子、蜜桃猪DE田野乐园、花泥里、清境拾房文化市集、垂钓、乡村儿童俱乐部、亲子活动等 ➤ 康养：农作、农事、农活、桃花泉、养生馆等	➤ 酒店：花间堂・稼圃集民宿、花间堂温泉别墅度假村、田园途家亲子度假别墅 ➤ 居住：花间堂温泉别墅度假村、田园途家亲子度假别墅

图 6－2　三大板块主要业态内容

园、四区、两中心"的布局，"四园"是有机示范园、果品设施栽培示范园、水蜜桃生产示范园、蔬菜水产种养示范园；"四区"是农业休闲观光示范区、苗木育苗示范区、产品加工物流园区、现代农业展示区；"两中心"是综合服务中心、资源再生中心。通过企业承接农业有效避免实力弱小农户的短期导向行为，对农业进行商业化、公司化、规范化、科技化运作，积极导入现代农业产业链上的特色优势资源，对阳山镇既有的农业资源进行深化和优化双重提升，大力发展生产农业、休闲农业、CSA 社区支持农业，将现代农业与加工业、旅游业有机融合在一起，积极开拓了阳山镇农业发展的新方向。二是文旅板块。田园东方积极植入文旅产业，以拾房村旧址和绿色生态环境为依托，在原有村落格局较好的基础上，通过保留、修复、设计，赋予了拾房村新的生命。引入亲子活动区、生活体验区、文化展示区、主题餐饮区、特色农产品展示区、清境拾房文化市集、自然教育体验、田野农场体验、非动力乐园、蜜桃猪 DE 田野乐园、华德福学校、田园大讲堂、民宿等，打造"自然生态＋田园度假＋田园游乐＋乡村文创"的产品组合，形成综合休闲旅游业态，吸引流量带动地产发展，成为驱动性产业，促进了当地社会经济的发展。三是居住板块。田园东方在基础农业产业及驱动旅游产业的带动下，开始了田园社区的建设。一是结合宅基地改造、土地改造的政策和试点，用集体建设用地的方式进行开发；二是以国有建设用地为基础进行开发。在改建和新建的过程中，始终按照原有的乡村肌理最大限度地保存乡村自然风貌，将土地、农耕、有机、生态、健康、阳光、收获与都市生活元素交融在一起。通过开发、管理和服务，与五大平台联手打造最新的物联网技术，搭建田园式智能"一网、一中心、一站式"社区服务平台。结合户外物联网感应和终端控制系统，营造智慧型生态田园式居所，以此作为远离城市的"第二居所"，满足都市人回归田园生活的愿望和精神需求。

（三）建立"政府＋企业＋村集体＋农户"利益共享机制

在田园东方项目中，政府是基础保障，项目在运营和发展过程中需要政府给予征地补贴、政策引导和资金支持，负责为田园东方搭建发展平台；企业是重要的组成部分，其资金、技术是关键要素，负责专业化管理与进行科学的市场分析引导产业健康发展；村集体是土地的所有者，也是公司项目顺利开展、农户充分受益的重要纽带；农户是主体核心，也是主要参与者与受益者，一方面通过村集体公司乡村运营平台参与经营管理和收益分配，另一方面通过参与生产，在农业、手工业、旅游业等方面创造财富。田园东方利益共享机制见图6-3。

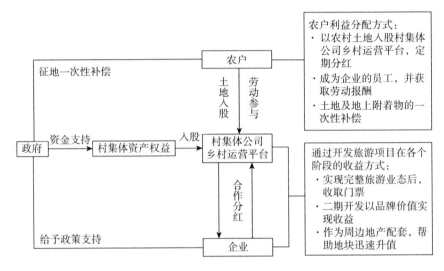

图6-3 田园东方利益共享机制

（四）采取组合式的盈利模式

田园东方采取"土地盈利＋地产盈利＋旅游盈利＋品牌盈利"的组合盈利模式（见图6-4），在很大程度上做到了良性可持续发展。

一是土地盈利。在土地方面，田园东方农用地和建设用地的比例是1∶10。一方面，东方城置地在紧邻田园东方项目处拿到的拾房桃溪地块地面价为每平方米1800元左右，而龙湖地产在田园东方项目附近拿到的地块地面价为每平方米3600元。由此可见，田园东方的地产项目拿地成本较低，从而获得了盈利。另一方面，村民因种植水蜜桃生活较为富裕，农用地成

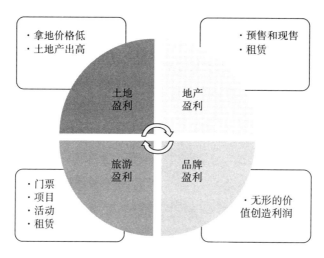

图6-4　田园东方的盈利模式

本要高于其他的乡村，但是田园东方采取土地流转承包获得更高的土地产出，通过土地入股分红等方式盈利。二是地产盈利。一方面，田园东方的地产销售分为预售和现售两种方式，是田园东方获得高额利润最重要的途径，其中预售能够快速回笼资金。在通过地产销售获得大量资金后，采取反哺其他项目发展和完善基础设施的举措，最大限度地解决了旅游项目短期内难以实现盈利的问题。另一方面，田园东方通过推出分时度假的模式，收取相应的费用获得盈利。三是旅游盈利。旅游项目的消费是田园东方获得利润的重要来源。旅游项目的盈利需要长期的运营过程，旅游项目的运营也需要长期稳定的资金支持。在地产项目的支持下，旅游项目在运营方面逐步完善，地产项目在销售的同时能够宣传旅游项目，为旅游项目提供客流保障。其一，在形成完整业态之后，通过门票收益盈利；其二，通过非动力乐园等单项旅游项目盈利；其三，通过农事体验活动盈利；其四，通过短期租赁会议、婚庆、活动场地等盈利。四是品牌盈利。田园东方旅游地产项目具备打造品牌的条件，可以推动项目所在区域的发展，同时带动相关农业及旅游业的发展。田园东方综合体项目的成功运营提升了自身以及母公司品牌的无形价值。

（五）建设六大支撑体系

田园东方在提出"新田园主义十大主张"的基础上建立了生产体系、产业体系、经营体系、生态体系、服务体系、运行体系六大支撑体系（见图6–5）。

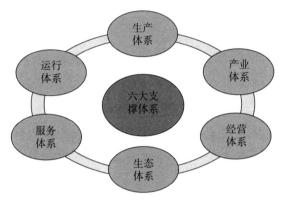

图6–5　田园东方六大支撑体系

在生产体系方面，通过集中连片开发高标准示范园、示范区，加强"田园＋农村"基础设施建设；在产业体系方面，立足区域优势，围绕水蜜桃特色优势主导产业，打造农业产业集群，充分利用"旅游＋""康养＋"等模式，开发农业的多重功能，推进农业与旅游、文化、康养等产业深度融合；在经营体系方面，积极壮大新型农业主体，通过土地流转、入股合作等方式促进农业适度规模经营，不断强化服务和利益联结，将农户生产、生活引入现代农业农村；在生态体系方面，深度挖掘农业生态价值，统筹农业景观功能和体验功能，凸显宜居宜养的新特色；在服务体系方面，聚集市场、资本等要素，大力发展适应市场需求的康养、文旅等产业；在运行体系方面，确定了"政府＋企业＋村集体＋农户"的运营管理模式，不断强化职责，明晰利益关系。

三　重要启示

（一）产业发展是打造田园综合体的基础条件

田园东方不仅集循环农业、创意农业、农事体验于一体，而且将种植、加工、物流、观光、文化、地产、商业等完美地融合在一起，形成了三次产业融合发展的产业体系，极大地提升了游客的体验感。这说明完善的田园综合体建设应该是一个包含农、林、牧、渔、加工、制造、餐饮、酒店、仓储、保鲜、金融、工商、旅游及地产等各个行业的三次产业融合体和城乡复合体，应保持田园综合体发展的可持续性，提高田园综合体建设的含金量，使农民、农村、农业协调发展，最终实现生产、生活与生态"三生融合"。

（二）抓好体系是建设田园综合体的重要支撑

田园东方六大支撑体系的建设，使田园综合体高效运营，但是还有所欠缺，如完善生产要立足先进科学技术和生产过程的有机结合，提升产业的价值链，发展高附加值农产品，同时培育龙头企业、农民专业合作社等，积极发展生产、供销、电商的综合合作关系；产业发展除了需要培育特色优势产业外，还应结合农村电商、大数据等创新科学技术；经营主体需要大胆尝试"公司+村集体+基地+合作社"等模式，培育农业社会化服务体系；绿色生态要加强农业环境综合整治，促进农业可持续发展；完善服务要培育金融、信息、技术服务等主体，聚集现代生产要素；健全运行要妥善处理好政府、企业、村集体、农户、合作社等之间的关系，确定合理的建设运营管理模式，形成健康发展的合力。田园综合体的建设要秉承"夯实基础，完善生产体系发展条件；突出特色，打造涉农产业体系发展平台；创新创业，培育农业经营体系发展新动能；绿色发展，构建乡村生态体系屏障；完善功能，补齐公共服务体系建设短板；形成合力，健全优化运行体系建设"的理念。

（三）合理规划是建设田园综合体的关键

田园东方始终围绕"以农为本"的理念，从现代农业、休闲文旅、田园社区三大板块的功能定位出发，最大限度地保留和复原乡村风貌，积极开发农业板块的各种价值，不断提高农业产业链的附加值，植入旅游产业，将农业与康养、文创、旅游、地产等有机融合，开发针对不同客户群体的旅游路线，形成"农养文旅地"的新业态，建设具有复合功能的创新田园综合体，使游客体验远离都市的新田园主义生活。田园综合体不仅需要规划空间、产业等，而且需要充分了解市场，明晰客户群体，并针对不同群体设置专业的旅游路线，使景区内部空间联动。

（四）明确盈利模式是田园综合体持续发展的前提条件

田园东方立足田园综合体长远发展目标，采取"首先，运用地产租售的手段快速回笼资金；其次，积极整合区域内的各种资源以丰富旅游消费，进而反哺地产租售；最后，积极塑造品牌形象，不断提升品牌价值"的盈利模式，不断获取发展资金，促使产业持续发展、品牌价值不断提升。这种方式有利于快速回笼资金，而资金是整个项目的支撑，只有资金到位才可以保障项目的正常运营。所以，田园东方这种模式值得其他地区借鉴。

（五）健全利益机制是保障产业发展的不竭动力

田园东方采取"政府支持、企业主导、村集体带动、农户参与"的方式，使多方实现利益共享。尤其体现在以村集体公司乡村运营平台为主要载体，组织引导农民参与建设管理，保障原住农民的参与权和收益权，通过入股、参与等方式，创新利益共享机制，带动农民分享产业增值收益。田园综合体是乡村建设的重要平台，而农户是乡村发展的承载者、受益者和衡量者，如果农户没有积极性，乡村必然难以振兴。由此可见，田园综合体是以农户参与和受益为核心的平台，同时也需要政府、企业、村集体等多方主体共同参与，这就需要我们深入了解、分析各个主体的利益诉求及其在建设和运营过程中所发挥的作用，积极构建合理、明晰的组织架构，从而建立以农户为主、多方合作的利益共享机制。

（本章执笔：许露）

第七章
案例二：台湾清境农场

一　基本情况

清境农场（Farm of Qing Dynasty）位于台湾地区南投县仁爱乡，邻近合欢山，紧邻中横雾社支线，农场面积约 760 公顷，海拔 1700～2000 米，是台湾最优质的高山度假胜地，与武陵农场、梨山福寿山农场合称为台湾三大高山农场。

清境农场原名"见晴农场"，1967 年蒋经国到农场视察，认为此地"清新空气任君取，境地优雅是仙居"，此后便将此地更名为"清境农场"，并沿用至今。经过多年的发展，清境农场已成为台湾热门的观光景点，同时也是台湾高山旅游、婚纱摄影及避暑胜地。

清境农场有很多园区，如"绵羊区""牧牛区""蔬果区""高山花卉区"。其中，"绵羊区"饲养了多个种类的绵羊，如黑肚绵羊等；"牧牛区"则有圣达肉牛、德国黄牛、布拉曼、夏洛利等来自世界各地的品种；"蔬果区"分为温带水果区和高冷蔬菜区；"高山花卉区"有百合、郁金香及其他温带花卉等。清境农场还设有国民宾馆、青青草原、畜牧中心、旅游服务中心、游客休闲中心、寿山园生态区、清境小瑞士花园，将自然景观与农牧生产相结合以发展休闲农业。

清境农场具备以下优势。一是自然资源丰富。清境农场景致清幽、气候宜人，属温带气候，年平均气温约 16℃，早晚温差 2～5℃，享有"雾上桃源"的美称。另外，清境农场还拥有优质的草场和山地景观资源。二是地理位置优越。清境农场周围被合欢山、奇莱山、能高山环绕，地处赏雪胜地合欢山的必经之路，冬季赏雪的人络绎不绝，为农场带来了巨大的客流量。三是四季皆有美景。清境农场通过"清境消费"打造出大量的奇观、风景和主题，春花、夏果、秋枫、冬雪，四季呈现多样风情。清境农场定位见图7－1。

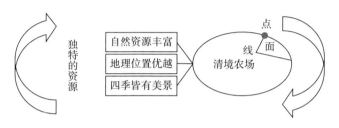

图7－1　清境农场定位

二　主要做法

（一）打造独具特色的休闲体验农场

清境农场充分依托丰富的草场资源和独特的地理优势，通过交通有效串联景区的各个节点，形成"点—线—面"的空间联动，以满足不同客户群体的需求。充分挖掘当地文化的潜在价值，打造特色农场和风情民宿，同时积极植入本地摆夷文化，不仅传承和保护了当地的传统民族文化，而且通过风情观览、高山民歌等丰富的农场活动，打造出包含节庆、美食、购物等多重体验、参与性强的休闲项目，创造出以"情景消费"为基础、"体验经济"为驱动、"共享经济"为提升的核心理念，将清境农场打造成为具有核心竞争力的特色休闲体验农场。

（二）积极促进乡旅产业融合发展

清境农场依据特殊的气候条件，以农林畜牧业为基础，发展第一产业。一是发展农业。大力种植特色农产品，包括水蜜桃、苹果、水梨、加州李、奇异果等温带水果以及圆白菜、高丽菜、菠菜、豌豆苗、翠玉白菜等高冷蔬菜。二是发展林业。包括百合、郁金香、海芋和其他温带花卉等以及枫香、青枫、落羽松、榆树等植物。三是发展畜牧业。饲养绵羊、台湾黑山羊、黑肚绵羊、台湾乳用山羊以及安格斯牛、圣达肉牛、德国黄牛、布拉曼、夏洛利、荷兰牛、日本和牛、海弗牛等。

清境农场利用自身独特的农林畜牧业基础推进加工业发展，丰富了游客体验内容，增加了农场的经营收入。清境农场积极提升产业价值，努力延伸产业链，采取多元化的经营方式，将特色农产品加以包装或经深加工制作成高附加值蔬果产品；对林业产品进行修整、加工等，逐步形成园艺景观；将畜牧业发展成集体验、教育、艺术、景观于一体的新业态。乡旅产业融合发展见图7-2。

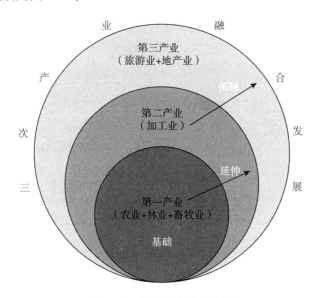

图7-2 乡旅产业融合发展

（三）促进"点—线—面"内外空间联动

围绕本土自然风光，以农林畜牧、复合式商业圈、主题景观打造等方式，打造生产、生活、生态"三生融合"的乡村旅游空间。

"点"，搭建休息空间。一方面，建设旅游服务中心。在乾坤广场打造一座多功能的服务中心，吃、喝、玩、乐一应俱全。另一方面，建设游客休闲中心。游客休闲中心位于国民宾馆旁，是清境农场最主要的复合式商圈。内部设有全亚洲最高（2000 米）的星巴克、纪念品展售店、音乐餐厅、景观餐厅、面包坊、连锁便利商店等，外部设有清境农场周边最大的停车场、免费公厕等。

"线"，搭建出行路线。一方面，搭建车行道。清境农场内部的一条主要车行道联通外部，并串联各个主要节点。游客可以通过开车或骑行的方式领略不同的风景。另一方面，搭建步行道。搭建多重山体步道体系，包括"翠湖步道""观山步道""柳杉步道""落日步道""樱花步道""步步高升步道"等。

"面"，搭建特色景点。一是建设大自然剧场生态园区，展示各种生态资讯，并定期推出解说活动。二是建设观山牧区，成群的牛羊在大草原上游走，沿着步道可以与绵羊近距离接触。三是建设小瑞士花园。"点—线—面"空间联动见图 7 – 3。

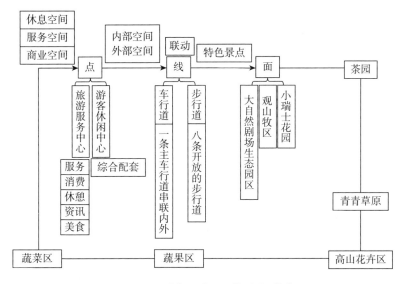

图 7 – 3　"点—线—面"空间联动

（四）构建原汁原味的乡村休闲活动体系

清境农场的休闲活动大多是观赏性和参与性的。一是亲近动物。在农场可以近距离接触、喂食小动物，骑迷你马，体验为牛沐浴、甩牛鞭、跳斗牛舞等活动。二是参与场庆活动。每年的2月20日是农场场庆日，借此举办庆祝活动，吸引游客参与比赛、羊毛DIY手工制作、彩绘、茶艺体验等项目。三是感受清境一夏。为给暑假到来的游客留下美好回忆而举办各类文艺活动。四是展示绵羊秀。如牧羊人半日放羊体验游活动。五是体验云南风俗。在端午节前后举办泼水节、摆夷飨宴等活动。六是滑草。清境农场凭借其高山草原的优势，设计了滑草活动。七是赏雪。清境农场所在地合欢山的积雪是宝岛奇景之一。八是举办火把节。以薪火相伴为主题，延续原居民与新移民的文化与团结。九是观星。清境农场山岭起伏，观星地点极佳，每年流星雨和月食等天象吸引大批天文爱好者前来观赏。十是观赏落日。清境农场的步行道非常适合观赏落日的美景。清境农场体验活动见图7-4。

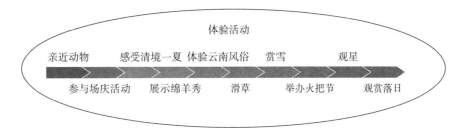

图7-4　清境农场体验活动

（五）建设特色高山风情民宿区

清境农场除了美景之外，最吸引人的是形形色色的高山民宿。这些民宿，有些以欧洲宫廷风彰显大气奢华，如五星级老牌民宿老英格兰庄园；有些以乡野木屋为主题营造一种原始的浪漫氛围，如天星度假山庄；有些是以文艺气息为主题营造的城堡式酒店，如香格里拉音乐城堡；有些是以乡野为主题营造的景观山庄，如清境家园景观山庄。

三 重要启示

（一）明确乡村旅游的发展定位

清境农场根据自身独特的优势通过准确定位，从"农场""休闲""体验"到"具备核心竞争力"，始终坚持突出自身特色。目前，国内的乡村旅游往往以农家乐、奢侈度假、亲子活动、网红民宿为主，且在发展的过程中遇到各种问题，如乡村旅游的市场与预期相差甚远、乡村旅游的规划很难落地等，这些问题存在的根源是最初并未精准、深度定位，所以在发展过程中经常找不到方向。

（二）重视乡村旅游的空间规划

清境农场是以自然风光为主，主要围绕本土自然风光，以农林畜牧、复合式商业圈、主题景观营造等方式打造的乡村旅游空间。可见，乡村应以当地农民为主体，以当地农民的生产、生活为基础，以乡村建筑和田园等人文与自然形态为乡村文化活动的载体，秉承"生产空间集约高效、生活空间宜居宜度、生态空间绿水青山"的空间优化理念，在乡村空间布局的过程中，将生产、生活、生态相结合，在传承文化、风貌、肌理的同时，也要依据不同游客的需求，融入时代的功能、形式和技术，最终形成乡村振兴战略二十字总要求。

（三）全面提升乡村旅游的游客体验

乡村旅游不仅要有绿水青山，而且要有游、行、娱、吃、住等，也要将养生、文化、创意、历史、科技等融入乡村旅游中。只有形成自身独有的特色，才能吸引人、留住人。目前，国内的乡村旅游往往围绕生态优美、特色乡风、农耕体验、农事体验、特色民宿、节庆活动、亲子体验、文化创意、红色教育等展开，绝大多数乡村的体验活动是复制其他地方的经验，并没有根据自身的特点打造出适宜本地持续发展的全新模式。只有积极塑造乡村旅游的"魂",不断打造乡村旅游的"体",推陈出新乡村旅游的"新",同时不能遗忘乡村旅游的"根",才能打造出有血肉、有思想、有特点、有品质的乡村旅游。

(四)不断推进乡旅产业融合发展

清境农场以盘活特色的第一产业为基础,大力发展休闲农业、科普教育、体验农业等新业态,打造盈利点、突破点、观赏点和创新点,推进三次产业融合发展,逐步形成了良性的生态圈。要用乡村旅游业激活传统农业,大力发展休闲农业、创意农业、科普农业等新型业态,因地制宜地打造本土"乡村生活",让原生原长、土乡土色的民宿文化与商务会展、康体养生、文化创意、体育运动、电子商务、智慧服务等融合发展,全面实现旅游业的联动效应。

(五)积极打造独具特色的乡间民宿

清境农场之所以能够成功,其高山民宿的影响力功不可没。各式各样、品种繁多的民宿风格,吸引了众多来此度假的游客,为农场增添了人气。随着旅游业的发展,民宿数量在近年来快速增加。如今,民宿在发展中经常会遇到瓶颈、难题,大多数是因为前期没有考虑自然环境、文化资源等区位因素,而且在装修、建造、运营、管理与服务等方面没有达到专业化程度,也未能满足消费者追求民宿产品差异化和个性化的要求。

(本章执笔:许露)

第八章
案例三：西湖云栖小镇

一 基本情况

云栖小镇地处杭州市西湖区南部，位于杭州之江国家旅游度假区核心区块的转塘科技经济园区（以转塘科技经济园区为基础，东至四号浦，南至袁浦路，西至龙山工业安置区，北至绕城公路、狮子山）。云栖小镇规划区域为东至杭新景高速公路，南至袁浦路，西至八角南路，北至320国道、绕城公路，总用地面积为10平方公里。规划面积约3.5平方公里，目前已投入使用120万平方米的产业空间，规划3年内逐步打造200万平方米以上楼宇用于产业发展。

云栖小镇是依托转塘科技经济园区与阿里云两大平台在传统工业园区的基础上建设基于云计算大数据产业①的特色小镇，云栖小镇不是一般的创业孵化，而是"催化"已经成型的企业，是"发酵"比较成熟的技术、产品、业态，"撬动"和引领产业的发展。小镇运用大数据的计算将简单数据

---

① 云计算是基于互联网的相关服务的增加、使用和交互模式，通常涉及通过互联网来提供动态易扩展且经常是虚拟化的资源。例如，用户通过自己的电脑发送指令给提供云计算的服务商，通过服务商提供的大量服务器进行"核爆炸"的计算，再将结果返回给客户。云计算具有降低全社会的IT耗能、减少碳排放、真正实现绿色计算的特点；大数据是对海量、高增长率、多样化的数据进行分析处理，具有大量、高速、多样、价值、真实的5V特点（使用领域：BI、工业4.0、云计算、物联网、"互联网＋"）。云计算与大数据之间是相辅相成的关系，基于大数据才可以进行云计算，两者相互作用才可以在互联网世界进行管理和模拟。

变成生产要素，积极打造云计算产业生态聚集地。

云栖小镇具有以下优势。一是地理区位优势。云栖小镇位于杭州市西湖区南侧，是大杭州九区格局的地理中心，紧邻杭富快速路 G320 以及绕城高速公路，交通便捷，区位优势明显。二是交通便利优势。云栖小镇东至杭新景高速公路，南至袁浦路，西至八角南路，北至 320 国道，从区域交通格局看，周边区域进入云栖小镇主要是通过之江路、之江大桥、杭富快速路、紫之隧道、绕城高速以及杭新景高速。三是生态环境优势。云栖小镇坐落于杭州之江国家旅游度假区，四面环山，环境怡人，具有得天独厚的生态优势。四是政府政策优势。杭州市西湖区人民政府为加快推进云栖小镇的建设，出台了全省首个专门针对云计算产业发展的专项扶持政策，包括租金减免、带宽补助、融资补贴等一系列优惠政策和措施。五是产业基础优势。阿里集团在杭州互联网生态圈的支柱性力量，使云栖小镇的成长具备了先天性的优势。阿里集团周边聚集了大量的互联网公司，为云栖小镇提供了可利用的核心资源。

云栖小镇紧紧围绕四大产业生态，引进高端信息产业项目。一是阿里云产业生态。一方面，阿里云入驻云栖小镇，以阿里云为龙头，引进阿里云和新华社联合打造的"新华智云"、阿里巴巴和浙江省财政厅合作的政府采购平台"政采云"等重点企业。另一方面，基于阿里云人工智能技术，建立杭州城市数据大脑，对整个城市进行全局实时分析，自动调配公共资源，让数据帮助城市来做思考和决策。二是卫星云产业生态。引进中国科学院微小卫星创新研究院，围绕北斗卫星芯片"微系统模组""自主时空创新中心"项目，以及"北斗千寻位置服务"等项目，打造"卫星谷"产业集聚区。三是物联网芯片产业生态。以北京大学数字视频解码国家工程实验室云栖中心为核心，联合阿里云与富士康高效能计算、云端 SoC 设计中心等，着力打造物联网芯片研发设计产业生态。四是智能硬件创新产业生态。打造富士康云栖系统工程中心项目，以"淘富成真"平台为载体，引进多家智能硬件研发企业。全球未来智造创新基地（GIC）落户云栖小镇，打造全球顶尖前沿技术研究机构、创新企业之间的合作桥梁。

云栖小镇是浙江省首批创建的十个示范特色产业小镇之一。2017 年，云栖小镇入围浙江省首批建设类高新技术特色小镇。2018 年 5 月 24 日，云栖小镇入选最美特色小镇 50 强。

云栖小镇紧紧抓住云产业发展迅猛以及杭州建设信息经济和智慧城市这两大历史机遇，专注于云计算大数据产业的发展，取得了优异的成绩，并成为众多特色小镇中的"独角兽"。

二 主要做法

（一）向新一代信息化产业发展转型

云栖小镇的前身为转塘科技经济园区，是一个十分典型的传统工业园区，随着城市化的推进，园区开始面临种种压力，因此需要转型。转型为以信息经济产业（以云计算为代表）为重点发展方向、以相关项目为载体，围绕云计算产业的特点，积极构建"共生、共荣、共享"的生态体系。云栖小镇以"创业创新的圣地、创新人才集聚的高地、科技人文的传承地、云计算大数据科技的发源地"为目标，坚持产业、文化、旅游、社区"四位一体"，生产、生活、生态"三生融合"的发展理念，布局创业孵化区、创业服务区、云存储云计算产业区、工程师社区、成功发展区、国际化生活区、生活配套区和创业创新拓展区八个功能分区，通过做强通用云计算平台，做精大数据的应用生态，做优基于云 OS 操作系统和芯片研发的云端生态，构建了"创新牧场—产业黑土—科技蓝天"的创新生态圈。其中，"创新牧场"是凭借阿里巴巴的云服务能力，淘宝、天猫的互联网营销资源，富士康的工业 4.0 制造能力，以及 Intel、中航工业、洛可可等大企业的核心能力，打造的全国独一无二的创新服务基础设施。"产业黑土"是指运用大数据，以"互联网 ＋"助推传统企业的互联网转型。"科技蓝天"是指创建一所国际一流的民办研究型大学，即西湖大学。打造云计算产业生态小镇的背景见图 8–1。

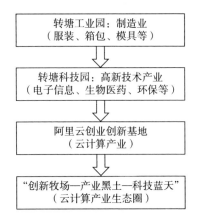

图 8-1 打造云计算产业生态小镇的背景

（二）引进一批创新创业引领的名企和名人

云栖小镇作为云计算产业聚集地，聚集了数家企业以及一批互联网技术专业人士，尤其是以阿里巴巴王坚博士为代表的企业精英。

云栖小镇的主导产业是以阿里云平台为基础，大力扶持云创新创业的企业和团队，集聚包括游戏、App 开发、电子商务、互联网金融、移动互联网等细分领域的优秀创新型科技企业，引进风投创投基金机构，打造完整的云计算产业链。在云栖小镇以"政府主导、名企引领、创业者为主体"的模式中，"创业者为主体"是指催化已成型的企业，挖掘更深层次的技术、产品、业态等要素，引领产业发展，其更注重创新，在发挥政府主导作用的同时，企业自身的主体作用更为明显（见图 8-2）。

（三）布局小镇总体产业空间

云栖小镇的功能布局以"云企业孵化—加速—集聚—总部"的发展路径为主要功能轴线，以中国美术学院和云栖学院的科研教育功能、人才公寓的居住配套功能、云会议中心的会议展示功能、云栖 Block 的商业配套功能为多点依附主要发展轴，形成具有群星捧月之势的功能空间布局。此外，转塘配套组团和双浦配套组团分别在南北方向为云栖小镇主体产业区提供居住服务配套功能（见图 8-3）。

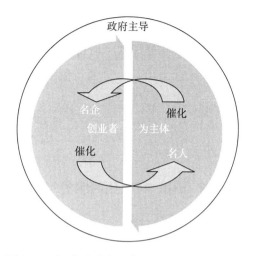

图8-2 打造以"创业者为主体"的云栖小镇

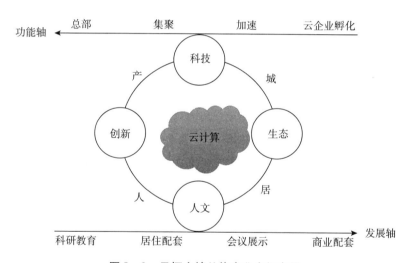

图8-3 云栖小镇总体产业空间布局

云计算产业园成为集云计算研发办公、商业配套、科研院校、云服务办公、企业孵化、会议展览、配套社区等多种功能业态于一体的花园式产业园区。根据实际需求，确定各类业态的建设比例：一是云计算研发办公（35%）为云核心企业提供优质的研发办公环境；二是商业配套（18%）以小镇样式为主题元素，打造环境优美、服务感受丰富的特色商业街区；三是科研院校（12%）结合现有企业，做好云计算研发、技术创新，为园区未来发展奠定基础，汇聚人才资源；四是云服务办公（10%）为中小企业和个人办公提供灵活、便捷的办公形式，既能降低运营成本，又可分享强大的外部优势；五是企业孵化（10%）对创新创业中小企业提供资金、管理等多种便利，推动合作与交流，使企业"做大"；六是会议展览（8%）为云计算成果提供展示功能及对外交流功能；七是配套社区（7%）为云计算人才提供环境优美、便于交流的活力社区。

（四）为企业提供多样化、特色化的服务

云栖小镇通过官方网站，面向所有企业提供多种服务（见图 8-4）。一方面，为已入驻的企业提供园区服务，如提供人才、企业及其他政策申报服务指南；为企业提供最新的资讯服务；为企业提供广阔的资源；为企业提供活动场地；为企业人才提供人才公寓；为企业提供基础物业服务；帮助企业发布招聘所需的岗位、职责以及招聘条件；为企业提供 9 个线路的往返班车服务。另一方面，为准备入驻的企业提供咨询服务，如提供流程咨询服务。

为已入驻的企业提供园区服务	为准备入驻的企业提供咨询服务
1. 提供政策申报服务指南； 2. 提供最新的资讯服务； 3. 提供广阔的资源； 4. 提供活动场地； 5. 提供人才公寓； 6. 提供基础物业服务； 7. 提供招聘服务； 8. 提供班车服务	提供流程咨询服务

图 8-4　云栖小镇提供的服务

（五）举办云栖大会①扩大品牌影响力

云栖大会是由阿里巴巴集团主办的全球云计算 TOP 级峰会，汇聚 DT 时

---

① 云栖大会的前身可追溯到 2009 年的地方网站峰会，经过两年的发展，2011 年演变成阿里云开发者大会，到 2015 年正式更名为"云栖大会"，并且永久落户西湖区云栖小镇。

代最强大脑，描绘云计算发展趋势和蓝图，展现云计算、大数据、人工智能蓬勃发展的生态全景。云栖大会由阿里云开发者大会演变而来，不断突破创新。大会精准吸引全球云计算生态圈从业者，联合各地合作伙伴，展示云计算最新应用和实践成果，引领云计算行业创新发展风向标。

云栖大会不仅是世界一流的国际级会议品牌，而且是创新型企业、创业者的交流舞台，更是技术分享型平台。大会主要突出"云理念""云技术"，以企业为主体，以产业为基础，以市场为导向，以创新为特色，折射出一个产业蓬勃兴起的一面。涵盖人工智能、大数据、新零售、金融科技等20多个前沿科技领域，通过举办主论坛、主题峰会、行业分论坛等，吸引全球各个国家和地区的科技企业，并通过直播增加流量。云栖小镇作为云栖大会的主场地已经成为云计算、云技术、大数据、电商等一大批创新型产业的加速器，成功地提升了云栖小镇和云栖大会品牌的知名度。

三 重要启示

（一）抓住时代发展的业态创新是关键

云栖小镇把握大势，充分认识到云计算、大数据、物联网、人工智能等新信息技术以及互联网金融对生产、生活等各方面的颠覆性影响，在此背景下确定了打造富有科技人文特色的云计算产业生态小镇发展方向。这个时代是科技主导发展的时代，云栖小镇抢先发展"云"产业，抓住了时代发展的大趋势。在当前飞速发展的社会中，我们更要注重对新兴产业的培育和构建。

（二）重点关注特色小镇的产业发展环境

云栖小镇是依托产业而发展起来的小镇，独具自身的特色。但小镇不同于产业园区的地方在于，它不仅仅是工作之处，还是一种生活方式，因此业态的多样性和复合性就显得非常重要。而产业空间是云栖小镇树立和展示特色的关键所在，所以需要统筹兼顾，协调各产业间的矛盾，进行合理安排，做到因地制宜、扬长避短、突出重点、兼顾一般、远近结合、协调发展，打造云计算生态产业小镇。在云栖小镇的建设过程中应着重分析其地域特色以及人文生活等特点，进而进行产业空间布局。

（三）积极探索高效合作的运作模式

云栖小镇通过"政府主导、名企引领、创业者为主体"的运作模式，逐步形成了云栖模式。"政府主导"主要是政府要做好自己擅长的事情，特别是平台搭建、产业空间打造、政策引导、招商引资和立体复合式的创业服务，这实际上也是政府在资源、政策和服务上如何提供更加有效的供给的问题。"名企引领"就是充分发挥名企龙头的引领作用，输出核心能力，完善中小微企业创新创业的基础设施，加快创新目标的实现。"创业者为主体"就是政府和名企共同搭建平台，以创业者的需求和发展为主体，构建产业生态圈。除此之外，小镇公共职能的拓展也需要地方政府部门的配合。这启示其他特色小镇的建设应积极探索不同主体之间相互合作的运作模式，让小镇能够高效运营。

（四）不断增强特色小镇的服务能力

云栖小镇通过为已入驻的企业提供八项服务以及为准备入驻的企业提供咨询服务，逐步完善了小镇的建设工作，其周到细致的服务为小镇吸引来众多知名的企业。云栖小镇与之前的传统产业园区相比，最大的区别在于"产城融合"，生产、生活、生态"三生融合"是基础，如果新兴产业的发展没有相应的新的物理形态去服务好它，没有宜居、宜业等的多种物理形态去承载它，那么不仅产业形态不易培育，而且相应的高科技人才也会流失。作为一种新型的区域经济发展模式，一个具有可持续发展能力的特色小镇应该是真正能够从人的需求出发不断调整变化的发展形态。

（五）注重特色小镇的品牌建设

2015 年阿里云开发者大会正式更名为"云栖大会"，并且永久落户西湖区云栖小镇，"云栖大会"是云计算、大数据相关领域的盛大节日，是含金量极高的金名片，它突出"云理念""云技术"，以企业为主体，以产业为基础，以市场为导向，以创新创业为特色。"云栖大会"在云栖小镇的举办，成功地吸引了全球各个国家和地区的科技企业，并通过直播增加了流量，也因此带火了云栖小镇。特色小镇加强品牌建设、塑造品牌形象，对确保小镇发展质量、增强其市场竞争力具有重要的现实意义：一是有助于树立并传播小镇的形象；二是有利于增强小镇的市场竞争力。

（本章执笔：许露）

第九章
案例四：新加坡农业科技园

一 基本情况

1986 年 9 月，新加坡政府提出了农业科技园计划，提出利用新型农业科学技术，发展集约型和非污染型农业，在有限的土地和人力资源条件下，提高农业生产率，增强农副产品的自给能力。新加坡农业科技园应运而生，构建了生态走廊、生态蔬菜园区、花卉园区、热带作物园区、水产养殖园区、海产养殖园区等。[①] 经过数年的建设，新加坡农业科技园初具规模，并展现出远大的发展前景。

新加坡农业科技园作为发展科技农业的一种新模式，已引起国际农业经济界的关注。新加坡的土地与水资源非常有限，几乎没有农村，农业在三次产业中所占比重极低（不到 1%），所需食品的 90% 需从国外进口。2002 年，新加坡农业用地仅 807 公顷，农场 263 个（有些小农场面积仅数公顷），占全部国土面积的 1.18%。

新加坡都市农业主要是现代集约的农业科技园。农业科技园的基本建设由国家投资，然后通过招标方式租给商人或公司经营，租期为 10 年。目前，新加坡共有 6 个农业科技园。这些科技园共占地 15 万平方米，每个园内都有不同性质的作业，如养鸡场、胡姬花园（出口多品种胡姬花）、观赏鱼园（出口观赏鱼）、牛羊场、蘑菇园、豆芽农场和菜园等，每个小农

---

① 王桂朵：《国外农业科技园区有何发展特色》，《人民论坛》2017 年第 31 期。

场平均占地 2000 平方米左右。这些农场采用最新、最适用的技术，以获得比常规农业系统更高的产量。这些新技术包括自动化、工厂化，通过集约选育，实现遗传性状改良、饲料的基本分析及选择、水处理再循环等。

现在，新加坡资助创建的这些具有观赏休闲和出口创汇功能的高科技农业园区，已经形成完整的都市农业体系，并取得了良好的经济效益和社会效益，为提高食物供给的自给程度做出了重要贡献。如新加坡著名的热带花卉——胡姬花（兰花）、新加坡的国花——卓锦万代兰、观赏用的热带鱼等，年出口额达 6000 万 ~ 7000 万美元；成春农场引进的意大利设备——自动化高科技环境控制鸡舍，由电脑操纵控制，既节省了人力，又提高了产量和土地利用率，还能解决农场释放异味、鸡粪污染环境的问题，也不影响周围居民的生活环境，该农场的鸡蛋供应量占本地鸡蛋市场供应量的 10%。[①]

新加坡取得 2016 年联邦农业大会主办权，成为首个亚洲主办国。如今，新加坡农业科技园每年吸引近 600 万名旅游者，成功实现了科技示范与农业观光的完美对接。2018 年第 69 届库肯花园花展吸引了来自 100 多个国家的 100 多万名游客，其中有 75% 的游客来自国外。

二 主要做法

（一）探索科技引领型农业园区

各个园区主要由新加坡政府进行投资建设，最后通过招标的方式将农业科技园区的经营权转给私人公司，私人公司在承租期间，必须引进现代化的农业设备，并加大对农业科技研发的投入力度。新加坡农业科技园以"技术输出 + 体验休闲"为主，不同的农业科技园有各具特色的主营项目，如养鸡场、胡姬花园、观赏鱼园、蘑菇园等，每个农业科技园的面积为 2

---

① 郎朗：《新加坡都市农业的发展经验与启示》，《中国乡镇企业》2012 年第 9 期。

万~3 万平方米，园内包括多个渗入高科技元素的小农场，每个农场占地面积为 2000 平方米左右，每个农业科技园尽可能采取自动化方式作业，如农业科技园中的自动化高科技环境控制鸡舍，由电脑控制操作，不仅大幅减少了人工，而且使鸡的粪便得到无害化处理，防止了周边环境的恶化和对居民生活的影响。同时，在农业科技园内，除了工作人员劳作的生产场景，还有诸如观赏鱼、名优花果树、珍奇动物等，成为人们体验休闲观光的好去处。

（二）节约集约合理利用农业空间

新加坡通过合理利用农业空间，积极创新垂直农场模式。2012 年新加坡首家利用垂直技术种植蔬菜的"天鲜农场"正式面世，至今已拥有逾 300 家垂直农场。目前，世界上第一座 26 层楼高的垂直农场 EDITT 在新加坡建成，其覆盖了大量的太阳能电池板，将尽可能多的太阳能电池板堆积到 855 平方米的狭小空间内，每一层楼像一个大型温室，这栋大厦内 40% 的用电量由太阳能完成，并采用水培或无土溶液栽培的方式种植，在建设上大量使用可再生材料和可回收材料，外立面有一半的区域种植当地有机植物，安装了雨水循环系统、中水系统等环保设施，同时还启动了一个将污物转换为生物气的项目，可将污水转化成电力，大大降低了能源成本。新加坡的垂直农场模式，是一个完整的自给自足的生态系统，不仅包括农作物养殖，而且涵盖从农作物生产到废物管理的一系列过程。

（三）科学设计盈利模式

新加坡农业科技园主要有两种盈利模式。一是科技服务盈利模式。现代农业园以科技为依托，具有科技含量高、科技成果转化率高的特点，提供农业科技服务成为其盈利的模式之一，主要包括：面向国内外提供国际农业技术咨询服务，进行各种形式的科技培训，新技术、新设备、新品种等科技成果的展示、转让、出售，进行产业孵化推广，提供科技中介服务，等等。二是发挥多功能性盈利模式。充分发挥农业的作用，拓展农业的多功能性，从农业的休闲、科普、观光、生态文化功能中挖掘农业价值（见图 9 - 1）。

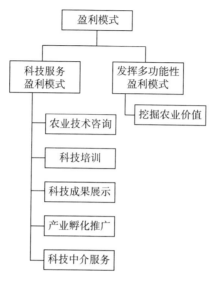

图 9 - 1　新加坡农业科技园的盈利模式

（四）重视引进和研发高科技农业技术

新加坡农业科技园非常重视引进和研发高科技农业技术，如成春农业科技园区以"新鲜一生"为经营理念，在产业和规模不断增长的同时，重视对鸡蛋品质的追求和经营者对自身高标准的期许。成春农业科技园区成立于 1987 年，是当年新加坡首家实现全面自动化的高科技养鸡场。经过 30 多年的发展，如今已拥有 36 英亩养鸡场，饲养约 70 万只鸡，平均日产 50 万个鸡蛋，约占本地总需求量的 10%。"成春"之所以成为家喻户晓的鸡蛋品牌，原因在于两个方面。一方面，园区引进操作机器，大大提高了效率，操作机器分选出的鸡蛋确保了售出的鸡蛋大小、外观一致。对于外观有瑕疵的鸡蛋，则会制成蛋浆或留作他用。同时，园区不断向欧洲国家学习先进技术，不仅采取自动化管理，而且使用封闭式鸡舍、多层式鸡笼，且室内保持恒温 27℃。另一方面，园区加大研发投入，成功地以益生菌取代抗生素，这些益生菌随鸡的粪便排出，最后被加工成有机肥料，有机肥料也可用于园区内其他品牌的有机农产品。这样虽然成本高一点，但饲养出的独家"樱花鸡"与"冬虫夏草鸡"品牌成功打入了中国香港市场。

（五）加大资金投入建立农业科研机构

新加坡农业科技园并不是孤立存在的，在农业科技园之外还建立了科技公园和基地，通过这些科技公园和基地向农业科技园提供技术支持。新加坡已设立了兽医学研究与训练所、园艺研究实验室、淡水鱼实验室、中央兽医学实验室等农业科研机构。此外，还开设了专门的课程，用于培训高科技农场的技术和管理人员。在政府的统一规划下，将农业、植物、生物、微生物、病虫害等领域的专家集合起来创建实验性农场公园，这些专家主要在农场内从事农业科技实验和研发工作。政府将这些农业科技专家的研发成果向农业科技园进行传播和输送，从而保证了农业科技园中农业科技的先进性，催生了农业产品的高产值。

三　重要启示

（一）不断创新农业发展模式

新加坡农业科技园以打造智慧生态农业为目标，充分利用物联网和农业技术，实现了农产品从生产到销售各个环节的智能化管理，培育出了大量绿色农产品。在发展农业科技园的同时，园区管理者要建立园区农业物联网网络体系，运用无线网络、感知、控制、GIS 等技术，对园区土壤、水分、苗情、病虫等情况进行实时监测与控制，并对园区种植产品的所有信息进行收集、传输、管理与控制。通过物联网、云技术，对收集的信息进行数据提取、分析和评估，进而为农业生产者、管理者提供决策依据和可行的处理方案。此外，采用 RFID 技术、条形码技术，对园区农产品信息进行记录、监督。根据作物特征和地域差异，有效调整相应数据信息，实现园区农产品生产监管的智能化，推动园区农业生态、绿色、高效发展。

（二）节约利用农用土地资源

新加坡农业科技园为了实现资源与空间的充分利用，积极探索创新垂直农场模式，把一片土地的利用面积以倍数级增加，使土地的利用率大大提高，成功地解决了农用土地资源紧缺的问题。

（三）重视体验与休闲相结合

新加坡作为全球的旅游目的地，农业旅游也异常发达，许多农业生产都具有观光的功能。在农业生产方面，可借鉴新加坡经验将旅游休闲理念贯穿到农业生产环节，农业产业结构优化调整要兼顾旅游属性，增进旅游者对农村活动、农业生产过程和农民生活的体验，提高农业产业增加值；要将农业生产与农业科普教育相融合，满足游客获得知识的渴望。在农业旅游方面，应改变中国乡村旅游以采摘、垂钓、农家乐为主要形式，以销售有形产品为主要盈利模式的初级乡村旅游发展模式，建立休闲农场、特色农庄和乡村民宿等以服务和特色体验活动为主的休闲农业示范区，促进乡村旅游发展及农户增收。

（四）充分发挥农业科技园的优势

新加坡建立农业科技园的目的是推进农业现代化，在保证农业科技园持续发展的基础上发挥园区的辐射及带动作用。农业科技园的建设是一项系统性的工程，在建设之初需要做好合理规划，按照当地的农业资源禀赋及产业特色，制订农业科技园发展的详细计划。在推动农业发展的过程中，不仅需要各级政府提供配套的财政、税收、资金、信息等方面的支持，从而保证农业科技园的持续发展，而且需要企业作为市场主体，在园区的发展中积极参与市场对接。在农业科技园的建设中，必须把握好其核心功能，确定园区的主导产业及布局，以此发挥农业科技园的示范和辐射作用。

（五）强化科技创新引领

农业科技园能否得到发展，科技引领至关重要，保证园区的科技竞争力是其发展的关键。科技农业的核心是农业科技的研发和创新，农业科技园区是一个集生产、销售、加工、研发于一体的综合体，在这个综合体的发展中，园区必须鼓励农业科技企业入驻。

（本章执笔：许露）

第十章
案例五：日本小岩井农场

一　基本情况

小岩井农场位于岩手山南麓，东西长 15 千米，南北长 13 千米，面积约 3000 公顷，以经营酪农、绿化造园、山林事业、观光事业等为主。1888 年 6 月，时任铁路局局长官井上胜在参观完盛冈的铁路局之后，被岩手山南麓优美的景致所吸引。于是井上胜萌生了将此地变成美丽的稻田的念头。这个想法得到了时任日本铁道会社副社长小野义真和三菱社社长岩崎弥之助的支持，欣然答应出资资助。自明治 24 年（1891 年）开始建设，到如今已有 120 多年的历史，目前仍留存了许多作为重要文化遗产的建筑物。这些建筑物巧妙地融合了西洋建筑技术，堪称日本独特的建筑群，极为珍贵，现今是日本唯一且最大的民营综合农场，被作为"岩手雪祭"的会场。

"小岩井"采用共同创始人小野义真、岩崎弥之助、井上胜三人名字开头的一个字命名，农场自 1952 年起事业主体转到畜产。在开设的当时，小岩井农场还是不毛之地，1962 年，农场主结合生产经营项目的改造，在对土壤进行改良的同时，坚持植树造林，并兴建多种游览设施，先后开辟了约 600 亩观光园区，兴建了动物广场、牧场馆、奶牛馆、农机具展览馆、花圃、体验中心、山麓馆购物中心等多种观光休闲设施。每年冬季农场都举办大型冰雕展，其中大部分作品以展示农家风情为主，农场旁边是由废水车改装成的列车旅游馆，深受怀古思旧的游客和青年人的欢迎。观光园区面积虽然只占农场总面积的 0.12%，却创造了整个农场 60% 的收入。小岩井农场独辟蹊径，用富有诗情画意的田园风光、各具特色的设施和完善周到的服务，吸引了大量的游客，为农场赢得了可观的经济收入。

以"上丸牛舍"为代表的建于明治时代的6座粮草仓、牛棚以及农场总部事务所等，被收录为日本有形文化遗产。此外，乳业工厂附近的"狼森"与县内的另外6处景点一同被认定为日本指定名胜"伊哈托布风景区"。

小岩井农场的优势是拥有独特的风景。被诗人宫泽贤治誉为"奇迹"的小岩井农场以自然风光为特色，在各个季节都有许多独特的风景，如岩手富士山，从小岩井农场能看到雄伟的岩手山（别名"岩手富士"），这是日本东北部最高峰（海拔约2038米）。其雄姿可与富士山媲美。从小岩井农场望去，山和樱花交汇的景色无与伦比，堪称日本屈指可数的美景。自古以来岩手山便是信徒心中的圣山，在山顶外围的登山路上有许多石佛。

二 主要做法

（一）通过划分功能和整合业态凸显农场特色

小岩井农场以自然田园风光为核心驱动力，发展生态观光旅游业，并在此基础上将具有年代感的设施再造，如农具展览馆、天文馆、马车观光道、箭术场等。辅助配套购物、餐饮、住宿、娱乐等一系列商业服务，并积极融入冰雪节、秀场以及各种各样的体验活动。农场按照功能分为动物农场、农具展览馆、山麓馆、牧场馆、天文馆和配套服务区。其中，动物农场包括羊馆和牛舍，游客不仅可以观赏各种家禽，而且能够学习有关动物的知识。农具展览馆陈设了各式各样的农用机械，使游客在观赏的同时能够了解本国的农业发展历史和农机具专业知识。山麓馆是观光园内对公众开放的商业服务区，包括家庭食堂、自助餐厅、纪念品商店等。牧场馆每天会定时进行挤牛奶表演和组织游客观看奶油加工过程，游客在这里还能购买各种包装精美的新鲜奶制品。天文馆不仅成立了天文爱好协会，而且定期举办天文观赏活动，既满足了天文爱好者的需求，也能丰富游客的天文学知识。配套服务区由停车场和住宿区组成，住宿区包含由废弃机车改装成的列车旅馆和舒适的温泉酒店等。小岩井农场将休闲娱乐、商业配套、体验活动三大板块相互融合，形成旅游核心竞争力（见图10－1）。

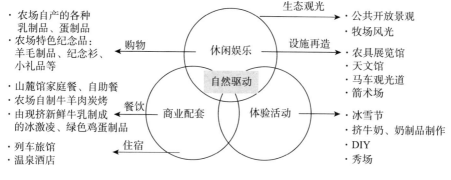

图10－1 小岩井农场板块

（二）采取商业化的品牌营销策略

小岩井农场从畜牧业的发展起步，逐步延伸出乳品制造、农产品开发、林木种植、赛马等多种农场产业。在农牧产业发展到一定阶段后，小岩井农场开始了商业化营销（见图10－2）。

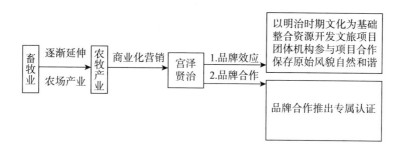

图10－2 商业化品牌营销策略

在日本民间，流传着众多宫泽贤治帮助别人的传说，他的童话作品被大量编入日本各地的教材，并被拍摄成电影，这些流传后世的诗集、童话大多以小岩井农场为背景，成为"宫泽贤治的小岩井"这一说法的由来。一方面，小岩井农场充分利用宫泽贤治的品牌效应，以明治时期的农业文化为基础，开发农业生产场所现场体验、百年森林景观深度游览、乳制品手工制作体验、羊毛装饰手工制作体验等多种文化旅游项目。除了接待散客，农场也与各种团体机构开展团体考察、度假、修学旅行、亲子游等项目合作。小岩井农场里一些保存良好的特色建筑，原生的农副产品、食品，自然的草原与森林风貌，以及各类小动物，都对游客极富吸引力。另一方面，小岩井农场还与城市内的连锁食品品牌合作，为其专供小岩井农场产的肉、蛋、奶等食品，推出专属的合作认证。

（三）提出"人与自然和谐相处"的发展目标

小岩井农场在挖掘自身的文化内涵后，提出了发展自然共存技术、实施环境绿化工程、循环利用资源、推广环境教育四个发展目标（见图10-3）。小岩井农场很好地利用了"宫泽贤治的小岩井"这一品牌文化的力量，逐步驱动人们对自然加以关注，大力开发保护自然的技术，推广有利于环境保护的文化，使"亲近自然"不再是一个口号。小岩井农场除了创造直接的经济收益支撑农场的发展外，还使商业成为连接人与自然的纽带，使农场成为教育人们如何与自然和谐相处的体验式学校。一是人与人之间观念共识和价值共生。小岩井农场所有待销的农产品都经过精心整理包装，没有散装出售的。农产品的包装箱或者海报上都印有产品名称、产地、生产者姓名。生产者可以根据市场行情，结合自身的产品质量自行定价，以此来体现生产自信，这也促使种植者不断提升种植水平，促进产品产量和品质之间的平衡性。二是人与自然之间友好相处与和谐发展。小岩井农场非

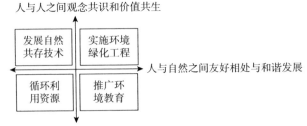

图10-3 "人与自然和谐相处"的四个发展目标

常注重土壤保护，1962年农场主在对土壤进行改良的同时，坚持植树造林，先进的生产设施对土壤保护和土质优化起到了十分重要的作用，为生产高品质的产品提供了保障。

（四）推动文化创新与品牌价值深度融合

一是提升文化价值。在日本，宫泽贤治是家喻户晓的人物。他自幼目睹农民的悲惨生活，对劳动人民寄予无限同情。大学毕业后，富商之家出身的他一直致力于促进当地农民的教育和农业的发展，37岁时因操劳过度而去世。小岩井农场借名人宫泽贤治的历史故事，打造出与宫泽贤治追求的一致的价值和文化。二是塑造产品品牌。"小岩井"品牌①为了生产品质最好的牛奶，专门建立了自己的农场，即小岩井农场，其乳制品品种丰富，涵盖纯牛奶、酸奶、牛乳和奶酪等系列。在日本，"小岩井"品牌的牛奶以及奶制品已逐步成为无激素的安全品牌的代名词。无论是冷鲜牛奶还是其他奶制品，其产品所代表的健康理念和诚意形象都深入人心。这样的品牌在近百年的维护下，经受住了时间的考验，最终成为可以反哺小岩井农场的招牌。三是形成旅游品牌。小岩井农场具有度假村的规模，拥有山景、牧场、百年建筑、农业体验馆、滑雪场、高尔夫球场等，配套设施与其他景点千篇一律的装饰风格不同，将整体变成一种标志，而且很好地保留了明治时期的田园文化。交通的便利性，不仅满足了游客短期旅行的需求，而且多层次、多维度的融合使长期度假的游客有多样化的体验。四是延伸产业品牌。小岩井农场不仅拥有具有日本南部特色的玩具、陶器、织染品、家具等，而且有米果以及传统点心，具有显著的岩水风格。小岩井农场非常重视知识产权保护，将整个产业都冠上了同一种标志。从长远来看，小岩井农场知名度和影响力的提升，将会给其带来大量的客流，这样既可以摆脱旅游景区产品的重复与单一，又能体现品牌创造的核心（见图10-4）。

---

① "小岩井"品牌的乳制品是日本著名的牛奶品牌，在整个亚洲市场具有极高的人气。

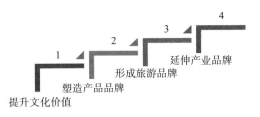

图 10 - 4　文化创新与品牌价值深度融合

（五）开发全方位的旅游体验产品

　　小岩井农场为了提升游客的游玩体验，开发了全方位的旅游体验产品（见图 10 - 5）。一是感观体验。基于畜牧业，开展观赏牧羊犬和羊群表演的活动；每年 2 月下旬到 3 月初，游客可以亲眼看到母羊产子，看到新生羊宝宝的到来。二是动手体验。游客可以参与羊毛贴画、羊毛编织、羊毛纺织、剪羊毛、挤牛奶、喂奶牛等体验活动，如用自己挤的牛奶制作鲜奶冰激凌。三是环境体验。畜牧业的体验活动充分利用了牧场的优势，基于农场自然环境开展的各种观鸟、观星、观花等专题活动，具有极强的趣味性和科普性；基于农场历史文化建设的复古的火车旅馆，没有电视机和电台，远离喧嚣，十分具有怀旧特色；开展的马车铁路活动，由马车拉着人们在铁轨上跑，唤起了小岩井农场开拓年代的场所记忆，让人产生共鸣。四是餐饮体验。牧场主打自己供应的食材，农场餐厅提供鲜奶、奶酪、酸奶、冰激凌等种类繁多的乳制品，鲜美而油嫩的烤羊肉，还有用农场生产的牛肉、鸡蛋、奶酪制作的面包以及可以尽情品尝新鲜牛奶的"makibo 自助餐"。农场设有家庭餐厅、自助餐厅等，开放的广场可供游客自由活动，一家人可以自带餐布和食物在野外聚餐。五是购物体验。农场成立了"小岩井农场商品公司"，负责农场产品的深加工与销售，还建有"山麓馆"购物中心，专门销售土特产、羊毛纺织品、传统木质工艺品、铁器、陶器、织染品、玩具以及各类传统点心。在这里，消费者可与工匠们交流，并动手制作。小岩井农场与岩手县最有名的百年老字号 Home Spum 纺织品公司合作开设了传统手工羊毛纺织品专卖店。六是住宿体验。寓所湖畔的温泉旅馆可以给消费者带来温馨的体验，并打造具有特色情调的"列车旅馆"，让现代都市人感受和体验后工业时代的民宿文化。

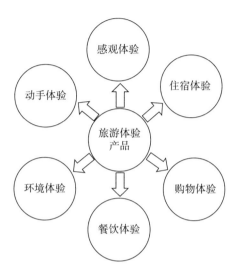

图 10－5　旅游体验产品种类

三　重要启示

（一）打造差异化、特色化的乡村旅游

小岩井农场将休闲娱乐、商业配套、体验活动三大板块相互融合，通过不断注入休闲、运动、游乐等中高端旅游要素，在增强农场吸引力的同时，逐步形成了度假旅游的核心竞争力。在发展大众化的乡村旅游过程中，不仅要完善特色化、差异化的配套设施，而且要提升乡村旅游发展的品质。随着乡村旅游的迅速发展，乡村旅游项目可谓遍地开花。但是，乡村旅游规划的质量参差不齐，很多规划项目的创新性不够，区域旅游的形象、目标、定位、产品等同质化严重，几乎失去了个性和特色。

（二）加强乡村旅游的品牌营销

小岩井农场从畜牧业的发展起步，逐步延伸出乳品制造、农产品开发、林木种植、赛马等多种产业。在产业发展到一定阶段后，便开始了商业化的品牌营销，利用有效的策略营销成功打开了市场，提高了知名度。但随着乡村旅游的逐步发展，也暴露出越来越多的缺点，尤其体现在品牌营销方面。一是缺乏品牌意识和品牌营销观念；二是乡村旅游的整体品牌形象一般；三是乡村旅游产品深度开发不够，品牌缺乏个性和特点；四是营销手段落后，科技含量低。要加强乡村旅游的品牌建设，强化品牌意识，树立品牌营销观念，加强品牌管理，提高品牌忠诚度，加强乡村旅游电子商务系统建设。

（三）立足绿色生态，深耕乡村旅游

小岩井农场秉承"人与人之间观念共识和价值共生"以及"人与自然之间友好相处与和谐发展"的理念，提出了"人与自然和谐相处"的发展目标，为生产高品质的产品提供了基础保障。乡村旅游充分依托乡村区域的自然环境、田园风光、特色民俗、乡土文化等资源得到了快速发展，与此同时，乡村生态环境的污染、旅游资源的破坏和景观的损毁，已经成为乡村旅游发展过程中需要正视的问题。要坚持绿水青山就是金山银山，贯彻创新、协调、绿色、开放、共享的发展理念，全面推动绿色发展。绿色发展是实现乡村的可持续发展，是实现乡村经济发展与乡村资源环境可持续性的协调发展。

（四）多开发参与性高、趣味性强的体验产品

小岩井农场是典型的以体验为核心开发休闲产品的园区，处处将消费者体验放在第一位，围绕消费者体验，将农场生产生活与消费者的感受结合起来，使之直观化、趣味化、融入化。作为畜牧型农场，小岩井农场的主要工作是放牧、饲养，可供挖掘的体验产品很少，但是仅就放牧的羊而言，就开发出观看羊羔出生、欣赏牧羊表演、剪羊毛以及羊毛纺织、羊毛编织、羊毛贴画等一系列产品，还发展出如牧羊、羊毛玩具制作、奶制品制作和丰富有趣的亲子活动等诸多特色活动，调动了游客的积极性。这对

我国建设乡村旅游和开发优质体验产品具有很大的启示意义。目前中国国内乡村旅游开发的体验产品往往过于追求出新或流于表面，不仅缺乏对产品体验特性的深度挖掘，而且缺乏对围绕消费者感受的感性产品的挖掘。

（五）注重乡村旅游的品牌建设

小岩井农场从提升文化价值、塑造产品品牌、形成旅游品牌、延伸产业品牌四个方面积极塑造了乡村旅游品牌。历史文化和民俗文化是乡村旅游的核心资源，对旅游者有着巨大的吸引力，在乡村旅游品牌的建设过程中，一是要在反映本土文化上下足功夫，深度挖掘民俗风情、民俗文化、农耕文化、民间技艺等，提升乡村旅游的文化品位，把美丽的田园风光、独特的自然资源、悠久的历史文化和淳朴的民俗风情相结合，使人文景观与自然景观完美结合；二是要提高旅游服务质量，规范的旅游市场和良好的服务质量是旅游业的生命，要制定切实可行的行业标准和运行规则。

（本章执笔：许露）

第十一章
案例六：达沃斯小镇

一 基本情况

达沃斯（Davos）小镇位于瑞士东南部格里松斯地区，隶属格劳宾登州，坐落在一条17公里长的山谷里，靠近奥地利边境，海拔1529米，面积约283.99平方公里，人口约1.3万人，是阿尔卑斯山区海拔最高的小镇，同时也是著名的维斯夫鲁峰、达沃斯联邦雪和雪崩研究学会的总部所在地。由于世界经济论坛①在瑞士小镇达沃斯首次举办，所以日后也称其为"达沃斯论坛"。论坛每年1月底至2月初在达沃斯小镇召开，至今已有近40年的历史。由于世界经济论坛的声名远播，达沃斯已成为一个具有全球重要战略意义的国际会议中心。

13世纪后半叶，讲德语的移民首先来到达沃斯，当时的瑞士统治者颁发了一项封地契约，赋予达沃斯居民自我管理的权力；后来随着人口的增加，到16世纪形成了达沃斯城。达沃斯在1850年时属于贫穷、偏远的农村，只是格劳宾登州山上几个分散的农舍。仅仅过了几十年，19世纪末铁路开通后，达沃斯逐渐以疗养胜地闻名于欧洲，到20世纪中叶，达沃斯小镇已经成为阿尔卑斯山区最大的度假胜地、体育和会议中心。不过，真正让达沃斯扬名天下的，还是38年前落户在这里的世界经济论坛。据说，会

---

① 世界经济论坛（World Economic Forum，WEF）是一个非官方的国际组织，总部设在瑞士日内瓦。其前身是1971年由现任论坛主席、日内瓦商学院教授克劳斯·施瓦布创建的"欧洲管理论坛"，因为这个论坛在全球的影响力不断扩大，它在5年以后改为会员制。

址之所以选择在达沃斯，是因为当时年仅 32 岁的论坛创始人施瓦布先生酷爱滑雪。然而，这个偶然事件让小镇从此快速发展起来。

达沃斯小镇全年的 GDP 约为 8 亿瑞士法郎，其中国际会议能够给其带来 3 亿瑞士法郎的收入。每年，达沃斯小镇要接待来自世界各地的 230 多万名游客。达沃斯小镇是瑞士知名的温泉度假、会议、运动度假胜地，自 20 世纪起成为国际冬季运动中心之一，被誉为"欧洲最大的高山滑雪场""达沃斯旅游健康度假村"。

达沃斯小镇具备环境、文化、旅游、医学等方面的优势，所以才能发展成为举世闻名的小镇。一是环境优势。小镇气候宜人，因空气洁净清爽而备受好评，是肺病患者最佳的疗养胜地。二是文化优势。小镇拥有基尔西纳美术馆、木偶和玩具博物馆、冬季体育运动博物馆、乡土博物馆、达沃斯博彩中心，并成功举办世界经济论坛。三是旅游优势。小镇拥有欧洲最大的天然冰场，其中帕森地区是最大也是最受欢迎的滑雪场，毗邻的克罗斯特滑雪场是英国皇室的最爱。一年四季有着不间断的各项体育赛事，如世界锦标赛（花样滑冰、速度滑冰、冰球、滑雪、阿尔卑斯滑雪、跨国滑雪等）、各项体育比赛。四是医学优势。20 世纪初，小镇设立了呼吸系统疾病治疗所，每年有很多重要的医学会议在此召开。

二　主要做法

（一）逐步发展成为综合性小镇

基于达沃斯小镇特色主题的深化与细化，确定小镇具体细化的目标定位，目的是实现特色小镇功能叠加"聚而合"的要求。以规划达沃斯小镇为对象，从不同的维度出发，先分项、后整合，逐步发展成"旅游疗养 + 会议服务 + 体育赛事"的综合性小镇（见图 11 - 1）。

定位一：世界著名的疗养胜地。达沃斯因海拔高、四面环山、空气干爽清新，对保健有极大的帮助，是各种肺病患者最佳的疗养地。20 世纪初，

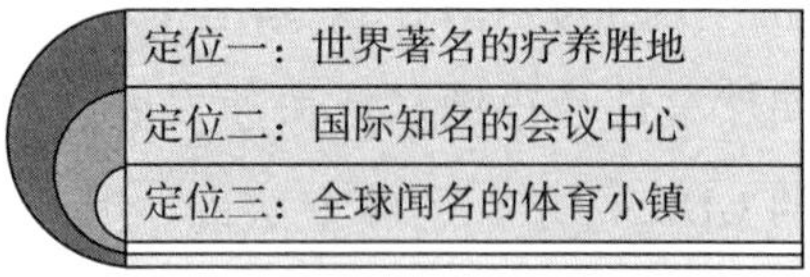

定位一：世界著名的疗养胜地

定位二：国际知名的会议中心

定位三：全球闻名的体育小镇

图 11-1 综合性小镇的三个定位

达沃斯小镇设立了呼吸系统疾病治疗所，奠定了酒店休闲和康养度假发展的基础，康养项目的发展带动了冰雪运动的发展，吸引了高端经济、政治人士，并拉动了相关产业的发展，使医疗康养不仅成为生活的一部分，而且提升了生命质量。尤其是呼吸器官有问题的病人，大多将达沃斯独一无二的地理环境作为疗养身体的地点，达沃斯因而也被称为健康度假村。

定位二：国际知名的会议中心。1971 年，"世界经济论坛"的前身——"欧洲管理论坛"开始在此举办，随着该论坛的逐步壮大，达沃斯名声大噪。现在每年在达沃斯举办的规模为 300～1500 人的大型国际会议有 50 多个，小型国际研讨会将近 200 个。在国际性高端会议的放大效应下，达沃斯一跃成为具备世界知名度的"国际顶级会议中心"。

定位三：全球闻名的体育小镇。达沃斯冰雪运动历史悠久，1913 年，达沃斯因举办班迪球欧洲锦标赛而引起关注，大批来自英国和荷兰的游客来到达沃斯享受冰雪旅行，这也使达沃斯的滑雪场开始真正闻名世界。自 20 世纪起，达沃斯成为国际冬季运动中心之一。每年达沃斯的国际赛事不断，而冰雪项目无法贯穿全年，当地人发现这一特点后，开始积极开展其他的运动项目，如山地马拉松赛、越野自行车赛等。每年夏季，达沃斯所在的瑞士阿尔卑斯山区都会举办山地越野马拉松赛，是世界上历史最为悠久的山地超级马拉松赛事之一，赛事组主要包括瑞士高山马拉松赛、瑞士公路马拉松赛和瑞士雪道马拉松赛三个大型类别，到目前为止已举办了 30 多届。

（二）大力发展"旅游+"产业

达沃斯小镇依靠得天独厚的自然生态条件形成了"旅游+"的强势

产业，实现了达沃斯论坛、国际会议、医学会议、体育赛事（如国际马拉松比赛）、蒙施泰因小镇啤酒厂、木偶和玩具博物馆、基尔西纳美术馆、冬季体育运动博物馆、乡土博物馆、达沃斯博彩中心、沙茨阿尔卑等人文历史资源的积淀，并且不断深化"旅游 +"产业的发展。达沃斯小镇以旅游产业为核心，形成了"旅游 + 会议""旅游 + 运动""旅游 + 赛事活动"的产业模式，使达沃斯小镇的"旅游经济""会议经济""运动经济""赛事经济""商业经济"蓬勃发展，促进了达沃斯小镇 GDP 的迅速增长。

（三）推进旅游配套服务设施建设

达沃斯只有两条主要道路，区域内的交通以巴士为主。旅馆和商店聚集的普罗姆纳街及达尔街都是单行道，只有巴士可以逆向行驶。电缆车可达海拔 1530～2610 米的滑冰运动场。如果想看达沃斯全景，可沿着普罗姆纳街向东走，遇布尔街之后，再往上行即可看到。游客可在住宿的饭店购得"Guest Card"，用于乘坐当地的巴士及火车等交通工具。

达沃斯的酒店很多，共有床位 2.4 万张。1.3 万居民中从事旅游服务业的就有 4000 多人。每年，这个小镇要接待来自世界各地的 230 多万名游客。这里的饭店一般都很小，即便是提前一年预定的 VIP 饭店，也仅能容下一张小床和一张小桌子的房间；宴会厅也小，有的宴会甚至要在地下室举行；有些会议中心的过道很窄，两个人通过还要侧身而行，卫生间也经常是要排队才能进入。达沃斯小镇是一座拥有马车、电影院、酒吧、咖啡店、酒店、水疗中心等丰富业态的时尚都市小镇，是集住宿、餐饮、零售、娱乐、博彩等于一体的旅游度假小镇。

（四）塑造"达沃斯论坛"高端品牌

"达沃斯论坛"品牌的成功主要得益于以下四个方面。一是重要的战略意义。坚持以研究与探讨世界经济领域问题、促进国际经济合作与交流为宗旨，发挥其特有优势打造非官方国际性会议服务机构。达沃斯论坛坚守

"利益相关者"的理念，以道德公正和学术诚信为核心，主要讨论全球性热点问题或趋势性问题，是观察世界经济发展新成就、新理论、新走向的重要窗口，并对世界经济发展走势产生一定影响。二是成功的商业运作。论坛通过收取会员费、论坛战略伙伴和议题合作伙伴的合作费以及年会、地区性会议和峰会的会费获得收益。论坛会聚了1000多位各行业有影响力的推动积极变革的精英人士，达沃斯小镇借助论坛带来的客流、物流、信息流，大幅拉动酒店、餐饮、旅游和金融产业发展。三是私密的行业会议。行业会议之所以是私密的，是因为它是行业巨头"私密"议程，不对外公布，是私密的高端会议。四是高端的品牌形象。达沃斯论坛以其层次高、规模大、发展快以及探讨的问题富于前瞻性、全面性、全球性而位居全球榜首。论坛树立了高标准、可信任的服务形象，进而促进了当地的基础设施建设，再通过整合当地的自然生态、人文景观等资源，达沃斯小镇吸引了许多商务会议和度假游客，实现了良性循环。"达沃斯论坛"品牌意义见图11-2。

图11-2 "达沃斯论坛"品牌意义

（五）形成完整的产业链

19世纪中期，德国医生亚历山大发现达沃斯因特殊的地理位置和气候环境，对保健有极大的帮助。随着来此疗养、运动和旅游人数的增加，达沃斯开始建设许多相关设施，如世界第一条雪橇道、第一条滑雪索道、第一个高尔夫球场等。达沃斯始终根据需要改变自己的面貌，达沃斯在原有的旅游资源中以滑雪、滑冰等运动不断发展旅游业，并以旅游为主导产业，结合医疗、体育和会议等产业，使会议和旅游深度融合，形成产业联动，延伸会议旅游产业链，使达沃斯成为闻名遐迩的会议小镇。达沃斯的医疗、体育、体育旅游、会议旅游四大产业相互联系、相互促进，不断提升旅游业的趣味性和知名度，吸引各界名流，逐渐形成完整的产业链条，带动小镇进一步发展。

三 重要启示

（一）举办高端会议是打造品牌的有效途径

达沃斯小镇是一个不到 2 万人口的小镇，交通并不便利，与外界往来仅凭一条崎岖的山路和翻山越岭的火车，可以说没有任何区位优势。尽管如此，达沃斯小镇因一年一度召开"达沃斯论坛"而闻名遐迩，逐渐成为达沃斯小镇的区域名片。在当今全媒体时代，国际会议作为信息交流的场所，在全球范围内的覆盖面很广，不仅突出了日益全球化的发展新形势，而且各国民众加强交流和沟通的需求越来越强烈。发展会议经济，一是可以提升区域知名度，促进当地及外界的技术贸易交流与合作；二是可以带动当地旅游、酒店、交通等相关产业的发展；三是可以成为区域经济的重要助推器与风向标。

（二）精准定位是特色小镇建设的关键

首先，达沃斯小镇具备独特的医疗资源，因此定位为世界著名的疗养胜地；其次，小镇在受到广泛关注之后，以"达沃斯论坛"为代表的多个会议成功召开，因此定位为全球顶级商务会所；最后，由于各种顶级会议在小镇召开，小镇积极打造运动场所，加强基础设施建设，吸引了大量游客前来运动度假，因此定位为国际赛事中心。达沃斯小镇充分结合这三个功能定位，在原有的旅游资源中加入滑雪、滑冰等活动，不断发展壮大旅游度假产业，提升旅游业的趣味性和知名度，吸引各界名流，逐渐形成了完整的产业链条，带动小镇进一步发展，最终成为举世闻名的旅游度假小镇。特色小镇的建设离不开定位，定位的关键是找准"特色"和"方向"，这是特色小镇筹划建设的关键，确定特色主题是小镇规划首先要解决的问题。

（三）积极整合资源是制造"特色"的载体

达沃斯小镇利用自身天然的地理条件和环境优势，整合特色资源，大力发展旅游业，形成了集旅游、运动、会议、疗养、论坛、赛事等于一体的产业链。特色小镇的建设应回归本土特色，充分注重地域特性。可以从小镇所在的区域角度入手，立足"特色产业、资源禀赋、文化底蕴"三个要素，梳理、提炼、总结小镇具有的特征，再围绕信息经济、环保、健康、旅游、时尚、金融、文化、艺术等主导产业，以及各种历史经典产业，打造独具魅力的特色小镇。

（四）推进旅游配套服务设施建设是特色小镇成功的保障

达沃斯小镇是一座拥有丰富业态的时尚都市小镇，也是集住宿、餐饮、零售、娱乐、博彩等于一体的旅游度假小镇。特色小镇的建设一定要合理规划游客服务中心、旅游厕所、停车场、住宿、餐饮等配套服务设施，提升旅游配套服务体系硬件建设水平和软件服务能力，努力提升旅游接待服务综合能力，满足市场需求，形成度假旅游配套服务体系结构优化、布局合理、层次多元以及地域特色文化鲜明的供给格局，旅游接待服务综合能力达到优秀旅游城市水平，为推动特色小镇旅游业持续、快速、健康发展提供坚强保障。

（五）产业发展是特色小镇建设的核心

达沃斯小镇依靠得天独厚的自然生态条件在原有的旅游资源中加入滑雪、滑冰等活动不断发展壮大旅游业，形成了"旅游＋"的强势产业。特色小镇建设是以特色产业和产业文化为核心、以创新创业为因子、多种经济元素聚合的一种新的经济形态，也是一个全产业链融合、各种创新要素聚合的产业升级和经济转型平台。特色小镇的发展最重要的是要依托产业。

一个没有产业支撑的项目是无法走得长远的，想要长久发展就必须以产业为依托。一方面，特色小镇建设必须坚持产业先导模式，产业的发展前景和独特个性直接决定了小镇的成败；另一方面，在特色小镇的建设中，要注重塑造文化灵魂，树立文化标识，为特色小镇建设注入工业文化灵魂。

（本章执笔：许露）

下 篇 对策建议

第十二章
中央政府推进乡村振兴的制度改革建议

我国经济发展进入新常态以来，以习近平同志为核心的党中央坚持把解决好"三农"问题作为全党工作的重中之重，不断加强和改善党对农村工作的领导，推动农业供给侧结构性改革取得新突破，也为党和国家实施乡村振兴战略提供了坚实的制度保障。当前，随着我国经济增速的放缓以及工业化、城镇化、信息化的深入推进，我国的乡村发展正在进入大变革、大转型的关键时期。在新的历史机遇和挑战下，实施乡村振兴战略，必须进一步推动体制机制创新，强化乡村振兴制度供给。《乡村振兴战略规划（2018~2022年）》提出了现阶段我国乡村振兴的发展目标，要求到2020年，乡村振兴的制度框架和政策体系基本形成。到2022年，乡村振兴的制度框架和政策体系初步健全。为顺利达到这一目标，需要中央政府切实承担起责任，推进土地、财税、金融、户籍、福利保障、文化教育、乡村治理、生态文明等方面的制度改革，为乡村振兴创造良好的制度环境。

一　加快推进农村土地制度改革

土地制度是农村的基础制度，深化农村土地制度改革的本质在于以深化土地制度改革为支撑，通过供给侧结构性改革，向农村供给更加符合国家整体利益且能够切实提升农民实际收入水平的土地制度，促进城乡融合发展，让农村和农民充分享受土地增值红利，促进乡村全面振兴。现行土地征收和供给制度在推动我国工业化、城镇化发展等方面做出了历史性贡献，但是在实践过程中也暴露出一系列突出问题，包括农村集体土地所有权与城市国有土地所有权地位不平等，集体建设用地产权不明晰、权能不完整、实现方式单一，以及村庄空心化[①]等。为扫除以上制约农村发展的制度性障碍，需要中央政府完善农村土地利用管理政策体系，盘活存量、用好流量、辅以增量，激活农村土地资源资产，保障乡村振兴用地需求。

（一）深化农村集体经营性建设用地制度改革

一方面，系统总结农村集体经营性建设用地入市制度改革试点经验，逐步扩大试点，明确入市的条件、范围、规则和监管措施。现有政策文件提出在符合规划和用途管制的前提下，赋予农村集体经营性建设用地出让、租赁、入股权能。这一提法将集体经营性建设用地入市改革的范围限定在存量集体经营性建设用地，难以满足统筹利用实践中节约出来的废弃建设用地、公益性建设用地、宅基地的需要，应当将增量集体经营性建设用地纳入入市的客体范围[②]，以促进改革红利的增加。另一方面，构建城乡统一的集体经营性建设用地使用权市场的规则体系。一是建立城乡统一的集体经营性建设用地出让规则体系，促进集体土地与国有土地所有权的平等化。

---

① 张占仓：《深化农村土地制度改革促进乡村振兴》，《中国国情国力》2018 年第 5 期，第 27 ~ 29 页。

② 陆剑、陈振涛：《集体经营性建设用地入市改革试点的困境与出路》，《南京农业大学学报》（社会科学版）2019 年第 2 期。

二是健全集体经营性建设用地利用规划法律制度,从程序上严格控制增量集体经营性建设用地的生成。三是建立城乡统一的集体经营性建设用地增值收益分配机制。在对建设用地价格进行统一管理的基础上,对存量集体建设用地和增量集体建设用地采取不同的收益分配制度,统一整合城乡建设用地市场。

(二)加快农民宅基地制度改革

宅基地作为乡村建设用地的重要组成部分,是存量建设用地的重要来源。宅基地管理制度的变革应着重围绕以下几个方面进行。一是要促进宅基地利用效率提升与功能拓展。当前的政策文件已经提出要严化宅基地用途管制。在此基础上,还应鼓励促进宅基地节约集约利用的制度安排,并推动宅基地制度由原来的福利性保障用途转向多元化利用,允许发挥其对新业态的承接功能。二是要拓宽宅基地使用权流转渠道。当前的政策文件已经提出要完善农民闲置宅基地和闲置农房政策,探索宅基地所有权、资格权、使用权"三权分置",落实宅基地集体所有权,保障宅基地农户资格权和农民房屋财产权,适度放活宅基地和农民房屋使用权。在此基础上,还应通过加强补偿制度的设计,完善闲置宅基地的退出机制①,进一步理顺宅基地使用权的流转渠道。三是要促进宅基地规范化管理。应当加快开展地籍调查,扎实推进房地一体的宅基地使用权确权、登记、颁证等工作,最终建立健全依法公平取得、节约集约使用、自愿有偿退出的宅基地管理制度。

(三)推行农业用地制度改革

一方面,要加大对农业用地的保护力度。应加强农用地用途管制,严格控制未利用地开垦,落实和完善耕地占补平衡制度。实施农用地分类管理,切实加大优先保护类耕地的保护力度。统筹农业农村各项土地利用活

---

① 周江梅、黄启才:《改革开放40年农户宅基地管理制度变迁及思考》,《经济问题》2019年第2期,第69~75页。

动，鼓励乡镇在土地利用总体规划中预留一定比例的规划建设用地指标，用于农业农村发展，并根据规划确定的用地结构和布局，在年度土地利用计划分配中安排一定比例的新增建设用地指标专项支持农业农村发展。同时，对于农业生产过程中所需的各类生产设施和附属设施用地，以及由于农业规模经营必须兴建的配套设施，在不占用永久基本农田的前提下，纳入设施农用地管理，实行县级备案。另一方面，要加大对农业用地的整治力度。鼓励地方政府实施农村土地综合整治重大行动，推进农用地和低效建设用地整理以及历史遗留损毁土地复垦。鼓励农业生产与村庄建设用地复合利用，发展农村新产业新业态，拓展土地使用功能。

（四）部署土地管理制度改革

一方面，要优化农村土地征收制度。根据宪法原则，国家可以因公共利益的需要通过法定程序对农村土地进行征收。应在国务院 2011 年出台的《国有土地上房屋征收与补偿条例》基础上，进一步规范国家的征地程序，并提高征地的补偿标准，探索多元化保障机制，确保受征地影响的农村居民得到公平、及时的补偿。[1] 另一方面，要加快《土地管理法》的修订，完善农村土地利用管理政策体系。通过健全城乡统一的土地利用规划法律制度，促进农村土地市场的规范发展和土地资源的有效配置。

二　深化财税制度改革

自 2000 年农村税费改革以来，中央政府不断调整国民收入分配格局，增加国家财政和预算内固定资产对农业农村的投入，逐步建立了财政支农资金稳定增长的机制。在一系列制度改革之下，我国农村公共财政体系初步建立，但仍存在农村公共财政资金管理分散、利用效率较低以及城乡公共资源配置不均衡等问题。目前，推动城乡统筹发展仍需要进一步深化财

---

[1]　宋洪远：《大国根基：中国农村改革 40 年》，广东经济出版社，2018。

税制度改革。一方面，要坚持把农业农村作为财政支出的优先保障领域，确保农业农村投入适度增加，着力优化投入结构，创新使用方式，提升支农效能。另一方面，要不断加大税收扶持力度。

（一）推进农业农村投入机制改革

一是要完善农业农村投入优先保障机制。坚持把农业农村作为财政支出的优先保障领域，公共财政要向乡村振兴的重点领域和薄弱环节倾斜，健全投入保障制度，创新投融资机制，确保投入力度不断加大、总量持续增加，确保财政投入与乡村振兴目标任务相适应。二是要创新乡村振兴多渠道资金筹集机制。调整完善土地出让收入使用范围，分阶段逐步提高用于农业农村的投入比例。落实高标准农田建设等新增耕地指标和城乡建设用地增减挂钩节余指标跨省域调剂政策，加强资金收支管理，将所得收益通过支出预算全部用于支持实施乡村振兴战略和巩固脱贫攻坚成果。三是要加快建立财政涉农资金统筹整合长效机制。在深入推动相关涉农资金源头整合的基础上，加快支农支出执行进度，切实提高资金支出效率。

（二）深化财政涉农资金管理方式改革

一是要推动全面实施财政涉农资金绩效管理。建立健全以结果为导向配置涉农资金的绩效管理机制，逐步将绩效管理涵盖所有财政涉农资金项目。推动建立全过程绩效管理机制，在预算编制环节明确绩效目标，在执行中强化绩效监控，在执行后开展绩效评价，推进绩效管理与预算编制、执行、监督有机结合。针对重点涉农资金项目开展重点绩效评价，进一步完善绩效评价指标体系，强化绩效评价结果运用，将评价结果作为预算安排、政策调整和改进管理的重要依据。二是要切实加强财政涉农资金监管。加强扶贫、教育、医疗、养老等重点民生资金监管。建立扶贫资金实时动态监控机制，依托动态监控平台建立扶贫资金总台账，将用于脱贫攻坚的财政资金全部纳入台账，实行精细化管理。开展财政扶贫领域作风问题专项治理。组织开展财政支持脱贫攻坚政策落实情况专项检查。加强涉农资金事前、事中监管，在充分借助审计、纪检监察等力量的同时，大力推行涉农资金项目的公示公告公开，发挥社会监督作用。对发现的违法违规违纪问题，严格依法依规依程序处理。三是要深入推进财政涉农资金管理内控建设。加强涉农资金管理制度和内控制度建设，建立健全及时有序的风险应对机制，运用信息技术手段对重大业务开展监控。推动涉农资金业务内控建设向基层财政延伸，形成一级抓一级、层层抓落实的局面。

（三）实施税收优惠制度改革①

当前，我国的涉农税收优惠措施涉及增值税、营业税、所得税等税种，但还存在税收优惠制度设计不够缜密，税收优惠形式简单、优惠范围窄，缺乏针对农业专业合作组织的税收优惠政策，农产品出口退税偏低等问题，因此需要实施税收优惠制度改革，完善涉农税收优惠政策，为农业农村获得优先发展创造良好条件。一是要加快完善城乡统一税制。二是要完善税收惠农制度。在增值税方面，给予农民和农业企业最直接的优惠，避免中间环节截留；在所得税方面，对服务于"三农"的企业、个人和专业合作组织的劳动所得、经营所得、投资所得或捐赠所得采取减免税政策；在财产税方面，对土地承包经营权和宅基地的承租、转让、互换、拍卖等流转过程予以免税。此外，要建立完善的农产品出口退税管理制度，提高农产品退税率，减轻农业经营者的退税负担。三是要进一步落实和完善税费减免等扶持政策，以引导工商资本积极投入乡村振兴事业，支持农村创新创业。例如，通过落实小微企业税收扶持政策，可促进"互联网＋现代农业"等新型业态和商业模式发展。

三　推进涉农金融制度改革

近年来，随着农村金融体制改革的深入推进，我国农村金融供给不断

---

① 刘炜：《发达国家涉农税收优惠政策经验对我国农业农村优先发展的启示》，《农村金融研究》2019年第4期，第50～55页。

增加，金融产品和服务方式不断创新，多元化的农村金融组织体系初具雏形。在此基础上，我国农村金融制度仍然存在金融供给与农村发展水平不匹配、各类金融主体在市场上定位不清晰、涉农金融产品创新机制尚未形成等问题。基于此，2018 年中央一号文件对涉农金融支持乡村振兴战略的改革方向与任务进行了具体的部署，即健全适合农业农村特点的农村金融体系，把更多金融资源配置到农村经济社会发展的重点领域和薄弱环节，更好地满足乡村振兴多样化的金融需求。

（一）深化金融支农组织体系改革

一是要深入推进银行业金融机构专业化体制机制建设，形成多样化的农村金融服务主体。指导大型商业银行立足普惠金融事业部等专营机制建设，完善专业化的"三农"金融服务供给机制。完善中国农业银行、中国邮政储蓄银行"三农"金融事业部运营体系，明确国家开发银行、中国农业发展银行在乡村振兴中的职责定位，加大对乡村振兴的信贷支持。支持中小型银行优化网点渠道建设，下沉服务重心。推动农村信用社省联社改革，保持农村信用社县域法人地位和数量总体稳定，完善村镇银行准入条件。引导农民合作金融健康有序发展。二是要鼓励证券、保险、担保、基金、期货、租赁、信托等金融资源聚焦服务乡村振兴。

（二）推进金融支农产品和服务模式改革

一是要推动金融支农产品创新。充分发挥全国信用信息共享平台和金融信用信息基础数据库的作用，探索开发新型信用类金融支农产品和服务。结合农村集体产权制度改革，探索利用量化的农村集体资产股权的融资方式。鼓励地方政府在法定债务限额内发行一般债券用于支持乡村振兴、脱贫攻坚领域的公益性项目。二是要创新金融支农服务模式。积极发挥农业领域政府投资基金的引导作用，严格基金设立，规范基金管理，加强基金监督，推动基金政策性定位与市场化运作有机融合。引导持牌金融机构通过互联网和移动终端提供普惠金融服务，促进金融科技与农村金融规范发展。健全农业信贷担保体系，推动农业信贷担保服务网络向市县延伸，支持地方农业信贷担保机构降低担保门槛、扩大担保覆盖面，切实增强农业新型经营主体贷款的可得性。三是要积极推进试点建设。稳妥有序地推进农村承包土地经营权、农民住房财产权、集体经营性建设用地使用权抵押贷款试点。鼓励探索县级土地储备公司参与农村承包土地经营权和农民住房财产权"两权"抵押试点工作。

（三）强化金融支农激励政策改革

一是要通过完善奖励、补贴、税收优惠等政策工具支持"三农"金融服务。落实农村金融机构定向费用补贴政策，积极发挥国家融资担保基金作用，强化担保融资增信功能，引导更多金融资源支持乡村振兴。落实县域金融机构涉农贷款增量奖励政策，完善涉农贴息贷款政策，降低农户和新型农业经营主体的融资成本。二是要推动农村金融差异化监管体系改革，合理确定金融机构发起设立和业务拓展的准入门槛。守住不发生系统性金融风险底线，强化地方政府金融风险防范处置责任。

四　继续推进户籍制度改革

党的十八大以来，党和政府高度重视农民工工作，不仅成立了国务院农民工工作领导小组，以统筹协调农民工相关的制度和政策安排，而且于2014年发布了《关于进一步做好为农民工服务工作的意见》等文件，对促进农民工群体融入城镇等工作进行了阶段性部署。在推进城乡一体化的过程中，户籍制度改革面临的一系列问题随之凸显，如大城市户籍制度改革进展缓慢、外来人口获取城镇公共服务困难、与户籍挂钩的福利制度混乱等。随着中国经济发展进入新常态，为实现城乡融合发展，需要进一步加快推进户籍制度改革，全面实行居住证制度，促进有能力在城镇稳定就业和生活的农业转移人口有序实现市民化。

（一）加快落户制度改革

一是要鼓励各地进一步放宽落户条件。应允许农民工在除极少数超大城市之外的就业地落户，并优先解决农村学生升学和参军进入城镇的人口、在城镇就业居住 5 年以上和举家迁徙的农业转移人口以及新生代农民工落户问题。二是要针对城市不同区域分类制定落户政策，重点解决符合条件的普通劳动者落户问题。三是要全面实行居住证制度，确保各地居住证申领门槛不高于国家标准，享受的各项基本公共服务和办事便利不低于国家标准，推进居住证制度覆盖全部未落户城镇常住人口。

（二）实施配套制度改革

一方面，要进一步加大财政对农民工市民化的投入力度。不断扩大城镇基本公共服务覆盖面，保障符合条件的未落户农民工同等享受就业、教育、医疗、社保、住房等城镇基本公共服务。一是要把进城落户农民完全纳入城镇住房保障体系，对符合条件的采取多种方式满足其基本住房需求。二是要将农业转移人口纳入城镇社会保障体系。完善就业失业登记管理制度，面向农业转移人口全面提供政府补贴职业技能培训服务。将农业转移人口纳入社区卫生和计划生育服务体系，提供基本医疗卫生服务。把进城落户农民完全纳入城镇社会保障体系，将其在农村参加的养老保险和医疗保险规范接入城镇社会保障体系，做好基本医疗保险关系转移接续和异地就医结算工作。三是要保障农业转移人口子女的受教育权利。通过多种方式增加学位供给，保障农民工随迁子女以流入地公办学校为主接受义务教育，以普惠性幼儿园为主接受学前教育。另一方面，要保障进城落户农民在农村的土地权益。一是要维护进城落户农民的土地承包权、宅基地使用权、集体收益分配权，引导进城落户农民依法自愿有偿转让上述权益。二是要加快户籍变动与农村"三权"脱钩，不得将退出"三权"作为农民进城落户的条件，促使有条件的农业转移人口放心落户城镇。

五　建设城乡衔接的福利保障制度

近年来，国家财政加大了对农村社会事业发展的投入，农村基础教育、医疗卫生、社会保障水平显著提高。现阶段，尽管农村社会事业加速发展，但城乡公共资源配置不均衡导致城乡基本公共服务不均等，城市与乡村在各项福利保障制度方面仍存在较大差距。为顺应城乡融合发展趋势，重塑城乡关系，应当推动人才、土地、资本等要素双向流动，逐步建立健全全民覆盖、普惠共享、城乡一体的基本公共服务体系，为乡村振兴打下坚实的基础。

（一）实施农村公共服务制度改革

要通过制度改革全面提升农村教育、医疗卫生、社会保障、养老、文化体育等公共服务水平。深入实施高中阶段教育普及攻坚计划，加强农村儿童健康改善和早期教育、学前教育。鼓励地方政府加快标准化村卫生室建设，实施全科医生特岗计划。完善农村留守儿童和妇女、老年人关爱服务体系，支持多层次农村养老事业发展，加强和改善农村残疾人服务。加快推进农村基层综合性文化服务中心建设。

（二）推进城乡基本公共服务均等化制度改革

推动城乡义务教育一体化发展。建立健全统一的城乡居民基本医疗保险制度，同步整合城乡居民大病保险。完善城乡居民基本养老保险待遇确定和基础养老金正常调整机制。统筹城乡社会救助体系，完善最低生活保障制度、优抚安置制度。推动建立城乡统筹的基本公共服务经费投入机制，完善农村基本公共服务标准。

六　健全农村文化教育制度

在中国现代化发展的过程中，相较于城市而言，农村发展存在的短板较为突出。这不仅表现在农村经济发展水平落后于城市，而且表现在农村治理水平相对不足以及农村思想观念和文化式微。[①] 推动乡村振兴作为一个综合性的目标，其内容应包括推动乡村文化振兴，具体表现为带动农村教育水平以及农村居民文化程度的提升。基于此，对农村文化教育制度进行变革，促进公共教育资源向农村倾斜，对推动乡村文化振兴，建设邻里守望、诚信重礼、勤俭节约的文明乡村具有重要意义。

（一）深化乡村文化制度改革

一方面，要从弘扬中华优秀传统文化的角度深化乡村文化制度改革。一是要保护利用乡村传统文化。具体包括实施农耕文化传承保护工程，支持农村地区优质民间文化的传承发展，完善非物质文化遗产保护制度。传承传统建筑文化，将地域特色融入乡村建设与维护中。鼓励乡村史志修编。二是要重塑乡村文化生态。结合特色小镇、美丽乡村建设，深入挖掘乡村特色文化符号，盘活地方和民族特色文化资源，走特色化发展之路。保护乡村原有建筑风貌和村落格局，把民族民间文化元素融入乡村建设，重现原生田园风光和原本乡情乡愁。引导企业家、文化工作者等投身乡村文化建设，丰富农村文化业态。三是发展乡村特色文化产业。建设一批特色鲜明、优势突出的文化产业乡镇和文化产业集群。鼓励农村地区培育形成具有民族和地域特色的传统工艺产品，促进传统工艺提高品质、形成品牌、带动就业。积极开发传统节日文化用品和民间艺术表演项目，促进文化资源与现代消费需求有效对接，推动文化、旅游与其他产业深度融合、创新发展。

另一方面，要从丰富乡村文化生活层面出发深化乡村文化制度改革。一是要健全公共文化服务体系。加强图书馆、文化馆、基层综合性文化服务中心建设，提升乡村公共文化服务效能。继续实施公共数字文化工程，积极发挥新媒体的作用，使农民群众能够便捷地获取优质数字文化资源。

---

① 刘忱：《乡村振兴战略与乡村文化复兴》，《中国领导科学》2018 年第 2 期，第 91 ~ 95 页。

完善乡村公共体育服务体系，推动乡村健身设施全覆盖。二是要增加公共文化产品和服务供给。三是要广泛开展群众文化活动。传承和发展民族民间传统体育等群众性节日民俗活动。活跃繁荣农村文化市场，推动农村文化市场转型升级，加强农村文化市场监管。

（二）推进农村教育制度改革

一方面，要推进义务教育公办学校标准化建设。一是要加快改善贫困地区义务教育办学条件。全面改善贫困地区义务教育薄弱学校的基本办学条件，加强寄宿制学校建设。二是要鼓励地方政府提升乡村教育质量，实现县域校际资源均衡配置。推动优质学校辐射农村薄弱学校常态化，加强城乡教师交流轮岗。落实好乡村教师支持计划。另一方面，要建立多层次的教育公共服务体系。包括统筹规划布局农村基础教育学校，完善县、乡、村学前教育，实施高中阶段教育普及攻坚计划，继续实施特殊教育提升计划，大力发展面向农村的职业教育，积极发展"互联网＋教育"。此外，要推进乡村学校信息化基础设施建设，优化数字教育资源公共服务体系。

七　高度重视乡村治理制度建设

在中国社会转型的背景下，把握乡村治理现代化的内在逻辑和规律是深入推进乡村振兴战略的内在要求。① 近年来，我国的乡村治理取得了显著进展，乡镇政府的职责日趋明确，村民自治体制逐步健全，农业农村法律体系初步形成。但是随着现代化的加速推进，我国乡村社会的内部机制与外部环境都发生了变化，原有的乡村治理制度也面临挑战。在此基础上，乡村治理制度改革势在必行。《乡村振兴战略规划（2018～2022年）》提出，到2022年，要实现以党组织为核心的农村基层组织建设明显加强，乡

---

① 赵晓峰、马锐：《乡村治理的理论创新及其实践探索——"落实乡村振兴战略，推进乡村治理体制机制创新"研讨会综述》，《中国农村经济》2019年第2期，第131～136页。

村治理能力进一步提升，现代乡村治理体系初步构建。同时，要求建立健全党委领导、政府负责、社会协同、公众参与、法治保障的现代乡村社会治理体制。

（一）加强农村基层党组织建设

一是要健全以党组织为核心的乡村治理组织体系。鼓励地方政府在以建制村为基本单元设置党组织的基础上，创新党组织设置。推动农村基层党组织和党员在脱贫攻坚与乡村振兴中扩大影响。加强农村新型经济组织和社会组织的党建工作，引导其始终坚持为农民服务的正确方向。二是要加强农村基层党组织队伍建设。实施村党组织带头人整体优化提升行动，加强农村党员教育、管理、监督，严格党的组织生活。扩大党内基层民主，推进党务公开。稳妥有序开展不合格党员组织处置工作。三是要强化农村基层党组织建设责任与保障。严格落实各级党委尤其是县级党委主体责任，进一步压实县、乡纪委监督责任，将抓党建促脱贫攻坚、促乡村振兴情况作为每年市、县、乡党委书记抓基层党建述职评议考核的重要内容，并纳入巡视、巡察工作内容，作为领导班子综合评价和选拔任用领导干部的重要依据。

（二）创新村民自治机制

中央应鼓励地方政府继续开展以村民小组或自然村为基本单元的村民自治试点工作。同时，加强农村群众性自治组织建设，要求完善农村民主选举、民主协商、民主决策、民主管理、民主监督制度。依托村民会议、村民代表会议、村民议事会、村民理事会等，在形成民事民议、民事民办、民事民管的多层次基层协商格局的基础上，创新村民议事形式，完善议事决策主体和程序。规范村民委员会等自治组织选举办法，健全民主决策程序。建立健全村务监督委员会，健全务实管用的村务监督机制。

（三）加强农业农村法治建设

一是要从中央到地方层层开展宣传教育活动，提高农民的法治素养，引导干部群众尊法学法守法用法。增强基层干部的法治观念、法治为民意识，把政府各项涉农工作纳入法治化轨道。二是要通过制度变革维护村民委员会、农村集体经济组织、农村合作经济组织的特别法人地位和权利。深入推进综合行政执法改革向基层延伸，创新监管方式，推动执法队伍整合、执法力量下沉，提高执法能力和执法水平。加强乡村人民调解组织建设，建立健全乡村调解、县市仲裁、司法保障的农村土地承包经营纠纷调处机制。三是要健全农村公共法律服务体系，加强对农民的法律援助、司法救助和公益法律服务。深入开展法治县（市、区）、民主法治示范村等法治创建活动，深化农村基层组织依法治理。

八　加强农村生态文明制度建设

党的十九大报告提出实施乡村振兴战略的总要求，就是坚持农业农村优先发展，努力做到"产业兴旺、生态宜居、乡风文明、治理有效、生活富裕"。其中，"生态宜居"贯穿"产业兴旺""乡风文明""治理有效""生活富裕"的全过程，并为其提供了优越的外部环境。因此，农村生态文明建设既是提高乡村发展质量的保证，也是乡村振兴战略中的基础性工程。[1] 目前，我国农村生态文明建设面临资源约束增强、环境污染严重和生态系统退化等问题，强化农村生态文明制度建设迫在眉睫。

（一）推进农村资源能源节约集约利用制度改革

一方面，要推进自然资源节约利用。一是要节约利用水资源。应建立健全农业节水长效机制和政策体系，逐步明晰农业水权，推进农业水价综合改革，建立精准补贴和节水奖励机制。二是要节约利用土地资源。严格控制未利用地开垦，落实和完善耕地占补平衡制度。实施农用地分类管理，

---

[1] 易明：《乡村振兴视阈下乡村生态文明建设的路径探析》，《延边党校学报》2019年第1期，第85~89页。

切实加大优先保护分类耕地力度。降低耕地开发利用强度，扩大轮作休耕制度试点，制定轮作休耕规划。三是要在全面普查动植物种质资源的基础上，推进种质资源收集保存、鉴定和节约利用。四是要盘活森林、草原、湿地等自然资源，发挥自然资源多重效益。另一方面，要构建农村现代能源体系。一是要优化农村能源供给结构，大力发展太阳能、浅层地热能、生物质能等，因地制宜开发利用水能和风能。完善农村能源基础设施网络，加快新一轮农村电网升级改造，推动供气设施向农村延伸。二是要推进农村能源消费升级，大幅提高电能在农村能源消费中的比重，加快实施北方农村地区冬季清洁取暖。三是要推广农村绿色节能建筑以及农用节能技术和产品。大力发展"互联网＋"智慧能源，探索建设农村能源革命示范区。

（二）深化农村环境污染治理制度改革

一是要治理土壤污染，尤其是重金属污染。深入实施土壤污染防治行动计划，开展土壤污染状况详查，积极推进重金属污染耕地等受污染耕地的分类管理和安全利用，有序推进治理与修复。加强有色金属矿区污染综合整治。二是要综合防治农业面源污染。要加大地下水超采治理力度，控制地下水漏斗区、地表水过度利用区的用水总量。三是要遏制工业和城镇污染向农村扩散。要严格工业和城镇污染处理、达标排放，建立监测体系，加强经常性执法监管制度建设，推动环境监测、执法向农村延伸，严禁未经达标处理的城镇污水和其他污染物进入农业农村。

（三）加快生态保护和修复制度改革

一是要实施重要生态系统保护和修复重大工程。如实施大规模国土绿化行动、稳定扩大退牧还草实施范围、实施农村土地综合整治重大行动、实施生物多样性保护重大工程等。二是要健全重要生态系统保护制度。完善天然林和公益林保护制度、草原生态监管和定期调查制度以及荒漠生态保护制度。全面推行河长制、湖长制以及河湖饮用水水源保护区划定和立界工作。严格落实自然保护区、风景名胜区、地质遗迹等各类保护地保护制度，探索对居住在核心区域的农牧民实施生态搬迁试点。三是要健全生态保护补偿机制。加大重点生态功能区转移支付力度，建立省以下生态保护补偿资金投入机制。完善重点领域生态保护补偿机制。推动市场化、多元化生态补偿，建立健全用水权、排污权、碳排放权交易制度，形成森林、草原、湿地等生态修复工程参与碳汇交易的有效途径，探索实物补偿、服务补偿、设施补偿、对口支援、干部支持、共建园区、飞地经济等方式，提高补偿的针对性。

（本章执笔：湛雨潇）

第十三章
地方政府实施乡村振兴战略的
路径与对策

一 探索乡村振兴的五大路径

（一）推进产业振兴

加快农业结构调整步伐，发挥农业龙头企业的带动作用，以质量兴农、绿色兴农，重点抓好特色农业产业，积极推进三次产业融合发展，大力推动农业由增效向提质转变。

1. 大力发展高附加值农业

加快发展品牌农业。品牌农业是具有质量和安全健康保障的品质农业，具有标准化、生态化、价值化、产业化和资本化五大特征。一是加强农产品区域公用品牌建设。地方政府应依托本地特色农产品产业优势，整合各区块农产品资源，加强知名农产品品牌和企业产品品牌建设，积极申报"知名农产品区域公用品牌名单"，提升本地农产品的市场知名度。二是加强农业标准化建设。开展标准化生产创建活动，打造一批果菜标准园、畜禽标准化示范场、水产健康养殖示范场等标准化示范点，建设各类标准化生产基地，满足农业农村发展需要。三是狠抓农产品质量安全。落实最严格的农产品质量检测标准，健全农产品产地准出和市场准入制度，加快建立农产品质量监测预警、安全追溯体系。加强"从农田到餐桌"全过程监管，鼓励开发生产高效、低风险、低残留农药，加强农药、化肥等投入品的生产、经营、使用监管，构建农产品质量网格化监管体系。

大力发展科技农业。科技创新对农业质量的提升具有巨大的推动作用，地方政府应高度重视农业的科技创新。一是不断加大农业研发投入力度，加大对促进农业生产具有重要作用的综合生产技术项目的支持力度，充分发挥集成技术的增产作用，并以此带动多学科、多部门间的技术协作。二是加大农业科研成果转化力度，缩短实验室、科研基地与现实生产力的研发推广路径，争取用最短的时间把农业科研成果转化为生产力，提高农业生产率。三是在农业机械装备方面发展高、新、尖的现代农业装备，特别是智能设备，实现农业生产的自动化。四是在种养技术方面不断创新，发挥产业园区的示范带动作用，把最新农业技术真正推广到农业生产中。品牌农业的五大特征见专栏 13 - 1。

专栏 13 - 1　品牌农业的五大特征

品牌农业有五个重要特征，即"五化"：生态化、价值化、标准化、产业化、资本化。

生态化，即按照"尊重自然、循环发展"的理念，从事农产品的培育和生产，以及加工和销售安全、健康、优质的农副产品。生态化是品牌农业的"心脏"。

价值化，即引入品牌营销模式，通过品牌定位、产品创新、产品核心价值提升、品牌（产品）形象设计以及传播推广等手段，提升产业、企业和产品附加值，实现增收增效和可持续发展。价值化是品牌农业的"脸面"。

标准化，即引入现代经营管理理念和手段，对农业经营组织的种养、加工过程和环节进行规范化、系统化改造和建设，改变传统农业经营粗放、随意和人为的现状，实现可量化、可控制和可复制。标准化是品牌农业的"血液"。

产业化，即实现农业与第二产业、第三产业高度融合，形成完整的农业产业链，进行良性联动和互动。"公司+基地""公司+合作社+农

户""农户＋合作社＋超市""农村＋金融""农场＋家庭""鼠标＋家庭"等，都是"从田间到餐桌"的产业化形式。产业化是品牌农业的"肢体"。

资本化，即根据农业投资风险大、利润回报低、投资周期长、市场前景广的产业特点，积极主动地导入现代投资和资本运营理念、模式与路径，用资本的杠杆和力量撬动、助推现代农业跨越式发展。

2. 不断壮大特色优势产业

特色农业是将区域内独特的农业资源和区域内特有的名优产品转化为特色商品的现代农业。发展特色优势农业有助于充分发挥各地的农业资源优势，形成独特的市场竞争优势。发展特色优势农业是我国农业结构战略调整的要求，也是增加农民收入的迫切需要。目前，很多地方政府把发展特色优势产业作为加快推进农业供给侧结构性改革、提升特色现代农业建设水平的重要抓手予以推进。

培育特色优势农业主导产业。各地应立足资源禀赋，充分挖掘地域特色，大力发展特色农业，并加快规模化生产。例如，在林地资源丰富的地区，可以依托林地资源优势，以订单农业为主要形式，打造一批以森林药材为主要品种的示范基地。在淡水资源丰富的地区，可以发展特色渔业和外向型渔业，建立生态水产品加工基地，打造集生产、加工、销售于一体的综合型生态鱼基地。在中草药资源丰富的地区，可以大力发展中草药产业等。

3. 推进三次产业融合发展

三次产业融合是以农业为基础和依托，以产业渗透、产业交叉和产业重组的方式，通过形成新技术、新业态、新商业模式延伸农业产业链，由第一产业向第二、第三产业拓展，打造农业综合体和联合体，进而达到实现农业现代化、城乡一体化、农民增收的目的。2015年国务院办公厅印发《关于推进农村一二三产业融合发展的指导意见》，明确了具有中国特色的三次产业融合发展之路。党的十九大报告提出，要促进农村三次产业融合发展，拓宽农民增收渠道。推进三次产业融合发展，有利于延伸农业产业链、拓宽发展空间、增强要素支撑，是当前"三农"发展的客观规律和必然选择。

加强农业与工业融合发展。深化农产品加工业发展，推进农业与工业深度融合。加强生物、工程、环保、信息等技术集成应用，加快推进秸秆、麦麸、果蔬皮渣、畜禽皮毛骨血、水产品皮骨内脏等副产物综合利用，开发新能源、新材料、新产品等，不断挖掘农产品加工潜力，提升增值空间。实施农产品加工业提升行动，推广"生产基地＋中央厨房＋餐饮门店""生产基地＋加工企业＋商超销售"等主食加工产销模式，引导农业龙头企业推进农产品精深加工，提高产品附加值。鼓励农产品加工企业与上下游各类市场主体组建产业联盟，与农民建立稳定的订单和契约关系，以"保底收益、按股分红"为主要形式，构建利益联结机制，让农民分享加工流通增值收益。

加强农业与旅游业融合发展。农业与旅游业的融合以农业本体资源为吸引力，以旅游服务为推动力，通过旅游服务与农业产业的交错，实现吃、住、行、游、购、娱等旅游要素与农业有机结合，并针对不同的旅游需求组合旅游产品、设计旅游线路，满足不同类型旅游者的需求，实现经济效益。例如，各地可以充分依托农业资源，大力发展集农业观光、田园度假、农耕文化、休闲游钓、农产品会展商务、农业科普旅游等于一体的农旅综合体。同时，还应大力推进农业与文化旅游深度融合，充分挖掘本地独有的文化内涵，发展文化休闲、康体养生、民俗体验等乡村文化旅游业。

加强农业与商业融合发展。创新农村电商模式，发展"新零售"等业态，推进农产品电商物流配送和综合服务网络建设，提高农产品电商服务覆盖率。支持新型农业经营主体积极对接电商平台，开设地方特色馆，开展绿色食品推介活动和网络促销。加强农村电商示范创建，培育特色电商镇、电商村，着力推动农产品上线，加快培育一批农产品电商平台企业和农村电商服务企业。推进供销社基层网点、村邮站、乡村农家店等改造为农村电商服务点，加快与快递企业、农村物流网络的共享衔接，打造工业品、消费品下乡和农产品、旅游纪念品进城双向流通渠道。

4. 积极发展优质高效农业

农业效益的提升来自专业化、规模化、集约化和一体化。首先，要加强农业的专业化分工协作。地方政府应因地制宜地引导农业经营主体，根据市场需求和自身禀赋，集中于其最擅长、最适合的某个领域、品种或环节，开展专业化生产经营活动，只有这样，才能有效提高劳动生产率和经营效益。其次，要加强农业规模化生产。土地适度规模经营便于连片成方整理和利用土地，有助于提高农业生产规模效益。同时，通过社会化服务把分散的土地经营主体联结起来，可以超越地块和家庭的界限，促进资本、科技、管理、装备等现代生产要素集中投入，形成规模经营的溢出效应。再次，要进行集约化经营。集约化经营通过对各种资源要素的科学、合理、高效利用，从而提高资源组合效率。最后，要实现一体化发展。一体化发展能够提高农业全要素生产率。在现代农业发展中，任何一种生产要素的缺位都会形成"短板效应"。只有构建现代农业产业体系，大力优化各种生产要素的组合方式，努力实现生产、加工、物流、营销等一体化发展，才能有效提高农业竞争力。综上所述，目前应加快培育家庭农场、专业大户、农业企业等新型农业经营主体和新型职业农民，积极引导农户依法自愿有序流转土地经营权，发展多种形式的适度规模经营。同时，要大力发展生态农业、"互联网＋农业"和众筹农业，推进农业"接二连三"融合发展。

（二）推进生态振兴

推进乡村生态振兴工作，应着力构建生态宜居新格局，牢固树立绿水青山就是金山银山的理念，在发展的过程中贯彻生态文明思想，统筹保护生态系统，加强农村生态保护和修复，切实改善农村人居环境，整治村容村貌，做到美丽乡村建设与生态环境治理同步发展、同步提升。

1. 大力推进农业绿色发展

大力推进农业清洁生产，严控农药过量使用，积极引导农民科学施肥，大力推广测土配方施肥，提高化肥使用效率，推广新型肥料替代技术，逐年减少农药使用量，推广生物、低毒、低残留农药。发展生态畜禽养殖，推广种养结合、健康养殖模式，大力推进畜禽粪污资源化利用，推广"养殖、粪污处理、种植"相结合的发展模式，建设一批畜禽粪污原地收储、转运以及固体粪便集中堆肥等设施和有机肥加工厂。全面推进农业废弃物综合利用，以秸秆处理为例，制定鼓励政策，推进秸秆肥料化、饲料化、燃料原料化开发。引进秸秆集中处置企业，推广农业生产废弃物处理技术，鼓励有能力的村庄、企业集中收集农业生产废弃物，并进行无害化、资源化处理，从而产生收益。

2. 积极进行村容村貌整治

加快推进美丽乡村建设，以村容村貌整治为重点，实施道路硬化绿化、村庄美化亮化等项目建设，着力改善农村面貌，有序解决农村人居环境中的突出问题，组织建设一批美丽庭院、精品庭院。积极推广美丽乡村典型示范，开展示范村创建行动，坚持示范带动、连片推进，在各农村社区推广示范村引领，打造美丽乡村亮点，塑造农村亮点与样板。同时，加快各类居住社区、村庄以及不同功能城乡生活、居住空间的绿化美化，积极开展森林街道、森林社区、森林村创建行动。依托环境优美乡村，进一步搞好农村道路、河渠、房前屋后、村庄周围、闲置土地绿化，建设生态旅游型和休闲宜居型森林街道、村居。

3. 继续推进农村环境综合治理

一是加快推进城乡环卫一体化工作，定期开展工业固废、河湖水面漂浮垃圾、农业生产废弃物等非正规垃圾堆放点排查，着力整治垃圾山、垃圾围村等问题。加快清理路边、河边，以及房前屋后的粪便堆、杂物堆，实现村庄周边无垃圾积存、街头巷尾干净通畅、房前屋后整齐清洁，禁止城市向农村堆弃垃圾。二是加快农村生活污水治理，逐步消除黑臭水体，着力解决生活污水直排问题，避免生活垃圾沿河堆放造成水体二次污染等问题。进一步完善各类管网与处理设备，严禁未经达标处理的城镇生活污水和其他污染物进入农村，对村庄沟渠实施清淤疏浚，推动水环境监测、执法向农村延伸与覆盖。三是大力推进农村厕所改革。合理选择改厕模式，

167

健全管护服务体系，按照群众接受、经济适用、维护方便、污染小的要求，普及不同水平的卫生厕所，鼓励建设农村公共厕所。四是积极推进农村清洁供暖。逐步推进清洁能源替代，优化能源结构。以推广冬季清洁供暖为重点，调整农村能源结构，加快转变取暖方式与配套设施改造。

4. 不断改善农村生态环境

大力推进山水林田湖草整体保护，集中对河流、湿地、林地、田地、工业用地进行系统保护、宏观管控、综合治理，增强生态系统循环能力，以修复生态、涵养水源、保持水土、净化水质、保护生物多样性等，维护生态平衡。优化空间布局，加快宜林荒地、荒坡植树绿化和退耕还果还林，扩大森林植被面积，提高绿化质量，科学规划和大力建设绿色生态屏障，适当加强森林镇、森林村、森林生态廊道建设，构建布局合理、结构优化、功能完备、效益显著的生态安全体系。强化水生态文明建设，建立健全城乡水环境保护治理体系，统筹推进实施重点河湖治理与修复，高标准建设湿地生态功能示范工程。

5. 全力推进资源能源节约

大力推进节水行动，落实最严格水资源管理制度，合理明晰农业水权，大力推广喷灌、微灌、管道输水等先进节水灌溉技术，继续开展高效节水灌溉示范社区、示范村创建，引领高效节水灌溉发展，不断构建并完善有利于农业节水的政策、工程、技术、管理、机制体系。健全节能、节水、节地、节材、节矿标准体系，大幅降低重点行业和企业的能耗、物耗，推行生产者责任延伸制度，实现生产系统和生活系统循环链接。鼓励新建建筑采用绿色建材，大力发展装配式建筑，提高新建绿色建筑比例。大力发展生态循环农业，实施农业节水、化肥减量增效、农业废弃物资源化利用、农业功能拓展等示范工程，推广建设生态循环农业示范基地。

（三）推进文化振兴

以社会主义核心价值观为引领，全面推进乡村思想道德建设、文明创建、文化发展、文化传承，培育文明乡风、良好家风、淳朴民风，改善农民精神风貌，提振农村精气神，焕发乡村文明新气象，加快形成乡村文明新风尚。

1. 加强农村思想道德建设

加强农村思想道德建设，深化中国特色社会主义和中国梦教育，广泛开展爱国主义、集体主义、社会主义教育，开展形势、政策宣传教育，引导农村干部群众坚定走中国特色社会主义道路、实现中国梦的理想信念。全面推进新时代文明传习中心建设，大力宣传党的路线方针政策，普及社会主义核心价值观的基本内容和公民道德规范，推动习近平新时代中国特色社会主义思想进村进户。发挥农村优秀基层干部、道德模范、身边好人、优秀企业家、致富能手、星级文明户等新乡土人才群体的示范作用，用乡贤的嘉言懿行垂范乡里，涵育文明新风，传播主流价值。

深化诚信主题宣传教育，在各媒体、网站大力宣传推广群众身边的守信践诺之举、诚实守信典型，形成"守信光荣、失信可耻"的强大舆论氛围。开展系列巡回宣讲活动，展现一线职工和基层党员干部学习贯彻习近平新时代中国特色社会主义思想的风采。创新宣传方式，选取农村群众喜闻乐见的戏曲、歌舞、小品等文艺形式，运用农村群众听得懂、听得进的语言，创编一批反映习近平新时代中国特色社会主义思想和社会主义核心价值观的精品文艺作品。

2. 重视传承乡村特色文化

大力传承发展传统文化。深入挖掘本地历史故事、历史人物、坊间传说等传统文化内涵。组织开展优秀传统文化艺术展演、展示、讲座和民族民间文化节庆活动，丰富人民的精神生活。积极开展"乡村儒学讲堂"服务活动，推动街道、村基层综合性文化服务中心设立儒学讲堂，完善服务中心经典诵读、国学普及、礼乐教化、道德实践、情趣培养等功能。推进实施传统文化上墙活动，营造良好的精神文明建设氛围。

加强文化遗产保护传承。加强文物保护利用和文化遗产保护传承，深入挖掘富有本地文化内涵的优秀思想观念、人文精神、道德规范，在保护传承的基础上不断赋予新的时代内涵，充分发挥其教化群众、淳化民风的作用。深入实施"乡村记忆"工程，加大"乡村记忆"博物馆建设力度，在省级以上文明村开展"乡村记忆"博物馆建设工程，叫响"乡村记忆"工程建设的各地模式。加强历史文化名村保护，实施传统村落挂牌保护制度。继续推进传统村落调查工作，实行一村一档，永久保存。

3. 加快乡村公共文化服务设施建设

完善乡村公共文化服务设施建设，加快推进街道综合文化站、乡村综合性公共文化服务中心标准化建设，健全完善长效运营机制，充分发挥综合服务功能。加强文化服务中心、文化礼堂、乡风家风馆、农家书屋、文化广场等文化阵地建设，部分中心村适度超前规划建设农民文化乐园。推进文化馆、图书馆总分馆制建设和"一卡通"管理模式实施，建立形成以区级图书馆、文化馆为总馆，街道综合文化站为分馆，村综合性文化服务中心为服务点的总分馆体系，打通公共文化服务"最后一公里"。乡村公共文化服务设施提升行动见专栏13-2。

专栏 13-2　乡村公共文化服务设施提升行动

"文化云"建设工程。大力推广"文化云"发展模式，以公共数字文化平台建设推动全区公共文化服务水平提档升级，实现县、镇、村三级"文化云"全覆盖。

乡村记忆馆建设工程。加大对农村传统民居村落和生产生活民俗的挖掘保护。

"非遗工坊"建设。依托本地非遗文化资源，精选部分项目进行市场化、产业化开发，发展具有本地特色的文化产业，建设"非遗工坊"。

农村文化广场提升工程。实施"百姓舞台"提升工程，建设现代化、标准化、广覆盖、高效能的农村文化广场设施网络，建立可持续发展的广场文化活动运行机制。

---

4. 增加乡村公共文化产品和服务供给

积极开展形式多样、丰富多彩、喜闻乐见的文化活动，活跃繁荣农村文化市场，丰富农村文化业态，提高农村公共文化服务供给水平。深入实施"文化惠民、服务群众"办实事工程，推进"一村一年一场戏""一校一年一场戏""农村数字电影放映"工程，组织好文化、科技、卫生"三下乡"以及全民阅读等公益性文化活动。创新公共文化服务供给方式，大力推广"文化云"建设经验，加快公共数字文化云平台建设，推动公共文化服务水平提档升级。加强特色文化品牌建设，创新节目内容，打造一批立得住、叫得响的文化新品牌。繁荣文化艺术创作，支持"三农"题材文艺创作生产，推进"三农"出版物出版发行和广播电视涉农节目制作，形成一批具有本土文化特色的精品力作。推广政府购买公共文化服务，探索运用市场机制、社会捐助等多种形式，引导社会力量参与，增加农村文化资源总量，提高服务水平和效率。

（四）推进组织振兴

建立党委领导、政府负责、社会协同、公众参与、法治保障的现代乡村社会治理体制，坚持自治、法治、德治相结合，激发民主活力，推进现代治理，涤荡文明乡风，实现政府治理、社会自我调节与村民自治良性互动的善治，确保乡村社会充满活力、和谐稳定、安定有序。

1. 加强农村基层党组织建设

农村基层党组织是党联系群众、服务群众的纽带和前沿，是落实党的各项决策部署的"最后一公里"，是党在农村工作的基础。加强和改进农村基层党组织建设，不断增强其创造力、凝聚力和战斗力，不仅关系到党在农村基层执政地位的巩固，而且是推动乡村振兴的重大举措。加强党组织管理和考核制度建设。认真落实民主生活会制度、民主评议党员制度、党员联系群众制度等。完善和强化村干部岗位目标责任制、任期述职以及党员积分考核等制度，加强基层党组织管理。成立督导检查组，抓严落实村党支部书记"四诺制"，开展星级党支部和星级党员评选活动，把考核和评选结果作为调整党员干部的重要依据，推进基层党组织制度和作风建设。

2. 健全村民自治机制

探索建立新型农村社区管理机制。建立以村党委为核心，村委会、村民代表、驻村单位、农村集体和合作组织等不同利益主体参加的民主议事、管理和监督机制，健全以村民会议、村民代表会议、村民议事会、村民理事会、村民监事会为主体的村民自治组织体系。促进村民自治制度化和规范化。以《村民委员会组织法》为基础，出台村民自治规范化指导标准，制定和细化村民自治规章制度、自治章程、村民代表议事制度等各项制度，切实做到村级重大决策事项民主化、科学化，事务管理工作制度化、规范化。

发展培育农村各类合作组织。充分发挥农村合作经济组织的"桥梁"作用。进一步加大特色农产品合作经济组织的扶持力度，充分发挥合作组织对特色产业发展带动、增强农民适应市场和抗风险能力、提升农产品竞争力的积极作用，进一步促进农业增效、农民增收。加快培育农村各类中介组织。从政策、财政上积极引导和支持各类新型农村中介组织以及服务性、公益性、互助性农村社会组织，建立优势产业行业协会，培育农民经纪人队伍，满足农民市场信息获取和决策咨询服务需求，畅通农产品流通渠道，促进农业和农村经济持续快速健康发展。

3. 推进法治乡村建设

深入开展农村法治宣传教育。采取"法律赶集""普法宣传车""律师下乡"等形式，定期组织开展法治宣传周、宣传月等活动，广泛宣传与乡村群众生产生活密切相关的法律知识，不断增强农民群众的法治意识和依法维权意识。在定期收集整理农民生产生活中典型法律问题的基础上，制定专项"普法菜单"，根据农民"点题"开展有针对性的法治宣传教育活动，提高普法质量和效率。开展民主法治示范村居创建活动。依托地方电视台，开通普法栏目，建立法治宣传长廊、专栏，编制法治宣传小品、歌舞、顺口溜，积极培育社会主义法治文化。

推进乡村公共法律服务体系建设。开通"法律通"微信公众号和法律服务援助热线，推进完善"一村一顾问"的村级法律顾问服务机制，构建以实体、网络和热线三大平台为主体的乡村公共法律服务体系。加强对贫困村进城务工人员、老幼人员、残疾人等群体的法律援助。重点为企业不依法与贫困户、进城务工人员签订劳动合同以及不履行工资支付责任等损害务工人员合法权益的案件提供法律援助。将乡村扶贫对象纳入法律援助范围，对有需要者开通"绿色通道"。

4. 重塑农村德治体系

强化乡村道德榜样示范作用。以乡村道德模范、身边好人等德治榜样为统领，通过设立爱心墙、建立善行义举四德榜、举办道德讲堂等形式，开展道德教育实践活动，弘扬主旋律，形成尊重榜样、学习榜样、争当榜样、超越榜样的良好社会风气，以榜样的力量凝聚思想共识，调动乡村群众参与以德治村的积极性。

培养健康社会心态。在镇级卫生院设置心理咨询室，专业化开展精神卫生和心理抚慰工作。开展"心理咨询进乡村"活动，聘请专业社会工作者和心理辅导人员、志愿者进行心理健康宣传教育和心理疏导。对乡村医生和乡村教师开展系统培训，提高心理预警、咨询水平。做好流浪人员、乞讨人员、服刑人员、刑满释放人员、强制隔离戒毒人员、社区矫正人员、社会吸毒人员、孤寡老人、留守妇女儿童以及易肇事肇祸严重精神障碍患者等的人文关怀、心理疏导和危机干预。

（五）推进人才振兴

在培育人才、吸引人才、留住人才等方面下足功夫，让愿意留在乡村、建设家乡的人留得安心，让愿意下乡返乡、回报乡村的人更有信心，打造一支强大的乡村振兴人才队伍，推动乡村人才振兴。

1. 加大乡村振兴人才培养力度

围绕乡村振兴战略提出的三次产业融合发展的战略要求，加强新型职业农民教育培训体系建设。健全和完善农村职业技术教育及成人教育，扩大办学规模，提高办学效率。职业教育和成人教育要坚持"学用结合、按需施教"的原则，把农村文化教育和科普教育结合起来，将扫除文盲与扫除科盲同步进行，要从人、财、物各方面来提高农村职业教育和成人教育的比重。职业教育培训的重点对象是乡村基层干部、农业科技人员以及具有一定文化水平的农民群众。教育中应适当设置相应的农村经济、市场经济、乡镇企业等专业及课程，造就和培养一大批有文化、懂技术、善经营、会管理的新型农民。

2. 积极吸引各类人才返乡创业

积极落实《关于支持人才创新创业的若干政策》，吸引高等院校、科研院所等事业单位的专业技术人员到乡村和农业企业挂职、兼职和离职创新，鼓励城市的医生、教师、科技文化人员等定期服务乡村，支持离退休党员干部、知识分子、工商界人士通过多种方式上山下乡、回馈故里，引导企业家、党政干部、专家学者、教师、医生、技能人才等各类人才返乡创业。

3. 加快创建留住人才的发展环境

采取一系列行之有效的方法，对在促进现代农业发展和新农村建设中做出贡献的农业人才给予物质奖励或精神奖励。同时，在健全养老、医疗、住房等社会保障制度过程中，要针对农业的特殊性，对农业人才给予一定的政策倾斜，以增强农业的吸引力、凝聚力，从而在机制上营造人尽其才、才尽其用的良好环境。

二 实施乡村振兴战略的五大对策

（一）制定实施乡村振兴规划和政策

大力落实各部委相关乡村振兴政策。乡村振兴战略出台后，相关部委陆续出台了很多乡村振兴政策。例如，2018 年 10 月，国家发改委印发《促进乡村旅游发展提质升级行动方案（2018~2020 年)》，鼓励和引导民间投资通过 PPP、公建民营等方式参与有一定收益的乡村基础设施建设和运营。2018 年 12 月，农业农村部、国家发改委、财政部等六部门联合下发《关于开展土地经营权入股发展农业产业化经营试点的指导意见》，旨在进一步在全国推广"土地入股"。2019 年《政府工作报告》提出了乡村振兴相关政策。各地政府应加快落实这些政策内容。

加快乡村振兴战略规划编制。地方政府应围绕国家《乡村振兴战略规划（2018～2022年）》，立足各地乡村特色优势，编制适合自身特点的乡村振兴战略规划，部署若干重大工程、重大计划、重大行动。在编制过程中，应加强各类规划的统筹管理和系统衔接，形成城乡融合、区域一体、多规合一的规划体系。

推进村庄规划编制。推进村庄规划编制，对农村土地功能分区和村域各类用地的规模、布局做出安排，推进农村建设用地整治，统筹安排农业生产、村庄建设、产业发展、基础设施、生态及文化等各项事业用地规模，不断优化村庄用地空间布局。打造"五化四美"村庄，开展村居建筑设计，优化村庄院落、住宅组团布局，合理配置建筑功能空间。开展乡村风貌研究，按照地域特色、自然禀赋和历史文化等，高起点、高标准编制或修编村庄规划。

健全规划配套体系。乡村规划的落实，需要各类规划进行配套，如土地利用规划、产业规划、基础设施规划等。因此，在乡村振兴战略规划制定的过程中，应健全规划配套体系。同时，要加强各类规划的统筹管理和系统衔接，形成城乡融合、区域一体、多规合一的规划体系。

（二）建立实施乡村振兴战略考评机制

落实乡村振兴各方责任主体。建立实施乡村振兴战略领导责任制，地方政府各级主要负责人为乡村振兴战略实施的第一责任人，明确"五个一"建设责任分工，把工作重点和主要精力放在全面落实乡村振兴战略上。加强乡村振兴工作督查，指导"大学习、大调研、大改进"扎实推进，筑牢思想根基，做到扎实肯干实干，以钉钉子精神狠抓工作落实，使乡村振兴战略各项决策部署落地见效，在工作谋划、项目安排、措施保障上保持目标同向，在重点工程项目上集聚资源，在工作推进上相互衔接、上下联动、集中突破。

建立乡村振兴考核评价机制。加强对乡村振兴战略规划实施考核监督，按照正确政绩观要求，健全考核评价机制，建立党政领导班子和领导干部推进乡村振兴战略的实绩考核制度，分级评价、定期考核、动态监测，建立规划实施第三方评价机制与督促检查机制，确定约束性指标以及重大工程、重大项目、重大政策和重要改革任务，明确责任主体和进度要求，确保质量和效果。

明确乡村振兴奖惩责任办法。对推动乡村振兴战略工作有力、实绩突出，且连续两年获得表彰的主要负责同志及分管负责同志提拔使用。对年度考核排在后 10 名的党委、政府，由领导小组对党委、政府主要负责同志进行约谈；对推动乡村振兴战略实施不力，且连续两年考核排在后 10 名或造成重大不良影响的党委、政府负责同志予以严肃追责、问责并进行组织处理。

（三）积极探索适合本地特色的模式

不断深化对乡村振兴模式的认识。乡村振兴模式可以按产业组合、资源禀赋、主体作用、功能主导等分成不同的类型，如按主体作用可分为能人带动型、龙头企业主导型、集体经济引领型、产业园区推动型以及复合型的乡村振兴模式，对于这些乡村振兴模式的形成、发展和运行机制应进行系统的梳理，提高对其核心内涵的认识。

进一步提炼本地乡村振兴的模式。对本地乡村振兴工作做得较好的地方，要及时总结其典型经验和优势，如在农业资源上的优势、在管理经验方面的优势、在新技术方面的应用、在体制机制方面的创新、在合作模式上的突破等。同时，针对乡村振兴发展中存在的不足，要及时弥补。

大力推广乡村振兴的典型经验。积极借鉴其他地区乡村振兴的典型经验，如浙江安吉鲁家村、湖州市莫干山、陕西袁家村、河北馆陶县"粮画小镇"寿东村、广州市粤菜师傅工作室、惠州市秋长谷里、湘西自治州十八洞村等不同类型的乡村振兴经验，将这些先进经验引入本地并进行本土化改造，积极探索适合本地发展的乡村振兴模式。

（四）强化创新驱动

大力推动技术创新。技术创新对推动乡村振兴具有重要作用，这类技术创新不仅仅指农业的技术创新，三次产业融合方面的技术创新对推动乡村振兴也具有重要作用。培育创新型农业科技企业,更好地发挥企业作为技术创新决策、研发投入、科研组织和成果转化主体的作用。鼓励和支持企业自主开展或与优势农业科研院所、高等院校联合开展基础研究或应用研究。支持企业参与或主持科技重大专项、公益性行业(农业)科研专项、高新技术产业化项目、农业科技成果转化项目等,对于产业化特征突出的重大科技项目,可由有条件的企业牵头组织实施。引导领军企业联合中小企业和科研单位系统布局创新链,提供产业技术创新整体解决方案。

大力支持业态创新。业态创新是指在业态发展过程中,以新的经营方式、新的经营技术、新的经营手段取代传统的经营方式和技术手段,进而创造出不同形式、不同风格、不同商品组合的店铺形态,以面向不同的顾客或满足不同的消费需求。乡村振兴中,三次产业的融合发展将成为产业发展的主要趋势,如农业与服务业的融合发展形成创意农业、休闲观光农业、家庭农场、连锁经营农业等,农业与新技术的融合发展形成"互联网+农业"、共享农业、共享农庄、认养农业等。随着乡村振兴战略的不断推进,将出现更多的业态,地方政府应因势利导,加强对这些新业态的引导和鼓励。

加强农业组织创新。农业组织创新有利于将农业资源、农业经营主体、农业市场、集体组织等主体有效地结合起来,提升农业产业化经营中的资源利用率、要素生产率,从而加快推动农业发展。目前,较为常见的农业组织形式有"龙头企业+合作社+基地+农户""合作社+公司+农户""批发市场+合作社+农户"等。应加快创新组织形式,如山东临沂的"金丰公社"模式,从种植到收割都由金丰公社负责,包括耕地、购买农资、播种、施肥、打药、收割都打包给公社,提供"种、管、收"全产业链服务。

加快管理模式创新。先进的管理模式能够调动各方利益主体的积极性,有利于乡村振兴的全面发展。未来,应广泛采用先进的经营方式、管理技术和管理手段,从农业生产的产前、产中到产后形成比较完整的紧密联系、有机衔接的产业链条,打造具有较高组织化程度的管理模式。乡村振兴中的农业不单纯指农业,而是更多产业的融合发展,如观光农业、休闲农业、体验农业、设施农业、共享农业等新业态需要创新的管理模式，同时一些田园综合体、绿新综合体、休闲农庄、家庭农场、农业庄园等新兴农业融合项目都需要创新的管理模式，因此需要加快管理模式的创新。

（五）制订实施乡村振兴行动计划

制订乡村振兴行动计划。为有效实现产业兴旺、生态宜居、乡风文明、治理有效、生活富裕的目标，应对乡村振兴战略进行细化，分出阶段目标和阶段任务，聚焦聚力推进乡村振兴。例如，浙江湖州提出了乡村振兴的"六大行动"，即绿色引领、融合发展的乡村产业提升行动，全域覆盖、生态宜居的新时代美丽乡村建设行动，乡风文明、素质全面的人文乡村发展行动，"三治结合"、治理有效的善治乡村推进行动，共建共富、全民共享的乡村民生优化行动，城乡融合、活力迸发的制度完善行动。围绕这些行动计划，全面推进农业农村现代化的实现。

形成有序的实施步骤。按照细化、量化、具体化、项目化的要求，制订年度工作计划，建立工作台账，严格按照时间节点抓好组织实施；明确各项具体工作的实施主体，村内公共空间环境整治以村党支部、村委会为主，主要通过村民投工投劳解决，垃圾、污水处理等公益性基础设施建设以政府为主，鼓励村"两委"组织村民全程参与建设、运营和管理；加大培训力度，培养造就一支懂农业、爱农村、爱农民的"三农"工作队伍，指导农民更好地参与美丽乡村建设。

（本章执笔：赵西君）

第十四章
企业促进乡村振兴的对策建议

一 发挥企业在乡村振兴中的关键作用

企业是一类重要的乡村振兴主体，既有盈利目标，也担负着社会责任，能够有机协同政府、市场、社会三类主体，有效运营乡村振兴所需的关键生产要素，在协同与运营中形成独具乡村特色的企业模式，促进乡村产业、生态、文化、组织、人才等全面振兴。其中，政府主体主要指县、乡、镇、村政府，市场主体主要包括企业和园区，社会主体是指村民、党组织、村委会、合作社、协会、院所等；关键生产要素包括自然资源、土地、技术、人才、资金等；企业模式涵盖股权、治理、盈利、产品、供应链、营销、研发、人力资本、融资、品牌、管理和风险 12 大领域。

（一）企业促进乡村振兴的机理

1. 企业是乡村振兴的重要利益相关者

乡村是一个空间概念，是以从事农业生产为主的一类人的聚居地。乡村振兴是在乡村这个有限空间范围内生态系统的振兴，必然涉及多方主体。其中的主要利益相关方包括：乡村政府，分析对象可从村政府延展至镇、乡、县政府；主要产业的龙头带动企业、村集体，以及龙头企业或村集体发挥带动作用的园区载体；所有村民、除村民外的主要产业从业者，乡村党组织，乡村特有的村委会、合作社，以及行业协会等关键社会中介组织，以及研究院所等事业单位。以上三类利益主体其实代表了政府、市场、社会的合作体系。

其中，企业是利益相关方中的重要一极。乡村振兴的三类利益主体见图 14-1。

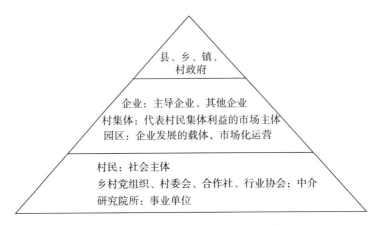

图 14-1 乡村振兴的三类利益主体

2. 企业促进乡村振兴的本质在于将企业战略融入乡村发展

企业主导乡村振兴，是通过履行项目投资主体职责来实现的。主导企业依托企业内部资源和乡村资源，将这些资源集聚到园区载体的空间范围内进行园区项目的开发、建设和运营管理。园区项目具有三次产业相融合的产业化特征。对乡村而言，是企业项目带动的包括乡村产业、生态、文化、组织、人才等在内的全面振兴；对企业而言，是一项核心业务的萌芽和发展。企业将乡村振兴项目纳入业务体系，因此乡村振兴项目的选择、定位和运营管理即主导企业发展战略的核心内容，项目的成功与否直接关系到企业能否健康发展。

3. 企业主导乡村振兴需处理好三层关系

三层关系包括企业与主要利益主体的关系、企业与关键生产要素的关系以及企业与乡村振兴成效的关系。乡村振兴的内涵见图 14-2。

第一层关系，"优势企业 + 政府、园区、村民、其他主体"，明确优势企业与其他主要主体的功能定位。

优势企业。优势企业能够对乡村振兴发挥关键引领作用，开发乡村资源，主导项目的开发、建设和运营，引技、引资、引智、引商，将产业做强做优做大，带动相关企业发展，改变乡村面貌。

"优势企业 + 政府"。政府负责统筹乡村规划、优化营商环境、建设基

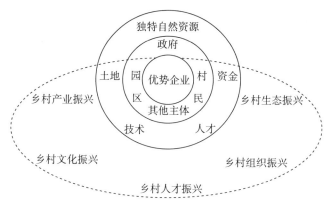

图 14-2　乡村振兴的内涵

础设施、配置资源、进行行政监管等职责。优势企业主导乡村振兴离不开当地政府的大力支持，政府要在园区土地、土地流转等方面给予政策支持。

"优势企业 + 园区"。园区是优势企业发展壮大的载体，是乡村振兴规划实施的载体，是优势企业边界拓展的平台，也是各类资源的集聚区。乡村振兴已经超越了任何一家企业的边界，发挥主导作用的优势企业是在园区的空间范围内实现规模化和体系化发展的。优势企业以园区为载体实现更广范围的引技、引资、引智、引商，通过集聚式发展构建乡村振兴生态。

"优势企业 + 村民"。村民是乡村土地资源的所有者，也是产业发展的受益者，不仅可以从土地资源的经营中受益，而且可以以个体的身份参与到企业的生产经营中并从中受益，还可以享受乡村振兴带来的经济效益和社会效益。企业主导乡村振兴归根结底是要让村民加快致富奔小康，土地资源、人力资源都来自村民，村民可以以个人身份加入优势企业或其他企业。

"优势企业 + 其他主体"。村集体是一类特殊的经济组织，乡村党组织是最基层的党组织，村委会是村民的自治组织，合作社是一类特殊的社会中介组织，行业协会是代表行业企业利益并在政府与企业之间发挥桥梁作用的中介组织，研究院所是与企业合作创新的事业单位，这些主体均可以在大市场与小农经济对接中发挥重要的协调和服务功能，帮助主导企业解决好土地、农民关系等难题。企业面对的是大市场，村民经营的是小农经济，大市场和小农经济之间需要农村中介（包括村集体、村委会、合作社等）的服务对接，协助企业组织好分散的、缺少标准化的土地资源和人力资源等。企业主导型乡村振兴模式的主要利益主体功能见图 14－3。

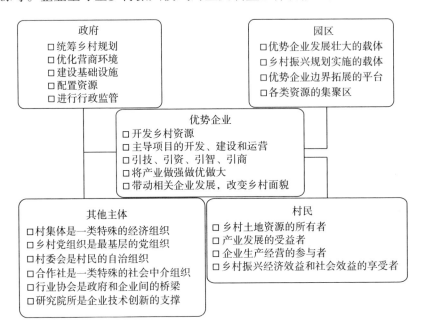

图 14－3　企业主导型乡村振兴模式的主要利益主体功能

第二层关系，"优势企业＋独特自然资源、土地、技术、人才、资金"，明确优势企业主导的关键生产要素。

"优势企业＋独特自然资源"。独特自然资源是指优势企业所在乡村独有的、具有开发利用价值的自然资源。企业大力挖掘乡村的资源价值，主要包括种植业、畜牧业、渔业等未经初级加工的农产品资源、自然山水资源以及太阳能、风能、水能等能源资源，将某类资源或某几类资源组合转化为企业的产品和服务。

"优势企业＋土地"。农村土地归农民集体所有，由村集体或农民个体经营，是优势企业在乡村发展的基础。农村的土地是成片完整的，但使用权零散分布在村集体和农户手中。优势企业主导乡村振兴，首先要解决好土地的集中问题，其次才能开展规划、开发、建设和运营工作。

"优势企业＋技术"。技术是乡村发展的新动能。优势企业开发任何一种乡村独特资源都需要新技术的支撑，因此优势企业的业务具有技术密集特征。企业加大研发投入力度并吸引先进技术资源助力科研攻关，形成独有的技术优势，实现从乡村资源向高附加值产品和服务的转化。优势企业的技术创新也因此对乡村产业创新发挥引领作用。

"优势企业＋人才"。人才是乡村振兴的瓶颈。乡村振兴的任何一个环节、每一个层面都需要适宜的人才。乡村本地人才很难满足需要，要培养人才、引进人才，同时也要用好人才、留住人才。因此，优势企业与乡村对人才有着相同的需求，在解决好企业内部人才难题的同时，也带动了乡村人才的集聚和人力资源整体素质的提升。

"优势企业＋资金"。资金是乡村振兴的"头等大事"，主要用于园区建设、技术研发和产业化、基础设施建设等方面，没有资金的乡村振兴将寸步难行。优势企业主导乡村振兴，不仅可以利用自有资金，而且能够依托乡村的独特自然资源、土地等要素提升自身的融资能力，从而融到资金。优势企业以资金振兴乡村，乡村振兴的经济效益回馈企业，由此形成资金流的良性循环。

第三层关系，"企业主导＋乡村产业振兴、乡村生态振兴、乡村文化振兴、乡村组织振兴、乡村人才振兴"，明确优势企业主导乡村振兴的路径。

"企业主导＋乡村产业振兴"。优势企业逐步实现规模化，有能力对乡村资源进行大规模开发利用。规模化发展要依托主导业务，主导业务的成长是一个从无到有、从小到大的过程，其中必须优化配置好各类资源并承担各种风险。优势企业发展主导业务是为了实现乡村振兴，因此企业的主导业务也是乡村的支柱产业。主导业务与支柱产业是同步振兴、协同振兴的关系。

"企业主导＋乡村生态振兴"。优势企业逐步实现体系化，通过优化配置资源逐步从单一的产品和服务走向多元化的产品和服务、从单一的企业开发转变为企业群体的产业化发展。优势企业与乡村党组织、村委会、合作社、行业协会、研究院所等中介组织合作，吸引各类相关企业入驻园区，在合作过程中也突破了企业的边界，获得了更多的外部资源。各类主体与优势企业共同组成完善的乡村振兴生态体系。

"企业主导+乡村文化振兴"。文化是企业的灵魂,是乡村振兴的底蕴。优势企业只有与乡村充分融合才能主导乡村振兴,文化融合是基础,也是最高形式。优势企业充分汲取乡村传统文化的精髓,融入新时期的先进理念,结合企业的发展愿景,打造企业文化,潜移默化地影响企业员工和合作主体,包括村民。

"企业主导+乡村组织振兴"。优势企业主导乡村振兴离不开乡村党组织、村委会、合作社、村集体对土地利用、村民组织等的合作与支持。在合作过程中会遇到一些制度层面的难题,相关组织需要不断突破原有的制度,创新管理模式和发展模式。因此,企业主导的乡村振兴充分发挥了乡村组织的优势,也带动了组织振兴。

"企业主导+乡村人才振兴"。优势企业缺少人才,本地人才不能满足需求,需要培养人才、引进人才,并用好人才、留住人才。优势企业与其他外部企业、行业协会、研究院所的合作也是利用外部人才的一种方式。这些人才在乡村集聚,是对乡村人才的补充,也有助于提升村民的整体素质,实现乡村人才振兴。

优势企业在通过加法不断赋能的过程中,经历了三个发展阶段:阶段一,企业定位,选准乡村独特的优势资源,解决好土地、技术、人才、资金等要素难题,开发高附加值的产品和服务,形成企业核心优势;阶段二,规划、开发、建设和运营园区载体,以开放式的平台集聚资源,突破企业自身的界限,扩大业务规模,形成生态体系,与政府、村民以及村集体、村委会、合作社等组织建立稳定的合作机制;阶段三,带动乡村产业、生态、文化、组织和人才全面发展,真正实现优势企业主导下的乡村振兴。企业主导型乡村振兴模式的作用机理见图14-4。

(二)企业在乡村振兴中发挥的主要作用

1. 龙头带动,形成主题鲜明的产业集群

园区之所以能够以有限的空间承载起乡村的全方位振兴,主要源于集

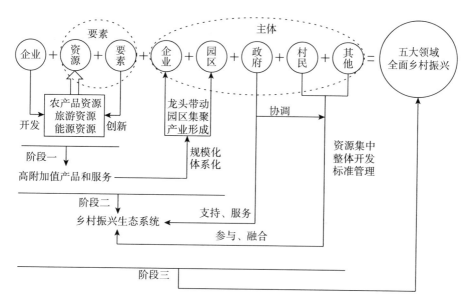

图 14 – 4　企业主导型乡村振兴模式的作用机理

聚在园区内的大量企业和社会服务机构共同形成了成熟的产业链。企业和机构围绕某个乡村振兴主题，通过纵横交错的业务关系紧密合作。因此，园区是以乡村振兴为主题的产业集群。企业是园区的开发、建设和运营管理者，也是园区内乡村振兴相关产业集群的龙头。龙头企业自开发园区时起就与各类利益相关者合作，在园区的建设和运营管理过程中又会引入业务合作企业和机构，不断完善园区的业务链。园区在乡村振兴业务链形成的同时也会释放出集聚效应，吸引更多的企业和机构入驻，从而形成龙头带动下的某类乡村振兴产业集群。

2. 搭建平台，集结乡村短缺的技术、智力、人力、信息等要素

园区集群体现为各类利益相关主体的空间集聚，但园区空间毕竟是有限的，集聚的主体有限，随主体而来的要素资源也很有限。因此，龙头企业在发展园区项目时往往会搭建面向更广范围的平台。例如，研究院、研发中心、电商平台等，这类实体的实质是开放式的平台，与产业集群同样具有开放性特征，但不受空间边界的限制，也突破了单一企业的有限边界。平台由龙头企业发起设立，有具体的业务合作需求，包括园区内业务的技

术创新、模式创新等，旨在吸引国内外该领域的技术、智力、人力、信息等优势资源为本地乡村振兴服务。因此，平台的作用是资源集结，与集群的资源集聚互为补充和促进。

3. 加强协作，综合配置企业和乡村资源

乡村振兴需要若干利益相关主体的共同参与，需要各类资源纵向联动、横向配合。企业作为市场主体，将乡村振兴事业浓缩为园区项目，从发展核心业务的角度出发与其他相关利益主体开展合作，不仅要协调企业内部的要素资源，而且要发挥好、利用好其他利益主体的关键乡村资源。企业业务的成功即乡村振兴的实效。企业通过园区项目带动各利益相关主体在合作中实现共赢，并在合作中实现对内外部关键要素资源的统筹配置。

4. 振兴乡村，产生经济、社会、生态三重效益

龙头企业立足开放式的合作构建园区业务链，进而吸引更多的同类型主体入驻园区，形成完善的产业链，形成在园区有限空间内的产业集聚。产业集群的主题是乡村振兴，不仅能够实现某类乡村振兴业务的产业化发展，而且可以带动乡村生态、文化、组织、人才等的全面转型升级。因此，乡村振兴产业集群的外溢效应能够辐射乡村经济、社会和生态圈领域。园区内的企业和机构受益于协同发展带来的三重效益，园区外的乡村空间也将享受到园区外溢的三重效益。

二 不断提高企业促进乡村振兴的能力

主导乡村振兴的企业往往已经具备一定的乡村资源优势和项目开发能力，但随着园区项目的不断推进，通常会面临内部管理的瓶颈，必须进行"十二项升级"。其中，优化股权结构、完善治理结构和拓展盈利途径属于现代企业运营管理的基础性制度安排，加强产品开发、强化供应链管理、创新营销模式和提高研发能力是为了建立起与乡村振兴相匹配的经营架构，提升人才资本和拓宽融资渠道能够为企业可持续发展提供要素保障，塑造特色品牌、加强内部管理和严格控制风险是企业实现规划目标的关键举措。

只有在内部提升的基础上，政府和村民以及乡村中介组织的支持和加入才能更好地发挥作用。乡村振兴主导企业的"十二项升级"见图 14 - 5。

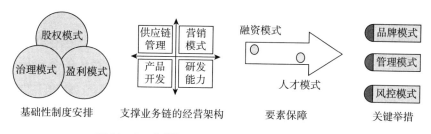

图 14 - 5　乡村振兴主导企业的"十二项升级"

（一）优化股权结构

企业管理升级首先从股权结构再设计入手。一方面，股权结构单一往往是企业规模化、专业化、标准化、市场化发展中遇到的一个障碍；另一方面，股权开放是乡村振兴主导企业开放式集聚、集结关键资源的一条重要途径。

1. 根据企业需求通过引资、引智、引商的方式引进战略投资者

首先，引资的核心目的是减轻资金、债务压力，走轻资产经营之路。乡村振兴主导企业的核心优势体现为农业技术、农村土地、农村闲置资源、农村劳动力等乡村要素资源以及开发、整合资源的能力，因此可依托优势引入有实力的业务型或开发型企业作为战略股东。引入战略股东后，企业可不必走传统的巨额投资形成重资产的老路，而是改走轻资产经营之路，解决负债高、利息重、回报慢的难题。轻资产经营是指主题公园的开发、建设和运营形成分工专业化格局，运营商不再全程参与，仅立足自身优势输出品牌、管理和创意，对其他环节采取合作、授权等方式引进战略合作伙伴，由更具专业化优势的企业去完成，由此形成公园运营商与建设开发商、IP 商（主题内容设计）的专业化分工合作。其次，引智的主要目的是提升企业的市场竞争力。企业需要引资，主要用于农业与相关技术研发以及园区的建设、开发和运营。企业的规划项目需要较快推进，产品的市场

开发、园区内业务链不同节点项目的整体提升和系统运营等都需要同步开展,但这些很可能不是企业擅长的领域。因此,企业在引资的同时,还要引技、引智和拓展市场,进而提升自身的管理能力和市场竞争力。最后,引商的目的是集聚更多资本。园区不应走一体化道路,而应建设成为开放式的平台,吸引大量有实力的相关企业入驻,形成独具特色的乡村振兴产业集聚区,在弥补自身短板的同时,也能够集聚更多资本。"褚橙"借助资本推进规模化、标准化、市场化见专栏 14 - 1,主题公园朝着轻资产经营模式发展见专栏 14 - 2。

专栏 14 - 1　"褚橙"借助资本推进规模化、标准化、市场化

褚时健开发"褚橙"最初走的是家族企业之路。前期阶段解决资金问题的主要途径是利用个人的人脉借钱,但随着企业规模的扩大,传统融资方式的弊端逐渐显现,需要引进外部资本推进产业化发展。弊端主要表现在三个方面:一是公司治理结构存在产权单一、权责不规范、组织架构不清晰等问题;二是传统渠道融资有限,不利于在质量标准化基础之上的规模进一步扩大和高度专业的产业化经营;三是虽然能够融到资金,但做不到同时引技、引智、引商。

目前,"褚橙"与广东前润并购投资基金管理有限公司合作,开启了"新农业＋资本市场"之路。"褚橙"面临产业转型升级的新挑战,既需要走出云南、扩大规模,也需要建立完善的标准管理体系以保证品质。引入外部资本推进规模化、标准化、市场化尤为关键。在此背景下,"褚橙"在 2018 年 1 月与前润合作,借助基金的资本、智力优势,开展国际国内产业整合,积极转型,实现文化、金融、农业三大领域的有机融合。

专栏 14 - 2　主题公园朝着轻资产经营模式发展

主题公园是集多种娱乐活动和相关配套服务于一体的现代旅游场所,所有娱乐项目均围绕某一特定主题,以创意文化、创新形式和高新技术实现虚拟与现实的有机结合。主题公园需要大规模的资本投入,包括土地开发、设施引进、技术创新、园区运管等。传统的主题公园运营企业都是重资产企业，百亿元投资很常见。

为摆脱高投入、慢回报的困境，主题公园的运营商开始向轻资产经营转型。

例如，华谊兄弟经营的实景娱乐项目多采用轻资产模式。实景娱乐项目的主题为华谊兄弟投拍的电影主题，属于电影 IP 场景的延伸体验。轻资产经营的核心是扬长避短。华谊兄弟与战略合作方共同成立合资公司，提供品牌授权，然后以自身的 IP 资源获得品牌管理费及运营分成。项目合作运营后，华谊兄弟还可以获取门票分成、管理服务费以及股权收益。由于采用的是专业化分工模式，所以电影公社很快便投入了运营；由于投入少、财务费用低，华谊兄弟获得了较高的投资回报。2017 年，华谊兄弟仅品牌授权及实景娱乐业务就实现营收 2.58 亿元，营业成本仅为 297 万元，毛利率高达 98.85%。

2. 合理安排股权结构

首先，安排好主导企业大集团的股权结构。主导企业可以保持控股地位，如果是民营企业，可以保持自然人大股东的控股地位，针对园区开发、建设和运营管理业务的薄弱环节以及乡村振兴核心业务的薄弱环节引进战略投资者，重组母公司股权结构。其次，安排好下属企业的股权结构。主导企业根据发展需要，可成立各有业务侧重的子公司。例如，为了更好地促进园区发展，可以引进当地村委会所属企业、主题园区合作企业、产业投资基金等，共同组建主题园区的投资公司，重点在本地或外地乡村开展同类业务的投资项目，主要承担主题园区开发、建设和运营管理任务。待本地园区模式成熟后，投资公司将在其他地区进行投资复制。主导企业的大集团还可以与园区核心业务领域的战略投资者合作成立实体企业，新建、重组、入股均可。再次，主导企业可以将下属的子公司作为主体，在子公司业务领域范围内与战略投资者合作，成立孙公司。主导企业可以利用孙公司将成熟的园区模式复制到其他乡村，也可以进一步完善园区业务链，丰富园区内的行业种类。最后，主导企业引入战略投资者，除了要考虑完善园区业务链、形成产业集群的需求外，还应考虑国有企业和民营企业的股比结构，通过不同所有制企业的合作提高企业效率。

3. 建立清晰、规范的母子股权关系

通过股权安排，主导企业将形成较为清晰的母子股权关系：母公司是主导企业占绝对控股地位的企业集团；子公司是母公司控股或参股的企业，控股与否视该子公司在集团乡村振兴业务中的地位而定。如对园区投资公司可控股，对非核心业务企业可参股。另外，还会有孙公司，即由子公司投资运营的企业，同样视业务的地位安排股比结构，如对园区开发公司可相对控股。以园区为载体的乡村振兴主导企业可能的股权安排见图 14 - 6。

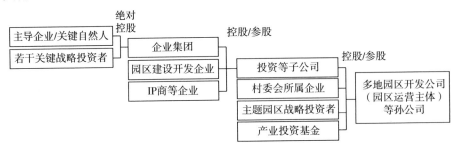

图 14 - 6　以园区为载体的乡村振兴主导企业可能的股权安排

（二）完善治理结构

明确大的股权结构框架后，企业制度安排进入公司治理结构设计层面。公司治理是现代企业制度的核心，完善公司治理旨在形成基本架构之间的有效制衡关系，有利于提高股东利益，同时有利于企业发展。

1. 做到"四权归位"

完善公司治理结构的首要任务是"四权归位"，形成股东会、董事会、监事会和经理层之间清晰的权责定位。根据《公司法》（2018 年修正），股东会、董事会、监事会和经理层定位及其职权见表 14 - 1。

表 14-1　股东会、董事会、监事会和经理层定位及其职权

机构	定位	职权
股东会	由全体股东组成，是企业最高权力机构，行使所有权	决定企业重大事项，依照《公司法》行使以下职权： 1. 决定公司的经营方针和投资计划； 2. 选举和更换非由职工代表担任的董事、监事，决定有关董事、监事的报酬事项； 3. 审议批准董事会的报告； 4. 审议批准监事会或者监事的报告； 5. 审议批准公司的年度财务预算方案、决算方案； 6. 审议批准公司的利润分配方案和弥补亏损方案； 7. 对公司增加或者减少注册资本做出决议； 8. 对发行公司债券做出决议； 9. 对公司合并、分立、解散、清算或者变更公司形式做出决议； 10. 修改公司章程； 11. 公司章程规定的其他职权
董事会	是企业所有者的代理人，是权力机构的执行机构，成为联系企业所有者和管理者的桥梁，由股东会任命，行使决策权	对股东会负责，行使下列职权： 1. 召集股东会会议，并向股东会报告工作； 2. 执行股东会的决议； 3. 决定公司的经营计划和投资方案； 4. 制订公司的年度财务预算方案、决算方案； 5. 制订公司的利润分配方案和弥补亏损方案； 6. 制订公司增加或减少注册资本以及发行公司债券的方案； 7. 制订公司合并、分立、解散或者变更公司形式的方案； 8. 决定公司内部管理机构的设置； 9. 决定聘任或者解聘公司经理及其报酬事项，并根据经理的提名决定聘任或者解聘公司副经理、财务负责人及其报酬事项； 10. 制定公司的基本管理制度； 11. 公司章程规定的其他职权
监事会	对股东会负责，由股东会任命，代表股东行使监督权	对股东会负责，行使下列权责： 1. 检查公司财务； 2. 对董事、高级管理人员执行公司职务的行为进行监督，对违反法律、行政法规、公司章程或者股东会决议的董事、高级管理人员提出罢免的建议； 3. 当董事、高级管理人员的行为损害公司的利益时，要求董事、高级管理人员予以纠正； 4. 提议召开临时股东会会议，在董事会不履行本法规定的召集和主持股东会会议职责时召集和主持股东会会议； 5. 向股东会会议提出提案； 6. 依照本法第一百五十一条的规定，对董事、高级管理人员提起诉讼； 7. 公司章程规定的其他职权

续表

机构	定位	职权
经理层	对董事会负责，由董事会任命，行使企业执行权	对董事会负责，行使下列职权： 1. 主持公司的生产经营管理工作，组织实施董事会决议； 2. 组织实施公司年度经营计划和投资方案； 3. 拟订公司内部管理机构设置方案； 4. 拟订公司的基本管理制度； 5. 制定公司的具体规章； 6. 提请聘任或者解聘公司副经理、财务负责人； 7. 决定聘任或者解聘除应由董事会决定聘任或者解聘以外的负责管理人员； 8. 董事会授予的其他职权

2. 实现"三权分置"

在"四权归位"的基础上实现"三权分置"，主要是指所有权、决策权和执行权切实分开，分别由股东会、董事会和经理层行使。有三点需要说明。一是经理层的执行权独立非常关键。经理层应由专业素质更高的人才组成，如果家族内人才不足，可以考虑引进职业经理人。二是制度设计可以确保家族大股东的决策权。在"三权分置"的制度框架下，大股东对企业重大事项的决策权有保持绝对控股地位和担任企业董事长两条路径选择，可以在保持绝对控股地位的同时担任董事长。三是股权结构优化是"三权分置"的前提。从公司治理的角度，股权过于集中不利于监督权的发挥，必然会影响到"三权分置"，引进战略投资者优化股权结构有助于权力制衡，是建立现代企业制度的前提。

3. 设立若干委员会和小组

首先，主导企业依照《上市公司治理准则》的相关规定，为提升董事会的决策能力，建立和完善现代企业制度，可设立董事会委员会，包括审计委员会、战略发展委员会、提名委员会、薪酬与考核委员会、全面风险管理委员会。五个专门委员会均引进专业人士，主要作用是优化董事会人员结构，为董事会科学决策提供专业支撑。其次，主导企业为更好地推进落实关键工作，还可以成立专门的领导小组，如标准化工作领导小组、关键技术攻关小组、园区筹备小组、上市筹备小组等。小组的组长由公司主要领导担任，副组长由分管领导担任，组员由相关职能部门的关键人员、重要人员组成。小组成立的目的在于打破公司内部的职能界限，合理规划配置资源，完成某项具体工作。

4. 形成合理的企业集团治理架构

从企业长远发展考虑，治理结构和股权结构设计均应向多元投资主体的产业集团发展。主导企业围绕优势资源形成独具特色的乡村振兴业务体系，以母公司为根基，将每项业务都发展成为独立的子公司，再由子公司延伸业务链成立或投资孙公司。首先，完善公司的内部治理结构，建立股东、董事会和管理层三者之间的制约与制衡关系。在股权结构方面，应降低个别股东的控股比例；在董事会中，要引入专业能力强的独立董事，以提升股东大会决策的科学性。其次，完善激励机制。加强内部控制制度的建设，明确各项规章制度，并在选派人员时重点考虑其道德品质修养；使公司员工的收益与业绩及其承担的风险挂钩，对承担高风险的岗位给予风险补贴，并将其报酬与投资效益挂钩，以此激发员工养成遵纪守法的品德。

（三）拓展盈利途径

企业主导乡村振兴需要有稳定的利润来源，这是股权结构和治理模式再设计的主要原因。盈利模式是商业模式的核心内涵，简言之，就是企业依托自身核心能力持续获得利润的整体方案。

1. 明晰基础业务盈利模式

企业已有的业务是主导乡村振兴的基础，需要进一步巩固。乡村振兴主导企业的基础业务与乡村资源密切相关，总体可分为与农产品相关的种植和加工，与山水、人文相关的旅游、康养和文化服务，与农业相关的技术服务，与农村土地相关的园区、地产四个方面。在新的发展形势下，每一项基础业务都拥有创新发展的空间。企业需找准每项基础业务的关键价值点，优化业务链，形成清晰的盈利模式。

2. 拓展产业集群共赢渠道

园区的产业集群是企业主导乡村振兴成功的关键，园区发展的难点在于如何吸引大量相关、相近的企业和机构入驻园区，共同构建乡村振兴的产业链。产业集群的形成是园区企业合作共赢的结果。首先，产业集群共赢的主渠道是龙头企业带动。企业应明确园区的乡村振兴主题，有机融合三次产业的所有价值点，抓住自身的资源和能力优势，掌控住园区的关键价值点，将其他环节放开，吸引该领域具有专业化优势的企业和机构入驻园区，与企业一起构建以园区为载体的乡村振兴生态。园区内的所有企业围绕主题形成成熟而完善的专业化分工。主导企业是龙头，对整个园区发挥优势带动作用。其次，园区实现以商招商。主导企业依托园区，以鲜明的主题吸引企业入驻，这是一层招商；入驻的企业为完善自身的商业体系和供应链，还会带动相关企业一同入驻，进而形成二层招商。园区生态会越来越丰富，商业、商务活动会日趋活跃。最后，主导企业还可以进行招商机制的创新。主导企业可建立项目择优选拔长效机制，对于以乡村振兴为主题的企业、值得孵化的企业，在引入园区的同时，要通过投资、服务等方式加以孵化。

3. 开创平台盈利途径

平台是企业开放式发展的另一种形式，具有集结更广范围资源的优势。平台具有网络化的组织架构，所有参与其中的资源可以通过合作共享网络效应，共同创造平台价值。主导企业搭建的平台可以包括三大类：第一类是知识平台，包括面向全球的学院、研究中心、创新中心等，以集结智力资源为主要目的；第二类是资本平台，包括面向全球的投资联盟、投资促进中心等，以集结资本为主要目的；第三类是电商平台，包括网络电商、实体店加盟商等，主要目的是拓展销售渠道。主导企业可以在本地乡村或者异地乡村搭建平台，形成打破空间限制的交流合作网，将集结的网络资源为我所用。

（四）加强产品开发

企业主导乡村振兴关键看绩效，要实现经济、社会、环境三重价值，其中的经济价值主要以产品的竞争力来体现。企业的乡村振兴业务并非单一的，而是一个业务体系，因此输出的产品形成多元化的产品体系。

1. 开发特色农产品

乡村的产业以种植业为主，不同地区出产极具本地特色的农产品。当地的农产品是乡村振兴可利用的重要资源。首先，立足本地特色农产品，整合农民、农地等乡村资源，做精种植业、延伸加工业、强化服务业，形成完善的绿色种植、加工、销售业务链，让其成为园区的一项核心产业；其次，加大技术创新投入，与外部开展技术、资本等合作，创新网络平台、特许经营等销售模式；最后，强化标准化管理，提升特色农产品和果品的附加值。

2. 开发特色加工品

首先，挖掘本地乡村元素，包括特色农产品品牌元素、山海林地等风光元素、地域文化元素、红色革命精神元素等，将其注入具有地方特色的工艺品设计中，发展融入文化创意的制造业；其次，组织本地农民开展手工加工，突出人文价值，提升产品附加值；最后，拓宽销售渠道，如专卖店、特许经营、网络平台等，让特色工艺品"走出"乡村。

3. 开发高科技产品

首先，利用乡村的原材料资源（既包括矿产资源，也包括果树枝丫等资源），引进专业制造业企业，开展高科技产品的生产加工；其次，以高科技产品制造业企业为带动，引进配套企业，形成完善的新型制造体系；最后，设立园区科研创新机构，为高科技产品制造提供科研服务。

4. 开发特色旅游项目

首先，整合乡村分散的旅游资源，以园区为载体，集中开发主题鲜明的旅游项目，包括开发、设计、建设、运营管理等整套系统以及与之配套的餐饮、酒店、商务服务等；其次，从体验式旅游向康养业拓展，包括温泉养生、体育健身、养老服务、特色诊疗、智能检测等多项内容；再次，做好旅游项目经营性用地的规划、建设、开发和运营；最后，做好土地运营业务，在园区开发的同时做好园区土地规划，将土地区分为公益性开发用地和营利性开发用地两类，根据旅游项目规划确定营利性开发用地的开发和运营模式，提升土地经济价值。

5. 开发特色文化项目

首先，发展文化服务业，包括地域文化展演、地域精神传承、影视纪录片制作等多种形式；其次，将特色文化项目与特色农产品和果品、特色工艺品、特色高新技术产品、特色旅游项目有机融合，实现特色产品体系的协同开发。

（五）强化供应链管理

主导企业的大集团拥有产品和服务体系，供应商网络也将随着体系的规模化和多样化日趋复杂，网络中除了商流和物流之外，还有资金流、信息流，供应链管理将成为主要的创价工具。

1. 布局供应链网络

首先，优选供应商。根据特色产品制造需求，选择和优化供应商，完善供应链网络。其次，配置节点资源。由于供应商分布在全国乃至全球多地，因此在关键的物流节点配置具有储存和加工能力的产品库非常重要。最后，引入服务企业和机构。凭借供应链网络的规模优势，吸引金融、法律、物流、研发、学院等服务类企业和机构嵌入供应链网络，在为供应链节点企业提供服务的同时，优化网络的生态环境。

2. 推进供应体系的联合创新

首先，制定供应链的产品标准和运营标准。为基础类产品和创新类产品制定可视化标准体系，以标准满足需求，以需求拉动供应。其次，建立创新体系。选择具有研发实力的供应商，按照统一的标准，联合研发新产品。供应商的研发还要借助自身的供应体系。这样，主导企业的联合创新供应商与供应商的联合创新供应商共同构成统一标准下的新产品联合创新网络。最后，探索联合创新的利益分配机制。主导企业通过市场共享、效益分成、股权配置、资源配置等，对供应商联合创新形成激励。

3. 强化以市场为导向的精益供应链管理

首先，强化市场导向。以市场客户的特色需求为核心，打造拉动型供应链网络，在网络中优化配置供应链资源。其次，探索大规模定制。大规模可以满足供应链网络规模化发展的需求，有利于降低供应链管理成本；定制可以满足市场的个性化需求，有利于提高产品和服务的附加值。主导企业可以将产品库建立在邻近市场的节点上，在产品库集成加工，以此实现大规模定制。最后，打造供应链管理平台。借助数字技术，协同商流、物流、资金流、信息流资源，不断优化网络配置。

（六）创新营销模式

在数字经济时代，企业营销模式因为有了新技术和新模式的赋能而不断拓展。同时，传统的营销模式也受到了更多的约束，因而越发规范。

1. 转变营销理念

首先，精准定位目标客户。主导企业根据特色新产品体系，需要对目标客户进行重新定位，包括区域定位、客户群体定位等。其次，从生产导向转变为客户导向。主导企业销售的产品需依托本地特色，但并不是要像以往那样有什么销售什么，而是要根据市场的新需求对本地特色元素进行重组和提升，形成新的特色产品体系。最后，拓宽电子营销渠道。大力发展电子商务渠道、强力发展商超传统渠道、精耕细作合作专卖店渠道，构建多渠道并举的销售模式。主导企业可以考虑在天猫、京东等电商平台建立网络专卖店，进入永辉、华联、物美、大润发、大商、世纪联华、沃尔玛、家乐福等大型国际国内连锁卖场，在异地逐步设立合作专卖店等。

2. 实施特色营销

首先，开展智慧营销。结合智能货架、服务机器人和交互式会员管理技术，在商超等地大力推行"智能店中店"模式。建立会员制，在增加消费者黏性、提高重复购买率方面，结合"云商"大数据，依托信息化平台，建立公司全渠道会员系统，涉及会员分级、积分规划、权益保障、招募发展、会员活动等多方面内容，依托会员群众基础，有目标、有针对性地开展市场营销工作。其次，尝试体验式营销。为顾客提供舒适、丰富的购物体验，如面向年青一代，植入现代文化和消费元素，与书店、咖啡屋等捆绑经营；与乡村邮局、社区邮局合作设立专柜，在便民、惠民的同时提升销售额。

3. 建立激励制度

首先，直接激励营销团队。制定激励性的企业制度，对营销团队采取奖金、晋升、培训等激励。其次，采取竞赛的模式挖掘营销新点子。发挥营销队伍的聪明才智，定期举办营销创意比赛，形成一种机制。优胜者可以享受到孵化器式的制度激励，在员工的"双创"中实现营销创新。

（七）提高研发能力

研发能力是企业主导乡村振兴的核心竞争力。在某种程度上，研发能力决定了企业的未来。

1. 确保研发投入

首先，保障一定水平的研发投入。乡村振兴主导企业属于技术型企业，需要投入资源进行新产品研发，所需的技术包括种植和加工技术、特色新产品技术、供应链管理技术等。对此，企业需要保障一定的资源投入，首要的是资金的持续投入。大集团的研发投入强度需保持一定的水平。其次，借助外部资源的合作研发。对于开放型企业而言，投入研发的资源不仅限于内部，而且包括园区、平台和供应链资源。对此，企业可通过联合研发机制激励研发资源加速集聚和集结。

2. 集结智力资源

首先，构建由一流科研院所支撑的科研体系。与具备一流研发实力的科研院所联合设立专门机构，在全球范围内集结乡、村、镇的智力资源，实现一流科研资源与所投资企业的科研项目精准对接。其次，借助行业组织的智力资本。与行业组织密切沟通，及时把握乡村振兴的全球创新动态和发展趋势；寻求行业组织的技术和管理指导，提升标准管理、质量管理能力；借助外脑智力，引进行业组织的知名专家作为基金公司母公司或子公司的独立董事；与行业组织长期开展咨询合作，不断优化管理体系，助力投资企业的科研攻关。

3. 创新研发机制

基于集群和平台的创新与研发，前文已有涉及。可概括为：主导企业在园区设立具有明确导向的实体机构，将该机构作为面向更广范围的平台，也可以单独设立平台机构；以园区的具体项目为需求，吸引外部资源向园区集聚、在平台集结；通过新产品的具体标准拉动集群和平台与企业进行联合创新。

（八）提升人力资本

伴随着企业的成长和成熟，企业员工要不断提升综合能力，开阔视野。乡村本地人才不论从专业配置上还是人员数量上都很难满足需求，需要不断地从外部引进。

1. 大力培养人才

首先，开发人才。企业可建立内部人才选拔通道，既要有绩效考核这样的常规通道，也要有类似创新大赛、演讲比赛、技能比武等快速通道，鼓励员工努力工作、积极创新，充分释放潜能；可以对员工进行包括绩效管理、职业规划等内容在内的综合人力资源开发，一方面为选拔人才广开才路，另一方面对员工起到引导作用，引导员工全面提升自身综合素质。其次，利用人才。对于业绩突出，在选拔中脱颖而出的人才给予奖励，并大胆任用。最后，管理人才。从提升人力资源能力、素质和开阔员工视野的角度出发，强化员工培训，可以利用多种方式对员工开展形式多样的培训，提高员工的专业知识水平，如新业务上岗培训、针对性强的短训和在职深造等；定期组织员工、领导层有针对性地参观学习同行业的先进企业，了解其运营管理精髓，并将这种方式作为一种学习制度固定下来。

2. 加快引进人才

首先，建立职业经理人制。企业可尝试引进职业经理人，通过年薪、股权等激励方式引进运营、财务、资本运作、信息、人力资源、品牌建设、加工技术等专业的职业经理人,充实管理和技术队伍,提升集团的管理水平。其次,将公开招聘和有针对性地引进中高层管理人员及业务人员的工作长期化。在引进人才的过程中除了注重人才的职业背景、所学专业、业务素质、道德修养外,还要评价其发展潜力,对于具有发展潜力的人才可适当放宽对职业背景和所学专业的限制。最后,实现人才租赁。企业出于人力资源和知识资本的考虑,今后可通过在北京设立研发中心、建立企业人才库、聘请专业顾问团队等形式,广泛借助"外脑"。

3. 优化配置人才

首先,科学设计岗位职责。企业要强化人力资源管理,将当前组织架构和未来业务发展、集团化发展需求相结合,逐层设计好岗位职责。其次,优化配置人才。为岗位配置适宜的人才,基本原则是人尽其才、人事相宜,主要目的在于提升人才利用效率。再次,建立层次化的人力资源队伍。走管理和技术两条线路,做到机关与基层双促进,既要有专业管理者和技术带头人,也要有基层先进模范,让不同专业、不同层级的员工都能享受到激励政策;形成老、中、青人才梯队,重视老年人经验,用好中年骨干,激发青年活力,让不同年龄段的员工都能发挥自身优势。最后,建立合理的内部人力资源流动机制。建立轮岗制,加强不同部门间的员工交流,培养具有综合素质的员工,破除惰性思维和惯性思维;做到能上能下,增强员工的危机意识和竞争意识。

4. 努力留住人才

首先,待遇留人。与地方政府合作,制定能产生较强吸引力的人才安置制度,如合理配置技术研发资源、职工子女教育资源、职工宿舍资源、职工医疗资源等,为优秀人才提供好的工作环境和工作条件;制定薪酬激励制度,确保业绩突出人才的薪酬高于行业平均水平且能够随业绩的提升而提升,考虑为核心骨干人才配置公司股权。其次,职业留人。尊重员工个人志向,为其配置适宜的工作岗位;制订员工培训计划,设立固定的外部培训基地,定期为员工提供学习和见习机会;将涨薪、升职、轮岗相结合，避免组织僵化，稳定员工职业预期。最后，文化留人。重视企业文化建设，定期开展丰富多彩的文娱体育活动，为符合条件的基层技术人才和管理人才提供旅游奖励，提升员工的归属感和获得感。

（九）拓宽融资渠道

融资模式属于要素资源配置，是企业筹集资金的方式，可分为直接融资和间接融资两类。顾名思义，直接融资是指不通过任何中介的融资，如债券融资、股票融资、合资合作、内部集资、民间借贷等；间接融资是通过中介的融资，包括银行等机构信贷、委托贷款、融资租赁、项目融资贷款等。其中，直接融资中的股票融资被称为权益性融资，以上提到的其余融资方式属于债务性融资。权益性融资出让企业的所有权，将改变股权结构和治理结构；债务性融资构成负债，需要支付融资成本。此外，企业的融资还包括项目融资和政策性融资。不同融资方式的条件不同，优缺点也不同，而且一种融资方式往往并不能满足企业的资金需求，因此每家企业都采用了多种融资方式。

1. 拓展股权融资

股权融资主要包括以下内容。①战略引资。企业可在集团层面出让部分股权，并与战略投资者共同组建子公司。②私募融资。企业在上市前，可发挥技术密集、乡村资源优质两大优势，吸引私募基金的股权投资。③股权转让。企业可出让子公司的股权，成为子公司的小股东，吸引财务投资者的资金注入。财务投资者可以获取投资收益，并在适宜的时间灵活退出。④股权收益权转让。企业可以与金融机构合作，受让股权的收益权，并在收益权转让期满后回购。购买方除了享有一定时间内的股权收益外，不享受其他权利，也不承担任何义务。⑤上市融资。上市融资是很多乡村振兴主导企业的发展目标。企业上市，其下设的子公司同样可以上市，主板、创业板、新三板均可考虑。⑥定向增发。企业上市后，可以向有限数量的投资者发行债券或股票等投资产品，实现资本定向募集。

2. 扩大债权融资

债权融资主要包括以下内容。①贷款。企业利用乡村土地资源，重点立足乡村振兴主题，申请银行贷款。②债券。企业的乡村振兴业务符合我国企业发行公司债券的相关规定，其中的一些具体业务如果符合国家相关支持政策，并具有较好的发展前景，可按照债券发行程序，与优质中介机构合作启动债券发行工作。③信托。企业可利用信托融资虽成本较高，但门槛低、选择面广、融资规模大的优势，与信托中介合作开展债权信托融资，并可在信托期满后溢价回购债权而获取收益。④债权转让与债务重组。企业将来如需延长还款期限，可与贷款银行或企业商议，接受贷款方或借款方将债权转让给第三方金融机构的债务重组方式。公司向第三方金融机构定期支付资金占用费，并于债务重组期满将与转让价格等值的资金一次性支付给第三方金融机构。贷款银行或借款企业将提前回收现金成本，公司可延长还款期限。债务重组的期限即银行还贷的延长期限。⑤售后回租式融资租赁。这是融资租赁的一种方式，具有手续简便、折旧期短、负债不计入资产负债表的优势。企业还可将园区的地下管线等设施设备资源卖给专业融资租赁公司，然后再回租，并每年支付租金。⑥银行承兑汇票贴现。企业在与银行合作之后，还可与银行签署《银行承兑协议》，将库存银行承兑汇票贴现，取得的资金归还利息支出。票据融资的成本低于中期银行贷款成本，因此这种方式可以减轻银行贷款的利息负担。⑦应收账款收益权转让。为提前回收现金，企业可与金融机构签署《应收账款买卖协议》，将未来的收益权卖出，如地方政府的支付费用等，并可在约定时间回购，以一定的融资成本提前回流现金。

3. 开展项目融资

项目融资主要包括以下内容。①资产支持证券（ABS）。企业可与金融机构合作，由金融机构对园区项目的资产进行组合式管理，如物业管理等，设计出"资产专项支持计划"，并在证券交易所挂牌上市，以专项支持计划募集的资金购买公司享有的资产收益权、债权等，将基于收益权、债权的收益作为支付专项支持计划的证券持有人本金及收益的来源。②基于园区基础设施特许经营权的融资，包括 BOT、BT、BTO、BOO、TOT、PPP 等。企业设立的开发子公司与地方政府、金融机构签署合作协议，负责乡村振兴园区的筹资与开发、建设及运营，在政府给予的长期基础设施特许经营权和收益权的基础上获得金融机构的融资支持。可以获得特许经营权和收益权的项目包括土地整理、公共设施建设和运营服务、物业服务，以及停车场、广告牌、加油站等的经营。

4. 争取政策融资

政策融资主要包括以下内容。①政府补贴。企业可积极争取中央政府和地方政府在农业技术创新、农村扶贫和乡村振兴等领域的相关补贴。②专项资金。企业可积极争取中央政府和地方政府针对中小企业设立的发展专项资金、进出口专项资金和农业科技成果转化专项资金等。③引导基金。企业可与地方政府设立的农业发展引导基金以及中央政府、地方政府设立的科技型中小企业技术创新引导基金等合作，共同设立产业投资基金。

（十）塑造特色品牌

提升品牌知名度是公司首要的战略举措，上文的几项提升都是建立在较好的品牌基础之上的。

1. 做好品牌设计

首先，统一产品品牌。企业名未必有较高的知名度，但一些农产品往往是当地的特色品种，有些已经具有一定的区域品牌知名度。因此，企业可打好产品区域品牌这张牌，将区域品牌与产品品牌、服务品牌有机融合。其次，设计品牌。企业可与专业品牌设计机构合作，设计出统一的品牌标识，体现果品的区域特色。再次，注册品牌。企业尽快完成品牌的注册工作，包括商标注册、标识注册、包装注册、网络 LOGO 注册等，保护好自有产权。最后，赋能品牌。一方面，企业可在品牌设计中充分体现乡村的文化元素，并将品牌宣传纳入企业文化宣传体系中，以简练的符号化的品牌提升内部员工和外部利益相关者对企业文化的认知度和认同感；另一方面，企业可考虑赋予品牌以"高端、绿色、专业、标准、诚信"等积极向上的内涵。对此，可借鉴陕西富平、"褚橙"和"好想你"的品牌设计经验。陕西富平积极实施品牌战略见专栏 14-3，消费者对"褚橙"品牌有较高的认同度见专栏 14-4，"好想你"品牌赋能企业多元化发展见专栏 14-5。

专栏 14-3 陕西富平积极实施品牌战略

陕西省渭南市富平县取"富庶太平"之意而得名，拥有全国知名的柿子、苹果等农业资源和历史古迹、自然风光相结合的旅游资源。

富平的优势乡村资源分别由不同的主体开发，富平积极引导企业实施品牌战略。一是积极申报省级旅游特色名镇，助力地区旅游业发展。紧扣乡村振兴战略主题，以创建全域旅游示范县为抓手，积极组织区内有条件的镇（村）开展 2018 年省级旅游特色名镇的申报工作，并提供具体的政策支持。二是挖掘当地柿子品牌价值。富平的柿子是中国国家地理标志产品，富平对柿子品牌价值的挖掘从技术和产品两方面入手。在技术方面，注重宣传"一个村庄祖传的手艺"，融入当地柿子品质特色，形成"呆柿饼"手艺品牌，助力本地柿子加工产品实现品牌化发展；在产品方面，由武岳峰创办的农业电商企业富平县壹柿情缘柿业有限公司申请注册"一柿情缘"商标，将企业品牌和产品（服务）品牌相统一，从柿饼向相关文创产品延伸。

专栏 14-4 消费者对"褚橙"品牌有较高的认同度

"褚橙"非常重视橙子的口感，从种植到配送的整个环节都以产品质量为重，其中包含很多项技术创新。"褚橙"为消费者提供了口感极佳的橙子，并将技术创新的真实故事和企业理念讲给消费者听。消费者逐渐接受了"褚橙"的高端定位，并高度认同产品的新鲜品质。此后，"褚橙"相继开发了一系列产品，如褚柑、实建橙等，这些产品得益于消费者对品牌的认同度而取得了较好的销售业绩。例如"实建橙"不再姓"褚"，只是在推向市场时采用了"褚橙领鲜版"的宣传语，因与"褚橙"品牌一脉相承而在较短时间内得到了市场的认可。"实建橙"利用与

"褚橙"相同的销售渠道，在一天多时间内，取得网络销售收入 500 万元的佳绩。

专栏 14 - 5　"好想你"品牌赋能企业多元化发展

好想你枣业股份有限公司始创于 1992 年，从 1998 年开始打造"好想你"品牌。一是挖掘本地枣资源优势，让更多的消费者认识、接受、相信企业的红枣；二是开发特色红枣加工产品，让"好想你"枣产品有更多的受众，走向全球；三是举办接地气的全国性活动，让"好想你"品牌承载情感表达的使命，拉近与消费者之间的距离；四是线上线下拓展销售渠道，让"好想你"标识随处可见。在上海社会科学院发布的中国农业上市公司品牌指数排名中，"好想你"以 70 亿元的品牌价值位列第 5 名。

"好想你"产品知名度的提升有效促进了企业的发展。2017 年，好想你枣业股份有限公司成功升级为好想你健康食品股份有限公司，标志着企业已经走上了业务多元化的发展路径，形成了枣产品与健康服务的输出组合。

---

2. 宣传推广品牌

首先，设计出朗朗上口的宣传语，引起消费者的内心共鸣，让企业的产品和服务衍生出生动的生活内涵。其次，在企业、产品、服务、园区等所有标识以及路标、媒体等所有广告上打出宣传口号。最后，围绕产品主题、乡村振兴主线，举办主题宣传活动，包括旅游探险、园区康健等。

3. 维护品牌形象

第一，严把产品和服务质量关，与质量管理单位、科研机构和协会等合作，设立企业内部生产和管理标准以及园区服务和运营标准。第二，树立良好的社会形象，积极承担企业社会责任，在守法经营的同时开展传统文化以及扶贫公益、慈善活动，展示正能量。第三，持续创新，不断推出系列产品和服务，以适应市场快速升级的消费需求。第四，加强品牌管理，对加盟商、供应商、电商平台、配套服务商等严格监督，及时纠正品牌偏差。第五，重视售后服务和危机公关，尊重每一位消费者，不因小事酿大错。

（十一）加强内部管理

主导企业走多元化、集团化道路需要转变制度粗放、形式传统、手段单一的现状，走一条精细化、现代化、特色化的管理之路。

1. 开展标杆管理

首先是标杆选取。企业在业务体系中可重点选择 1～2 项关键业务，开展标杆管理。其次是对标。企业需要建立一套指标体系，将自身的情况与标杆比对，查找出与标杆的差距以及主要的薄弱环节。最后是改进与提升。对标的目的在于追赶，甚至是超越。企业可根据对标的结果，改正错误、弥补不足、提升能力。具体而言，可从股权、治理和盈利的制度层面不断调整，从资本和人才两大要素层面不断优化，从品牌、管理等措施层面不断改进。

2. 强化精细化管理

首先，农产品和果品的种植与加工技术管理要做到精细，越精细越好，最好是在每一道工序、每一个环节都实现科学量化，只有这样才能确保产品品质优良、标准且独特，正所谓"细节决定成败"。其次，强化精细管理的内部宣讲，树立科学管理理念，转变粗放生产、运营和管理的现状。再次，全面升级软硬件系统，加载先进的办公、财务、营销等管理软件，形成内部信息化管理平台，配置自动化、智能化的制造、检测、监控和追踪设备。最后，形成持续改善的工匠文化，建立一个鼓励员工做好身边事的平台，引导员工通过小创新、小变革不断提升工作效率。"褚橙"实施精细化团队协作管理见专栏 14－6。

专栏 14－6　"褚橙"实施精细化团队协作管理

精细化团队协作的内涵在于：从事橙子种植的是一家家农户，种植的技术、行为、习惯、土壤等千差万别。"褚橙"成立种植作业团队，通过专业化分工规范具体作业，实现管理的精细化，解决了产品的标准化

难题。

一是明确管理的权利和责任。"褚橙"把每30亩果园作为1个单元，由1户农户2个劳动力管理。20个单元为1个组，2个组为1个作业示范片区。1个组配备2名技术员。这种办法精简了管理单位，便于精细化管理。

二是形成层次分明的种植管理团队。在管理层级上，"褚橙"也做了明确划分，公司的高层管理者分管作业区；作业长是作业区的主要管理者，负责该作业区的技术和管理工作；作业长下设助理作业长，负责技术落实和农户管理；农户是最基层的作业单位，至少由2个劳动力组成。这样就形成了"高层管理者—作业长—助理作业长—农户"的管理团队。

三是统一团队的规范和标准。每一个团队内部开展的是协同作业，每一个层次之间都有明确的专业化分工，服从"褚橙"的统一制度，包括标准化的流程和工艺。"褚橙"对种植的每一道工序的管理也因此极为精细。

四是建立标准考核制度。在常年的观察记录中累积数据，能量化的尽量量化，让数据说话；标准不能定得太高，要让农户通过精细化管理都能达到要求；具体方案要通俗易懂。

3. 探索特色化管理

首先，深挖独特资源优势。企业的优势有共性特征，也有个性特色。共性特征包括远近闻名的地域品牌柿子、苹果等水果产品，历史文化和民间艺术、传说，以及乡村山水风光等；个性特色主要包括本地或邻近地区的文化基因，等等。企业要深度挖掘并激活个性特色，以此升华品牌内涵，融入园区项目，开发视听文化，发挥好文化的正能量。其次，探索最适宜的管理方式。先进经验经过了实践的检验，但未必适合全套照搬。企业应根据自身的实际情况、当地的风土人情和种植条件，探索出一套适合自身发展的特色化管理办法。

4.加强自我管理

首先，培养员工的创新思维，不仅要鼓励关键种植、加工技术创新，而且要通过激励性的企业制度鼓励员工针对身边的小缺陷、小不足、小浪费，提出小创新和小改进的解决方案，提高工作效率。其次，唤醒员工的危机意识，让员工意识到果品市场、旅游市场竞争的激烈程度，正确评价企业当前的市场竞争力，从而让员工树立危机意识，保持工作进取心、学习进取心。再次，保持管理的灵活性，在实施标准化、精细化的过程中避免制度僵化，在职责设计时也要充分放权，让员工得到充分的锻炼，在锻炼中快速成长。最后，促进团队学习，通过团队内的专业化分工带动整体进步。

（十二）严格控制风险

企业在未来的发展中会遇到各种各样的风险，做好风险管控是根本。

1.做好决策风险控制

首先，梳理风险点。一是决策风险。决策层将面临一系列重大事项的决策，包括投资决策、战略投资者引进决策、业务定位决策、园区选择决策等，每一项决策都面临不确定性的挑战。二是创新风险。在加工技术研发、旅游项目技术研发方面面临失败风险。三是建设风险。在园区规划、开发和建设过程中面临一系列风险，包括工程安全风险、建设质量风险、建设环保风险、工程腐败风险等。同时，在企业运营过程中还面临产品质量风险、企业财务风险、债务风险、市场风险、加盟商风险、运营环保风险、运营腐败风险等。四是政策风险。国家产业政策、金融政策、产品标准、土地政策等的变化会带来一系列风险。其次，提高决策团队素质。优化股权结构和治理结构，引进战略投资者和独立董事，设立专业委员会和专业小组，培育一支具有开放视野、先进理念、专业背景、爱企精神的决策团队，将企业家权威与团队智慧有机结合，提高决策的质量。可考虑设立决策支持机构，赋予其在全球范围内集成经济趋势、行业信息、技术前沿和政策解读的职责，为科学决策提供市场依据。再次，提升管理制度化、信息化水平。完善企业的各项规章制度，涵盖决策、开发、建设、运营、研发、生产、销售等所有环节，严格按照制度办事，形成内部的有效制衡；建立审计体系，将公司内部审计与外部审计相结合，将集团审计与子公司审计相联通，堵住风险漏洞；建立企业信息化系统，涵盖财务、采购、销售、办公四大关键环节，打通信息孤岛，做到及时发现、及时报警。最后，建立决策纠偏机制。发现决策风险之后及时启动纠偏程序，最大限度地减少决策风险损失。

2. 加强市场风险控制

第一，利用全覆盖的信息管理系统，实时监测市场动态和企业运营情况，及时捕捉内部管理漏洞和外部市场波动，以快速反应制胜。第二，与乡村合作社、村委会和村集体建立长期的基于股权纽带的合作共赢模式，借助乡村中介机构的资源整合力弥补分散生产、小规模经营的弊端。第三，建立资本投资体制，成立投资公司，与战略合作者共担投资风险。第四，加强园区的平台监管，开发园区运营管理信息系统，形成入园企业的良性发展互动。第五，规模适度发展，不突破企业的管理极限。

3. 重视政策风险控制

首先，提升项目规划水准，不脱离乡村振兴主线，做到高起点、高科技、高标准。其次，严格执行项目开发的各项法律法规和规章制度，做到依法、守法。再次，建立高于国家标准、行业标准、区域标准的企业内部产品标准和旅游、康养服务标准，不存应付监管的侥幸心理。最后，始终以消费需求为核心，坚持市场导向，弱化行政依赖，满足市场对果产品和旅游、康养、文化服务的需求，同时以符合时代潮流的新型产品和服务引领市场升级。

4. 严抓质量风险控制

首先，以质量目标为核心，从作业开始，立足种植、加工和配送一条龙产业链的关键技术环节建立一个上至高管、下至农户的团队协作量化指标体系，以此为依据开展科学考核。其次，依托现代信息技术，建立产品质量安全可追溯机制。最后，在母公司设立标准化和质量管理部门，严格对子公司、孙公司的质量管理，形成集团统一的质量管理体系。

5. 规范资金风险控制

第一，完善内部的资金管理体系，包括财务、预算、结算，严格依法依规行事。第二，实施信息监管。利用全覆盖的信息管理系统，实时监测企业运营资金流，及时捕捉内部管理漏洞和外部市场波动，以快速反应制胜。第三，做足投资前的市场调研，实现科学投资决策，以分散风险。公司需进行充分的市场调研，判断市场需求与发展前景，使技术产品与市场需求相匹配；投资可采取组合投资、联合投资、分阶段投资和限额投资等多元化投资策略；对于风险较大、资金需求量较大的项目，公司可以与其他投资机构或个人进行联合投资，同时采用"创业期＋成长期""技术研发类＋制造类＋节能环保服务类"等多种组合的投资形式有效降低市场风险。第四，做好投后管理。对投后的项目要及时跟踪其最新发展状态，为项目发展提供必要的支持；对出现潜在风险的项目，要及时做好资产保全工作；对已经出险的项目，要及时做好风险资产处置。第五，择机退出。公司需综合考虑投资企业的绩效、管理团队、产品技术以及基金自身的投资期限、资金来源、融资要求，确定最优退出时机。更为关键的是，公司要积极拓展多种退出渠道，综合利用实控人股权回购、股权转让、清算退出等渠道，降低单一退出方式退出受阻带来的风险。

（本章执笔：周健奇）

第十五章
积极探索乡村振兴的五种模式

一 优势企业引领乡村振兴的模式

（一）优势企业引领乡村振兴的特点

针对传统乡村缺乏带动龙头、发展骨干，或者有带动主体但带动能力不足等问题，应突出市场、企业的主体作用，强化区域一体化、特色产业联动。以"优势企业 +"为核心理念，实施优势企业带领农民、协助政府、带动乡村一体化发展，激发持续动力，提升特色产业，改善环境质量，优化乡村治理，传承传统文化，创新基于地理空间的政府、企业、村庄、农民融合分工的新模式。

基于"三大发动机"[①] 经济发展动力理论，优势企业主导下的乡村产业结构优化的实质是"分工深化"，是"发展取决于效率提高，效率提高取决于分工深化"的落地实践，是对优势企业作为乡村振兴"随行加油器"价值的强化。

1. 企业产值占比高

优势企业核心产业与属地主导产业高度吻合，企业产值占当地产值比重高，就业人数占当地劳动力比重高。

---

① 李佐军主编《发展绿色新动能经济——中国发展动力研究报告系列三》，社会科学文献出版社，2018，第 21 ~ 25 页。

2. 综合带动能力强

企业掌握产业链的核心环节，能够对当地特色产业的品牌打造、品质保障、规模扩大以及市场竞争力提升起到关键作用，为本地产业及区域综合发展提供持续动力。

3. 产品本地属性强

企业依托属地的原生资源、特色资源实现发展，产品具有属地化 IP 特性，是区域品牌产品的核心支撑，在某种程度上可作为"地方代言人"。

4. 社会责任感强

企业自身具有较强的社会责任感，与所属区域呈现一体化发展格局，与所在区域的村庄、乡镇以及社会发展相辅相成，广泛参与社会公共事业的建设。

5. 政企互动广度深

在项目属地的广泛区域及特定区域，优势企业与当地政府、乡村、村民围绕乡村振兴，互动合作的空间巨大，共建共享态势明显。

（二）优势企业引领乡村振兴的内容

优势企业引领乡村振兴的内容可概括为"优势企业引领 + 特色产业主导 + 全域空间统筹 + 科技创新驱动 + 优美环境支撑 + 共享共治保障"。其中，优势企业引领、特色产业主导是基础动力，科技创新驱动、共享共治保障是驱动力，全域空间统筹、优美环境支撑是重要保障。

1. 优势企业引领

优势企业是"发动机"，能够对所在区域实现深度融合、广泛带动。主要体现在：引领地方及乡村特色产业发展；引领产品市场及要素市场创建；引领人才下乡、外出青年返乡；引领当地传统文化产业化繁荣、有机化传承；引领当地生态环境、居住条件、基础设施全面提升。

2. 特色产业主导

优势企业的特色产业是企业、乡村、村民协同发展、共同致富的关键载体，具有主导作用。特别是与农业（农林牧渔）、文化产业、旅游产业的充分融合，将带动乡村区域健康、娱乐、教育等相关产业依次发展。优势企业将主导特色产业产、供、销一体化发展，深度撬动土地、金融、项目多层面递进发展。

3. 全域空间统筹

空间统筹是实现区域一体化的重要基础，主要以产业链、生态链为线索和抓手，以区域产业协同发展为目的。重点体现在统筹内部空间协作、统筹内外基础设施对接、统筹区域生态融合等。

4. 科技创新驱动

科技创新是实现企业、产业持续发展的根本动力，要充分依托优势企业自身科研投入，围绕核心产业培育新技术、新工艺，加强与外部机构的合作和技术转化，驱动形成企业及地方的新产业、新业态、新模式。

5. 优美环境支撑

依托优势企业，推动更高质量、更高效率的生态绿色发展，重点针对产业、乡村、自然生态、能源能耗等，通过"降耗、减排、止损、增绿"[①]四大行动，实现乡村生态宜居、绿色发展的目标。

6. 共享共治保障

针对地域产业、核心技术、乡村治理、社会公共服务四个方面，以"共享农庄""共享设施""共享田园"为抓手和形式，构建"企业＋政府＋园区＋协会＋高校"等多元主体参与的共享共治格局。

（三）优势企业引领乡村振兴模式的适用条件

1. 区位交通条件较好

邻近区域中心城市，邻近主要消费市场和要素提供市场；项目所在地近程拥有机场、高铁、高速公路、国道、省道等交通枢纽和通道，能够实

---

① 降耗，降低资源能源消耗；减排，减少"三废"和二氧化碳等排放；止损，阻止或减少生态环境损害；增绿，增加绿色生态空间。参见李佐军主编《发展绿色新动能经济——中国发展动力研究报告系列三》，社会科学文献出版社，2018，第16～17页。

现企业主体更大范围的互联互通，在更大范围内实现发展，有效降低通勤、物流等成本，有利于实现优势企业的培育和落地，促进企业的可持续发展。

2. 具有一定的特色资源

特色资源主要包括产业资源（农产品、矿产、生态文化旅游资源）、要素资源（土地、人力、能源资源）等，在小区域具有一定的代表性，在大区域具有独特性和竞争力，特别是不可移动资源，是支撑企业特色及培育核心优势的资源。

3. 拥有优秀的企业家

优秀的企业家需具备两方面素质：首先是具有较强的企业经营能力，能够带领企业实现持续发展；其次是对企业所处的区域和乡村具有真诚的带动意愿和公益心，尤以本土成长或长期居住的企业家为典型。

4. 政策及营商环境好

主要反映在当地政府能够给予属地企业和产业较为规范、有针对性的支撑政策（土地、资金、人才、产业等方面），具备高效的行政服务能力，促使企业有意愿、有动力、有效益留在当地并服务"三农"。

5. 产业融合度高

首先，在距离项目所在地一定范围内，围绕企业核心产品产业链，能够或者已经集聚上下游关键环节的产业基地、协同企业等，通过相互助力，打造产业闭环；其次，周边区域跨界产业具有一定基础，关联产业的拓展空间大、融合度高。

（四）优势企业引领乡村振兴的关键举措

1. 制定协同发展规划

以企业为主体，立足核心优势（产业、资金、人才、土地等）、地方特色（产业、土地、人力等），基于产业，制定涵盖企业和地方多元主体的协同发展规划，延展优势产业，弥补要素短板，完善设施，拓展市场，实现共同发展、共同富裕。

2. 建立多方协作机制

围绕核心产业链、乡村价值链，构建以企业和政府为双龙头、以乡村为主体，涵盖科研机构（院校）、产业园区、社会组织等多元主体的协作机制，创新常设型机构及动态协调机制。

3. 争取政策支持

强化乡村振兴总体目标导向和优势企业主体作用，争取所在地省、市、县层面，针对区域基础设施、环境整治、资金保障、土地利用、机制配套等方面的政策支持，最大限度地提升企业竞争力和企村融合度。

4. 整合要素资源

立足区位、空间、产业、人员等优势，发挥企业主体平台效用，围绕市场导入、要素集聚、区域合作三个方面整合多元资源，特别是政府引导的土地、资金、人才等基础要素。

5. 企业自我提升

企业是核心主体，是龙头，企业的自我提升关系到优势企业引领乡村振兴模式的成功与可持续，打造创新型企业、具有完善机制的企业乃至国际化企业尤为关键。其中，创新型企业是具有创新意识和能力，能够培育壮大地方新动能、促进产业转型升级的企业；具有完善机制的企业是指能够形成以股权激励为基础的组织和业务架构的企业。对企业来说，完善的机制能够保障企业实现高增长，关系到企业自身的健康持续发展。[①]

（五）优势企业引领乡村振兴的案例启示

案例：保定茂源果品股份有限公司

1. 基本情况

保定茂源果品股份有限公司（以下简称茂源果品）位于易县独乐乡中独乐村，是保定市农业产业化重点龙头企业、国家扶贫企业、保定市扶贫

---

① 李佐军主编《发展绿色新动能经济——中国发展动力研究报告系列三》，社会科学文献出版社，2018，第55～56页。

龙头企业。公司带头人郭贺成是土生土长的独乐乡人，在乡党委、乡政府的大力支持下，他带领村民创新思路、改良品种、提升技术、延伸产业、拓展市场、细化管理，闯出了一条带领村民脱贫致富的好路子。2017年茂源果品被保定市政府列为"太行山农业创新驿站"，2018年被易县政府列为"双创双服"单位。保定茂源果品股份有限公司厂区见图15-1。

图15-1 保定茂源果品股份有限公司厂区

茂源果品是一家集林果种植、畜牧养殖、果品深加工、错季果品销售、有机肥料制造于一体的综合性、现代化公司，实现了经济效益、社会效益和生态效益的共赢。

2. 主要做法

持续强化优势产业及泛"农旅"产业链。茂源果品立足具有太行山易县地域优势的柿子、苹果、中华寿桃等传统优势品种，通过科技投入、设施建设、校企合作、产业链延伸等多种方法，形成了以磨盘柿为核心的"产供销"一条龙、"贸工农"一体化、"三次产业"融合发展的良好格局。积极融合区域生态、旅游、乡村资源，强化农旅融合的产业链培育。保定茂源果品股份有限公司核心产品见图15-2。

图15-2 保定茂源果品股份有限公司核心产品（冰柿、柿饼、草莓）

推动企业、园区与乡村一体化发展。茂源果品以产业提升为核心，构建"公司+政府+园区+协会+高校+农户"的运营模式，真正实现企业厂区、政府园区、乡村的一体化发展，发挥主体优势，共建共享，以空间优化和产业培育为抓手，实现优势企业引领的全方位对接五大振兴的乡村振兴。

扶持本土企业家，构建命运共同体。独乐乡围绕以茂源果品带头人郭贺成为核心的本土企业家，久久为功，构建了"果旅温养产业链"。① 通过扶持本土企业家实现了政府扶持和乡土建设的高效链接，有效解决了乡村振兴发展中的诸多问题，使"三农"及扶贫支持政策落到实处，打造了真正意义上的以市场为导向、以乡村振兴为目的的命运共同体。

3.重要启示

龙头企业是培育乡村振兴新动力的引擎。以茂源果品为代表的区域型涉农龙头企业，是提速乡村振兴的新引擎。企业引领乡村产业升级的动力，是参与市场竞争的主题，是融合资源的枢纽，是培育和吸引新农民的平台，所以应在政策、资金、人才、土地等多方面积极扶持龙头企业，提升龙头企业的带动性。

优势产业是促进乡村振兴绿色发展的基础。确定具有地域特色、延展性强、参与度高的优势产业，特别是农林果产业，是实现乡村绿色发展、"一农带多业"的基础。

融合机制是实现多方协同发展的保障。乡村振兴涉及面广，而企业以参与市场化竞争为主要功能，高效的协同发展融合机制是最大限度发挥各方效能的关键，特别要强化建立企业主体引领、政府政策支持、院校科技支撑、农民要素参与的机制。

二　金融创新引领乡村振兴的模式

（一）金融创新引领乡村振兴的特点

强化资金作为乡村振兴的基本动力，突出金融创新对其他要素盘活、

---

① "果旅温养产业链"是以柿子为核心品种的果品产业链，是以休闲农业、特色民宿、旅游服务为代表的泛旅游产业链，是以温泉为特色的康养产业。

资源配置的引导作用。以利益共享、风险共担为原则，引导金融资源向具有增长潜力的"三农"领域倾斜，配置适应乡村的投资制度，引导资本对接实体经济，促进农业全面升级、农村全面进步和农民全面发展。

以产业基金、投资基金为主要形式，作为平台和桥梁，实现土地、劳动力、技术、资源等生产要素的集聚和创新，将更多金融资源配置到农村经济社会发展的重点领域和薄弱环节，更好地满足乡村振兴多样化的金融需求，促进和加速主要生产要素"质的提升"。

1. 资金作为引领要素

资金、金融是此类项目运营的引领性因素。在其参与的乡村振兴项目的类型、周期、机制、特点等方面与资金属性、资金阶段呈现明显的正相关关系，特别是对于专项产业资金而言。

2. 金融公司作为融资平台

金融公司（基金公司）是项目的投融资平台和操作主体，是资金与项目的对接平台；平台公司以资金效益为主要衡量标准，与项目公益性的关联性较弱。

3. 土地与资金紧密结合

基于资金安全性和快速回收的要求，资金与土地、建筑等实物资源的相关性较强；在某种条件下，资金与土地直接关联，同时与其他方面实现融合发展。

4. 高端人才发挥关键作用

基于金融产品的专业性以及与"三农"事业融合的创新性，此类项目涉及基金、银行、证券、保险、融资融券以及具体产业、专业等多方面。因此，具有金融和细分领域专业知识的高素质人才、跨界人才在此模式中承担并发挥关键作用。

5. 项目周期明显

资本、基金有明显的"选、投、管、退"等阶段性任务，所参与的乡村振兴项目的生命周期相对明显，在某些方面缺乏长期稳定性。

（二）金融创新引领乡村振兴的内容

金融创新引领乡村振兴的内容可概括为"金融创新引领 + 特色产业主导 + 重点乡村突破 + 科技创新驱动 + 绿色发展统筹 + 共享共治保障"。其中，金融创新引领是核心特征，特色产业主导是持续发展动力，科技创新驱动、共享共治保障是重要驱动力，重点乡村突破和绿色发展统筹是带动乡村振兴的具体抓手及重要保障。

1. 金融创新引领

多渠道整合政策资源和社会资金，以股权投资、农业保险金融、供应链金融等系列金融产品为纽带和桥梁，驱动乡村产业，盘活乡村土地（宅基地、农用地、四荒地等），吸引多元主体（联合社会各界），链接多层次资本市场，推动农村产业、生态项目落地。

2. 特色产业主导

特色产业是吸引资金、保障收益的基础，是金融、资金植入乡村振兴的最佳通道和创新载体，是金融创新引领乡村振兴的孵化器、传导器。应大力发展具有属地特色的农业种植业、农业科技产业、乡村旅游产业、乡村民宿产业、文化创意产业、康养旅游产业等。资金与产业相伴相生，没有特色产业，资金将失去保值增值的土壤。

3. 重点乡村突破

重点乡村是吸引资金的基础单元，能够为金融资金提供产业依托（产业资源）和要素支撑（土地、劳动力）。重点乡村应积极引入产业发展基金，大力推动以乡村有效资源为载体的产业发展，不断扩大产业融资范围，不断优化组织结构布局，不断拓展项目投资领域，不断创新土地经营模式。重点乡村具备的条件见专栏 15 – 1。

专栏 15 – 1　重点乡村具备的条件

基础条件相对优良。区位交通便捷，天然资源（空气、水、土地等

自然资源和旅游资源）良好。

具有独特的产业基础。在产业特色、产业规模、产业可塑性（延展性）等方面，具有一定的独特性和承载力；已经形成一定规模的产业主体、龙头大户；具有一定的集体经济实力。

土地集中且空间大。土地资源集中，具有弹性较大的空间承载力，土地性质限制较小；土地价值相对较高，能够实现短期的土地金融平衡；对周边区域的带动性和融合度高。

体制机制和谐高效。村"两委"团结高效，村庄社会融合度高，经济发展动能较足，高素质村民占比较高。

4. 科技创新驱动

全方位树立创新意识，加大科技创新投入，不断加强与农业、文旅、金融、生态等多方向院校及科研院所的合作，围绕项目所在区域特色产业的经营链、要素链和产业链，加快科技创新，驱动形成新技术、新模式、新产业、新业态，同时强化"产业＋科技＋金融"的重要手段，不断加大资金对新技术、新模式、新产业、新业态的支持力度。

5. 绿色发展统筹

发挥金融、基金的引领作用，撬动乡村产业绿色发展、低碳发展和循环发展，通过"降耗、减排、止损、增绿"四大行动助力美丽乡村建设，营造生态宜居大环境，加快推动乡村振兴高质量绿色发展。

6. 共享共治保障

强化金融创新、基金引领，通过组织机制、风险控制（含金融保险创新）、农村资产证券化（土地、稳定农产品）等手段，广泛吸纳并发挥农民的主体作用，充分调动其积极性和主动性。通过金融产品引导和驱动建设共享小镇、共享田园、共享农庄、共享乡村、共享设施，从而以金融化、市场化、基金化等手段，实现创新型乡村共享共治。

（三）金融创新引领乡村振兴模式的适用条件

1. 紧靠经济中心城市

邻近中心城市或者经济发达主体，交通便捷高效，近程拥有机场、高铁、高速公路、国道、省道等交通枢纽和通道；为提升乡村空间价值、土地价值，保障乡村产业广泛拓展、健康发展提供基础支撑。

2. 金融产业相对发达

项目所在地城市拥有相对集中的银行、基金、证券、期货等金融机构；能够集聚吸引金融及相关专业人才，能够得到充足的资金支持，对创新型金融产品的接受程度较高，确保此模式顺利落地实践。

3. 产业基础较好

泛农业、文旅、康养等主体产业基础好，资源相对优质，房地产、金融等资产经营类产业相对完善，物流、科技、商业、文创、服务业等配套产业具有一定基础，因而保障了基础产业、要素产业能够被设计为乡村振兴相关金融产品，构筑资产价值集聚基础。

4. 土地抵押方便

项目所在地区域乡村土地产权清晰，邻近区域核心和中心城市（近郊区域），城市化率相对较高，农村宅基地及农业用地存在一定比例的空置；土地评估、抵押、交易、流通市场相对健全。

5. 政府调控能力强

政府及监管机构的金融综合服务能力与创新能力强；政府金融和债务管理、风险控制能力强；政府拥有市场化参与主体机构，能够更加主动地参与到金融创新引领乡村振兴模式中，实现高效协调发展，并严控金融风险的发生。

（四）金融创新引领乡村振兴的关键举措

1. 搭建专业化金融平台

首先，组建专业金融团队，包括金融类（银行、基金、证券等）、产业投资类（农业、文旅、教育、康养、城市开发等）；其次，组合有实力的股东，给予充足的资金支持，开辟风投、私募等形式的创新融资渠道；最后，积极探索多样化的金融工具、创新性证券产品。

2. 争取政府支持和信用保障

强化政府或政府平台公司的全程参与，特别是在土地整理、金融产品设计、产业协同发展、村民教育等方面提供支持和信用保障，实现短周期、高收益和低风险，更为关键的是形成金融公司、产业项目、村民之间的信任联系与高效协同。

3. 推进和创新产融结合

设计清晰、易操作的金融产品类型和项目库；设立具有清晰投资方向的产业基金及专项重点建设基金，以市场化运作母基金的方式撬动社会资本促进当地中小企业、农业大户的发展，实现核心产业的持续发展。

4. 解决好融资抵押担保

以严控风险为前提，通过出台具体的政策，明晰"政府职能部门、银行、产融平台"参与的产融产品目录、标的目录及操作流程，并成立监控监管部门。

5. 集聚多元专业人才

结合项目所在地特征，各参与主体集聚包括监管、银行、基金、证券、农业、文旅、城市开发等多方面的专业人才；持续推动对政府主管领导及部门人员、村民的教育工作。

（五）金融创新引领乡村振兴的案例启示

案例：广州增城乡村振兴产业基金

1. 基本情况

广州增城乡村振兴产业基金总规模为 50 亿元，首期 5 亿元，创新地采用公司制独立法人模式进行运作管理。基金平台具有综合赋能功能，集聚相关产业、政策、人才资源优势，多方位向企业导入所需资源，为企业提供从孵化到退出全闭环式的综合赋能服务。该基金坚持"产融双栖"战略，即以"产业+金融"双轮驱动的产融互动。广州增城乡村振兴产业基金力争在五年内实现基金管理规模、资产管理规模过百亿元的"双百计划",聚焦乡村振兴产业各类资源,打造乡村振兴产业区域领先、具备全国示范性的"乡村产融示范平台"。

2. 主要做法

构建金融驱动的产业链。广州增城乡村振兴产业基金立足金融优势,以市场竞争为导向,以金融为驱动要素,实现对土地整理、乡村更新、特色小镇、绿新综合体(田园综合体)的高效开发,优先解决资金、土地等核心要素,促进项目走上快速发展通道,满足资金退出基本条件。

建立专业化协作机制。广州增城乡村振兴产业基金发挥乡村产融基金运营商的功能,优化"领导层+执行层+支持层"大团队配置,设立了"金融服务""乡村更新""产业运营"等事业部,形成了"乡实""乡源""乡丰"等细分子公司;在团队人员配置上,加强金融、银行、证券、科技等专业领域的组合。

选择某一领域龙头企业进行深度合作。广州增城乡村振兴产业基金立足自身业务定位,强化项目导向和综合效益,选择深圳诺普信农化股份有限公司、广州市金洋水产养殖有限公司、华商教育集团、安曙达物流有限公司等优势企业,在农业科技、旅游开发、教育培训、冷链物流等方面进行专业化、深度合作。

3. 重要启示

强化乡村振兴链条的金融化分解。以金融、资金为核心要素,对高效、高质推动乡村振兴至关重要。应充分对接资金、引入资金,用现代化的金融制度、手段助力乡村振兴。用充足的资金和专业的机构协调外部主体、放大资源优势,从而实现快速发展。

探索打造泛乡村振兴优质项目。扩大金融、资金的内在规模,围绕乡村振兴的产业类优质项目,为资金的进入、运营、退出构建载体,实现共建共赢。重点针对高科技农业、农业互联网、休闲农业、生态康养、物流运输以及乡村更新等项目方向。

加强多维度、多层面的协同合作。资金作为基础要素，金融是重要手段，也是与乡村振兴融合发展的新兴领域。由于乡村类型、项目类型等不同，因此应加强乡村、政府、企业、基金主体、专业化协同公司、行业组织、行业协会、高层次智囊智库等各方的协同发展。

三 土地创新引领乡村振兴的模式

（一）土地创新引领乡村振兴的特点

土地是"乡村振兴"最基础的要素，是激发"三农"活力最核心的因素之一。广大乡村应把握"三权分置"的政策机遇，以土地整合、土地资产化、土地使用高效化为方向，以土地为抓手，推动产业发展、资金导入、机制优化等，从而实现乡村振兴的可持续、高质量发展。

土地"三权分置"制度及土地利用方式的创新，将深刻改变"农民身份、资产关系、产业布局、环境基地"，将拓展"乡村振兴"要素及渠道的内涵与外延，提升效率，从而培育新动能、明确新路线、支撑新布局、优化新环境、促进新行动。

1. 土地作为核心引领要素

土地作为核心引领要素，构筑了"乡村振兴"产业发展、制度落地、农民及企业参与的基础。特别是对于土地创新引领乡村振兴模式，基于土地"三权分置"制度，应具备现代产业（大规模机械化、科技农业、非农产业）平台、资产资本纽带（乡村土地资产化）、身份转化保障等功能。

2. 产业发展对土地的依赖度高

一是核心产业发展有赖于土地要素的集聚，现代产业普遍具有大规模、机械化（智能化）、单一化等特征，如现代农业；二是有赖于土地产权制度的创新，项目的开发需要乡村建设用地的市场化经营，如依托村庄宅基地的乡村民宿、康养项目等。

3. 土地制度创新是基础

土地制度的创新，特别是"三权分置"与项目实际相结合的创新，能够实现土地集聚、土地资产化（证券化）、权益保障，从而实现高效利用、吸纳各方主体，是土地创新引领乡村振兴模式赖以存在和发展的基础。

4. 农民发挥关键作用

土地作为农民最基本的生产资料，关系到乡村振兴、生活富裕的真正实现。农民主体的接受程度、参与程度、协同程度，关系到土地创新的可行性。其中，农民的参与方式、收益保障方式、协同发展机制成为土地创新引领乡村振兴模式成功与否的关键。

5. 多方协作成常态

土地创新引领乡村振兴模式涉及政府、村集体、农民、企业、金融保险等多方主体，协同发展是可持续发展的必要条件，要避免出现单一要素强力推动的局面。

（二）土地创新引领乡村振兴的内容

土地创新引领乡村振兴的内容可概括为"地制创新引领+农业科技驱动+规模农业主导+土地资金联动+政企村农共建+全球市场支撑"。

1. 地制创新引领

探索关于农用地、宅基地"三权分置"的改革路径，有效放大土地效益和价值，为多元主体参与乡村振兴提供制度保障。农用地及宅基地"三权分置"见图15－3。

提升土地效率和效益是践行乡村振兴的主要途径之一，以土地托管为特征模式，将有效实现集约化、高效化发展。主要手段包括土地托管所衍生的统一规划、科技投入、规模化经营等，具体形式包括土地流转、土地资产证券化、土地托管等。

2. 农业科技驱动

提升土地价值、培育高效农业、拓展多样产业的根本推动力是科技投入，科技在农业的全过程、全产业链中均具有关键作用，能有效提升农业

	落实"农民集体所有的不动产和动产，属于本集体成员集体所有"的法律规定，明确界定农民的集体成员权，明晰集体土地产权归属，实现集体产权主体清晰	依法公正地将集体土地的承包经营权落实到本集体组织的每个农户	允许承包农户将土地经营权依法自愿配置给有经营意愿和经营能力的主体，发展多种形式的适度规模经营
农用地	所有权	承包权	经营权

宅基地	所有权	资格权	使用权
	落实宅基地集体所有权	保障宅基地农户资格权和农民房屋财产权	适度放活宅基地和农民房屋使用权

图 15 - 3　农用地及宅基地"三权分置"

产值、提高农民效益、降低风险。应在土地保育、耕作方式、加工衍生、物流运输（冷链）、科教培训等多方面加大对最前沿科技的投入，实现融合驱动。

3. 规模农业主导

土地创新是一种很重要的方式，主要是实现大面积土地托管，在不改变土地基本性质的前提下，突出机械化、智能化、单一品类化、创新化等关键表征，推动农业规模化发展，通过推进农业种植的单一化、连片化、科技化、（设施）配套化，最大限度地发挥规模农业的作用，实现农业增效、农民增收。同时，推动农业生产实现绿色、低碳、节能、减排（重点减少农业面源污染）。

4. 土地资金联动

资本和土地相辅相成，金融加速土地集聚，土地有效吸附资金、保障资金安全，资金驱动产业发展，保险防控土地及农事风险、保障农民收益。金融资本是实现土地创新引领的重要助推器，主要通过土地资产化、农民股东化、收益股权化等方式，吸引更多非农资金、非农企业进入农业产业。

5. 政企村农共建

多方共建成为土地创新引领乡村振兴模式有效实施的基础，能够有效促进政府、企业（资本方、产业主体）、村庄（村集体、协会）、农民（个体）各方的积极参与和权益共赢。主要合作形式有合作社化、公司化（土地托管、股权、雇佣等）、合同关系（服务关系）等，应强化企业主体在土地创新引领乡村振兴中的承载作用。

6. 全球市场支撑

规模化农业的产业链需要更大范围的市场给予保障和输出，为在更大程度上实现规模化经营，应立足全国乃至全球市场，做好单一基地和单一企业在全球产业链中的定位。土地创新引领乡村振兴模式要求逐步加强以企业为主体的全球产业链融合，使企业参与全球竞争和分工。

（三）土地创新引领乡村振兴模式的适用条件

1. 土地资源丰富

土地规模大，空间连片；土地具有良好的机械化耕作条件（坡度小、空间类型单一等）；土地基础（土质、肥力、污染程度、地下水）条件好；农业用地高标准农田（基本农田）比例高，有利于培育高标准产业。

2. 土地产权明晰

土地集中，产权明晰；有一定比例的四荒地，土地使用拓展空间大；村庄具备一定的空置率，便于集中整理乡村建设用地。

3. 创新意识强

企业、金融机构及属地政府的创新意识和能力强，能够立足自身及产业特色，实现土地制度、产业体系、合作机制的创新，并有能力形成有效机制。

4. 龙头企业主导

由龙头企业主导的模式，要求企业具备雄厚实力（资金、人才等），产业整合能力强（行业地位高、能够把控产业链关键环节、政企协调高效）；以农业企业（含农资生产）、文旅企业、金融企业等为主；具有较强的产业把控能力，可以借助项目所在地迅速实现产能释放并控制风险。

5. 政府管理规范

土地创新引领乡村振兴模式涉及土地、资金、农民等多方面，且规模较大。政府及相关部门应在制度设计、行业监管、风险控制、关系协调等环节，完善管理配置，提升综合服务能力和创新能力。

（四）土地创新引领乡村振兴的关键举措

1. 明晰土地产权

政府主体（县、乡、村）对所属区域的农用地和建设用地实施摸底排查。农用地摸底主要包括产权、承包年限、土地性质（基本农田、一般农田、林业用地等）、使用情况（种植品种）、土地产值等；建设用地摸底主要包括宅基地产权及空置情况、产业用地产权及使用情况等。

2. 塑造土地经营主体

重点引进泛土地实力运营商，以农业企业（含农资生产）、文旅企业、金融企业为主。政府、企业、村庄高标准制定规划，选择产业（品种）、落地项目，落实项目公司化组织，构建基于土地经营主体的"土地—金融—项目"价值链和产业链。

3. 推进土地集中流转

坚持"集约、集聚、集群、高效"的原则，立足土地及产业空间的优化，成立代表土地方（农民方）的统一机构，包括合作社、公司等，推进土地集中流转，从根本上提高土地集约利用的效率。针对四荒地、空置宅基地、僵尸企业用地等，探索多元化的土地盘活路径。

4. 精选农业科技项目

以规模化、科技化为导向，政府、企业、村庄共同建立土地准入项目库，明确精选农业产业品类及培育方向，逐步积累农业科技知识，提升竞争力，降低风险。

5. 拓宽产品销售渠道

明确以销定产的基本原则，依托核心企业，积极拓宽产品销售渠道，实现与实力采购商的订单式合作；逐步提升农产品采购的稳定性；推动全球化、跨界化、链条化，避免单一农业、单一渠道的产业化风险。

（五）土地创新引领乡村振兴的案例启示

案例：山东临沂金丰公社

1. 基本情况

山东临沂金丰公社（以下简称金丰公社）是 2017 年 7 月成立的中国首家现代农业服务平台，为农民提供"种、管、收"全产业链服务。截至 2018 年 9 月末，全国已设立 100 家县级金丰公社，托管耕地 975 万亩，吸纳社员 110 余万名，培养优秀农机师 1 万余名，覆盖 18 个省 100 个县。其中，临沭县托管耕地 4 万亩，吸纳社员 1 万余名，培养优秀农机师 100 余名，覆盖 55 个村。

2. 主要做法

放大龙头企业优势，打造基于自身特色的产业闭环。金丰公社形成了基于金正大集团的农资、科技、资金、销售渠道、精深加工的闭环。

创新多方协作机制。金丰公社由金正大集团发起并控股，由世界银行、亚洲开发银行、华夏银行等共同投资，由临沭县农商银行提供金融贷款担保。

创新金融保障机制。在农地收益贷模式下，临沭县农商银行以托管农地未来收益权为质押向社员发放贷款，用于支付托管费，让农户"零成本"入社。对普通农户按照托管费放贷，对种植大户按照"每亩 380 元托管费 + 不超过每亩土地流转费的 1/3"放贷，最高不超过每亩土地保险承保金额的 90%；贷款期限不超过 1 年；贷款执行优惠利率。

3. 重要启示

依托主导企业强大的要素整合能力。土地创新引领乡村振兴模式以企业为主导，企业应具备在泛农业产业链上的强大要素牵引能力和整合能力，能够打造基于土地规模化发展的产业链闭环，重点在农资服务（种子、肥料等科技部分）、加工、物流、销售、金融等领域实现突破。若企业不具备产业链内部优势，单纯整合土地资源，则存在较大风险。

对接政府、协会等，高效协同农民。为高效推动大规模土地整合和运营，应避免与个体农民发生底层合作。首先应强化政府、协会、合作社的中间作用，推动土地流转、人力培训等；其次应明确项目公司层面的管理机制，实现高效的人员组织。

突出规模、科技、市场运作导向。鉴于大规模土地整合、农产耕作、风险严控等，应立足规模化、科技化的运营方式，强化市场导向，最大限度地降低风险。

四 科技创新引领乡村振兴的模式

（一）科技创新引领乡村振兴的特点

科技是乡村振兴深层次的驱动因素，应立足提升种养农业竞争力、改善乡村环境等，强化产业发展、环境升级、文化创新、管理机制完善等方面的直接带动效应，着眼于长效机制，培育新动能、新农民，通过科技创新缩小城乡差距，特别是对于相对贫困地区的乡村来说，更需要科技为其注入动力。实施乡村振兴战略，主要在于推进农业农村的现代化进程。

1. 科技作为引领要素

科技作为引领要素，其创新发展对环境改善、智慧乡村建设、特色产业打造、公共服务提供等诸多环节具有较为明显的促进作用，能够有效缓解相关限制性因素或障碍性因素，彻底扭转乡村发展动力不足的现象。

2. 科技与产业紧密融合

农业强不强，关键在于能否提质增效，其背后是科技创新的支撑。科技是推动产业特色化、提升企业核心竞争力的关键所在，农业具有明显的"科技＋"特征，要在产业的选择、打造以及人才培养等多方面与科技紧密结合。

3. 以现代农业为主导

科技创新在农业农村中最直接的表现是现代农业快速发展，现代农业具有明显的规模化、机械化、智能化、定制化、创意化、工业化的特征，是农村构建产业体系的主导力量。另外，科技创新对所属乡村的产业具有较为明显的带动作用。

4. 人才发挥关键作用

人才作为科技驱动的动力和支撑，在各个环节均发挥关键作用，人才不仅仅是指科研、管理、产业化等方面的专业人才，还包括经过培训的高素质新型职业农民。由科技创新引领乡村振兴模式驱动的村庄，人员素质普遍较高，将直接促进人才振兴。

5. 产品附加值较高

由于融合了科技创新元素，农业相关产品具有定制化、创意化、工业化、科技化等特征，附加值高、效益高。同时，乡村拥有诸如文创类、加工类、科技类、生活类等更多非农产品。总体而言，乡村产品由于注入了科技元素，将实现更大收益，抵御市场波动的能力也更强。

（二）科技创新引领乡村振兴的内容

科技创新引领乡村振兴的内容可概括为"科技创新驱动 + 高新农业主导 + 专业人才支撑 + 产学研农结合 + 创新制度保障"。

1. 科技创新驱动

科技创新是科技创新引领乡村振兴模式的核心驱动力，是乡村实现绿色发展、培育绿色新动能的关键，是第一生产力。科技创新涵盖乡村振兴的全过程、全产业，创新类别主要包括科技乡村、科技产业、科技农民、科技服务等。

2. 高新农业主导

高新农业是科技创新的重要输出，具有高新技术引领、知识密集、要素集聚、人才高配、创意定制等特征，是传统农业的主要发展方向，是科技创新引领乡村振兴模式的产业主导，并以此盘活和吸附上下游产业、赋能多元主体，从而在真正意义上优化农业结构、释放劳动力。

3. 专业人才支撑

人才作为科技创新的关键因素，二者相辅相成。专业人才主要涵盖农业科技、数字管理、科技转化、公司经营等多个领域。吸引人才的主要途径包括外部人才的引进、自身人才的培养，以及人才的双向流动，只有拥有人才，才能有效驱动科技创新发展。

4. 产学研农结合

科技农业、科技乡村是一个系统工程，要促进科研院所、龙头企业、产业园区、乡村（协会、农民）四个维度的共同参与。同时，科技转化、科技服务作为打通科技产业链的关键环节尤其重要。只有从根本上增强农民的科技意识，提高农业科技比重，才能实现产业的可持续健康发展。

5. 创新制度保障

制度的完善对科技农业及其所驱动的乡村振兴具有关键作用。首先，要建立与之相匹配的产业体制，如公司制度、人才制度等；其次，要完善和引进相关的保护制度，如产权制度、交易制度、评估制度等，为科技创新构筑健全的制度基础。

（三）科技创新引领乡村振兴模式的适用条件

1. 拥有创新型企业家

企业经营者对科技创新的接受程度、投入热情是培育科技创新引领乡村振兴模式的基础。创新型企业家应具备较强的学习能力、敏锐的洞察能力，以及将科技与所属企业融合发展、转化应用的意识和能力。同时，创新型企业家及企业高管要经常参加相关学习、培训。

2. 科技与产业融合度高

科技支撑产业发展，产业引领科技创新，二者基于市场、产业的互动融合，对科技的产业化尤为重要。产业发展对科技创新的依赖程度较高，科技创新有赖于产业的试验、验证。

3. 拥有较好的创新平台

创新平台是指由特定领域的创新资源集聚而成的有形场所或者无形空间，具有网络化的组织特征。在研发、转化、服务等方面拥有相关配套设施：在研发方面拥有科技中心、创新中心、科研实验室（自有或合作共建）

等；在转化方面拥有孵化器、技术转化中心等；在服务方面拥有知识产权保护中心、交易中心、产业联盟等。

4. 具有创新氛围

项目所在地在人员素质、教育环境、产业融合等方面，对技术创新和实践应用等能够起到良好的支撑作用，同时能够持续推动技术突破和转化利用。当地政府（县、乡、村）、企业（核心产业的骨干企业）、社会组织或机构（含科研院所）等应形成良性互动，共同创新。

5. 具有鼓励创新的制度

创新主要包括创新本身、创新保障两个方面，要强化以属地政府、企业为主体的制度保障。首先，在科技研发、产权保护、成果转化、人才引进与培养以及国际交流等方面，形成专业化的制度设计；其次，在资金投入、人才培育等方面形成完善的配套政策，并有效贯彻实施。

（四）科技创新引领乡村振兴的关键举措

1. 培养创新意识

针对政府、企业、村集体、农民等多元群体，特别是主要领导、企业高管、农业带头人等关键人群，重点通过教育宣讲、产业示范、外部学习、资金奖补等手段，培养创新意识，提升学习能力、转化能力等，并持续强化。

2. 加大创新投入

以政府和企业为主体，依据自身特点，对科技创新不同环节持续加大创新投入。政府应侧重于基础研究及教育投入、制度建设、基础服务（知识产权服务、交易、转化）等，企业则应立足产业导向，强化专项突破和应用转化研究，实现良好互动。建议属地的创新及科研投入比例控制在地方 GDP 的 3% 以上。[①]

---

① 资料来源于中国科协创新战略研究院发布的《创新研究报告》。2016 年，R&D 经费强度超过 2.0% 的国家有 18 个，超过 3.0% 的国家有 6 个，超过 4.0% 的国家有 2 个。以色列 R&D 经费强度居首位，达到 4.25%，韩国为 4.2%，中国为 2.1%。2017 年，深圳 R&D 经费占 GDP 的比重为 4.13%；华为 R&D 经费占销售额的比重近 15%。

3. 塑造创新平台

立足乡村核心产业及亟待解决的问题，以市县（区）政府、相关院校及科研机构为核心主体，以科技研发、技术应用、孵化转化为主要功能，成立相对独立的平台公司。积极推进平台组织的网络化、扁平化、柔性化，充分促进成员的多边联系，实现互助互利。平台应强化问题导向、跨界融合、关联多维科技（物联网、互联网、大数据、生物技术）三大方向，推动科技农业核心技术取得突破。

4. 凝聚专业人才

科技创新引领乡村振兴模式落地的关键是凝聚创新型、专业型人才，重点包括"引进人、留住人、培育人、发展人"四个方面。首先，应制定人才需求目录，出台人才政策，完善相关硬件设施和软性服务，为人才创新、创业、生活营造良好的环境；其次，可以结合项目所在地特征，与专业机构合作，开展产业技术、技能培训，实施"人才订单式"培养。

5. 建设科技园区

以市、县、乡为主体单元，建设"现代农业产业园区"（实行一个产业园和一个科技团队对接、拥有一项或者一类核心技术）、"农业科技孵化器"等，培育打造科技创新驱动的核心优势产业。在园区内部完善资金支持、人才引进、科技转化、产权交易等相关扶持、鼓励制度，先行先试，持续加大科技与产业转化力度，强化落地以及对所在区域乡村的产业带动、就业吸纳。

6. 完善创新制度

以市县为主体，推动资金支持、技术引进、知识产权保护和交易、评价考核、激励、农民培训、企业孵化、社会福利（卫生、教育、生活基本福利、资产保全、津贴、保险等特殊福利）等创新制度出台、落地。同时，设置相应的职能部门，推动制度落实。

（五）科技创新引领乡村振兴的案例启示

案例：三亚海棠湾水稻国家公园

1. 基本情况

三亚海棠湾水稻国家公园（以下简称水稻国家公园）占地3800亩（其中300亩为袁隆平水稻试验田），以科学、农业、生态、文化、旅游为五大核心资源，以"区域生态化、景区科普化、农田景观化、景观产品化、产品体验化"为理念，打造"中国饭碗"、"南繁硅谷"、农旅文化-水稻文化旅游基地。

2. 主要做法

依托南繁基地，打造单一品种优势。袁隆平院士选定在水稻国家公园现址建设国家杂交水稻工程技术研究中心和三亚南繁综合试验基地。该基地占地350亩，其中育种基地300亩、科研建设用地50亩，将建成"国内第一、国际一流"的国家级杂交水稻南繁核心研发基地。

融合属地资源，培育农旅融合业态。在水稻国家公园，望得见山、看得见水、摸得着稻、闻得着花、摘得了果、感受得到泥土的芳香和乡愁的绵延……依次布局了风情小镇、农耕博物馆、民间艺术美术展馆、大型实景演艺舞台、乡村主题酒店、商业街、水稻风情摄影基地等板块。

培育科技平台，构建农业科技综合体。水稻国家公园借助互联网、物联网平台，打造线上线下联动的农旅共享模式。

3. 重要启示

以专业化机构为依托，构建乡村产业技术优势。目前乡村振兴普遍缺乏科技要素支撑，特别是农林类高科技。应发挥乡村的产业基础、土地空间等优势，与大专院校、科研机构、高新企业等专业机构合作，以单一品类、品种为突破，构筑乡村产业的技术壁垒，形成泛农业产业的发展基础。

以产业化融合为路径，打造乡村空间园区业态。农业科技与乡村的结合，应强化产业化的路径，以园区化、企业化为主要形式，突出科技农业与旅游、电商、康养、科普等融合发展，打造具有多种业态的产业园区，推动科技农业和乡村高效发展。

以系统化制度为保障，培育乡村科技创新基础。科技之于乡村融合发展的有效性，取决于系统化的制度建设，特别是人才培育、资金支持、科技转化、产权保护等基础制度和创新制度；要使保障制度条例化，强化实时评估、持续更新，做到科技创新和制度创新相匹配。

五　复合要素引领乡村振兴的模式

（一）复合要素引领乡村振兴的特点

立足"人、土地、资金"等基础要素的整体效益，按照乡村振兴二十字要求，把握乡村主体特征、产业特色、发展阶段，不应突出单一要素的绝对引领，要强化均衡发展。

1. 多种要素共存

土地、资金、人才、科技等多种要素共存，较为平均，没有突出的单一要素，多为植入性要素，缺乏原生属地特征，具有一定程度的政策驱动、政府引导的特征。

2. 多元产业融合

一般以传统产业为基础，融合一定比例的加工、文化、旅游、度假等产业，配备少量龙头产业，产业结构均衡，融合度较高。

3. 空间面积较大

项目所在地面积较大，对多种产业的承载力较强；农用地占比较大，所在区域的村庄多、村民多，土地集约化利用潜力大。

4. 经济主体较多

经济主体数量多，类型多样；具有一定的产业关联度，协同性高；大多由平台型公司统筹运营，存在多个经营主体，当地村民参与程度较高。

5. 社会治理水平高

基础组织较为健全，主要包括村民自治组织、产业合作社、平台化公司、社团组织；综合治理水平高，村庄和谐，群众基础好。

（二）复合要素引领乡村振兴的内容

复合要素引领乡村振兴的内容可概括为"要素优化配置＋产业融合发展＋空间优化集聚＋绿色发展统筹＋共建共享保障"。

1. 要素优化配置

依据生产要素的分类，围绕乡村振兴五大方向，以一般性要素（劳动力、资本、资源等）、高级要素（人才、技术、知识、信息等）为主要内容，突出新资源、新材料、新能源、新经验、新技巧、新方法的优化配置和植入。

2. 产业融合发展

以乡村的相对优势产业和发展方向为基础，构建"农业＋""旅游＋""＋科技"等产业路径，以市场为导向，逐步实现基于产业链的融合发展，推动提升原有产业，培育新型产业，吸附本地农民就业，增加农民收入。

3. 空间优化集聚

基于生态格局、居住组团、基础设施、产业组合等特征，以内部优化、外部协调、价值提升为目的，推动生态链、产业链、景观链、游览链优化升级，形成功能集聚、土地集约、能耗下降、区划合理等空间布局。

4. 绿色发展统筹

绿水青山就是金山银山。绿色低碳发展是乡村振兴的基础，也是乡村振兴的目标之一。主要体现在绿色产业、绿色生态、绿色设施等方面，主要通过"降耗、减排、止损、增绿"四大行动统筹实现。

5. 共建共享保障

共建共享是乡村振兴的核心理念，是消除城乡二元结构、促进全社会共同推动乡村振兴的基础。主要体现在基础设施、居住设施、公服设施等方面，要强化主客共享以及社会服务功能。

（三）复合要素引领乡村振兴模式的适用条件

1. 靠近中心城市

区位交通条件好，项目所在地近程拥有机场、高铁、高速公路、国道、省道等交通枢纽和通道；邻近区域中心城市，邻近农产品和休闲旅游消费市场，具有先天发展优势；土地价值相对较高。

2. 要素市场发达

自身具有优势要素，主要包括土地、劳动力等；邻近中心城市，在人才、资金、科技等基础要素方面保障性高、流动性好，要素交易市场发达。

3. 产业基础较好

在种植品种、产量规模、地域品牌等方面具有一定基础；在物流、加工（产业配套）、旅游、电商等产业链或单一环节具有一定基础，联动效应明显。

4. 基础设施较健全

所属区域在交通路网（机场、高铁、高速公路、国道、省道）、物流、互联网、市政、环保等配套方面相对健全，具有发展产业、内部融通、外部联通的基本条件。另外，具有较好的生活条件和相对完善的公共服务设施，能够为外部人才、企业人员提供良好的生活配套。

（四）复合要素引领乡村振兴的关键举措

1. 完善要素市场

围绕核心产业，立足自身挖潜、区域协同，通过构建制度、规范程序、培育平台、强化监管等具体措施，乡村要素交易市场能够持续提升配套水平，降低交易成本，提高交易活跃度，扩大影响范围。其中，乡村要素市场主要包括土地、人才、资金、科技等要素的流通。

2. 促进产业融合

以"农业+"为方向，围绕核心资源、优势产业、前沿科技，以企业为主要载体，强化"科技、市场"双轮驱动，拓展所在区域核心产业链的深度、广度，提升产业竞争力。同时，促进核心产业与旅游、文创、电商、康养、加工等产业高层次融合，降低成本，参与市场化竞争。另外，应积极推动核心产业主体的打造。

3. 塑造区域品牌

立足升级核心产业、凸显地域文化特色，通过建设核心（农旅）项目、包装特色商品、举办节庆赛事、策划营销宣传、引导口碑传播等措施，逐步培育"专属 IP"的区域品牌。

4. 强化外部协作

立足区域产业特色，推动政府、企业、村集体等多元主体参与区域发展联盟。加强交通基础设施建设，实现高效联结；加强产业分工协作，构建产业闭环，打造产业集群；加强品牌共建、市场共享；加强协同发展，建设统一的要素市场，逐步推动"近、中、远"多层面的区域协作工程，培育产业大链条，实现区域大分工。

5. 创新管理制度

围绕产业特色及参与主体，以内部经营提质、外部协作提效为目的，结合项目发展周期，实施持续管理制度创新。重点包括以"三权分置"为核心的土地制度创新；以涉农现代企业组织打造为形式的股权制度创新（含激励机制）；以培育新动能为目的，涵盖人才引进、政企合作等的效率制度创新。

（五）复合要素引领乡村振兴的案例启示

案例：山东省临沂市沂南县朱家林村

1. 基本情况

朱家林村位于山东省临沂市沂南县岸堤镇，是朱家林田园综合体（国家级）的核心村庄。

依托本村石墙、石屋等资源优势，创新乡村建设理念，集中打造朱家林生态艺术社区项目，引领培育农业产业集群，稳步发展创意农业，开发农业多功能性，推进农业与旅游、教育、文化、康养等产业深度融合，实现田园生产、田园生活、田园生态的有机统一和三次产业的深度融合，走出了一条集生产美、生活美、生态美"三生三美"的乡村发展新路子。

2. 主要做法

构建股份合作新机制。社区开发建设过程中，村集体成立了沂南县朱家林民俗旅游服务有限公司，以部分闲置房屋和土地入股乡建公司，负责土地流转和建设、种植、物业等配套服务。引进多元主体，打造青年返乡创业基地、乡村旅游示范基地、城乡资源对接平台。

建立"五位一体"的工作推进机制。强化以项目为导向，建立领导小组和指挥部、田园综合体管委会、国有乡建公司、镇政府、有关村等协作的工作推进机制，确保各部门各司其职、高质高效（见图15-4）。

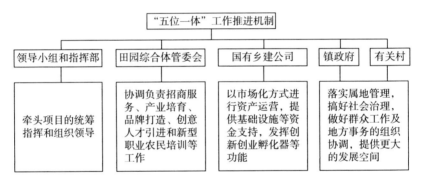

图15-4 朱家林"五位一体"工作推进机制

持续引进多元特色产业项目。围绕朱家林创意小镇，以"二带、二园、三区"为空间结构，立足农旅融合，积极引进落实朱家林葡萄酒、田间地头有机农业、朴门创意农场、"沂蒙大妮"品牌农业、金利和"十六园"、白云山沂蒙茶圣园、大峪庄乡村书院等产业项目，逐步形成加工区、物流运输区、仓储区、展览区、办公区、电商创业区、商务中心、信息中心等功能分区。

3. 重要启示

强化体制机制的基础作用，充分调动各方的积极性。针对复合要素引领乡村振兴模式，体制机制建设和持续优化是基础，对于乡村、政府、农民等属地参与方，以及外部招商、协同单位、乡村创客等多个层面都非常关键，其中保障各方利益、调动各方积极性、参与机制的设计和落实尤为关键。

发挥不同要素在不同阶段的作用，支持要素与乡村融合。乡村振兴涉及多种要素，特别是复合要素。在不同阶段，要素的价值不同，与乡村融合的机制也不同，初期要强化人才（个体）要素，中期要强化资金驱动，后期要突出土地保障，应依据自身发展情况调控要素比重。

强化核心产业的主体作用，牵引泛农业综合发展。产业是乡村振兴的关键要素，其中确定核心产业、关联产业，建立协同机制和给予产业支撑是重中之重。应构建一个基于农业产业的骨干链条，关联"文旅农养康学"等多元延伸产业，同时构建三次产业融合的目标体系。

（本章执笔：王华青）

参考文献

［1］杜金沛：《农业科技创新主体的国际比较及其发展的主流趋势》，《科技进步与对策》2011 年第 11 期。

［2］韩长赋：《大力实施乡村振兴战略——认真学习贯彻党的十九大精神》，《理论参考》2018 年第 4 期。

［3］胡建：《完善"三权分置" 推动乡村振兴》，《共产党员》（河北）2018 年第 6 期。

［4］姜长云、刘中显、宋海英：《我国农村第三产业发展的历程、现状与作用》，《经济研究参考》2007 年第 53 期。

［5］孔祥智：《生态宜居是实现乡村振兴的关键》，《中国国情国力》2018 年第 11 期。

［6］孔祥智：《实施乡村振兴战略的进展、问题与趋势》，《中国特色社会主义研究》2019 年第 1 期。

［7］孔祥智、张效榕：《从城乡一体化到乡村振兴——十八大以来中国城乡关系演变的路径及发展趋势》，《教学与研究》2018 年第 8 期。

［8］刘忱：《乡村振兴战略与乡村文化复兴》，《中国领导科学》2018 年第 2 期。

［9］刘利敏、吴凯之：《充分发挥"第一书记"在美好乡村建设中的作用》，《理论建设》2014 年第 5 期。

［10］刘炜：《发达国家涉农税收优惠政策经验对我国农业农村优先发展的启示》，《农村金融研究》2019 年第 4 期。

［11］陆剑、陈振涛：《集体经营性建设用地入市改革试点的困境与出路》，

《南京农业大学学报》(社会科学版) 2019 年第 2 期。

[12] 罗士轩:《乡村振兴背景下农村产业发展的方向与路径》,《中国延安干部学院学报》2019 年第 1 期。

[13] 裴泽庆:《乡村振兴要突出"组织振兴"》,《四川党的建设》2018 年第 1 期。

[14] 宋洪远:《大国根基:中国农村改革 40 年》,广东经济出版社,2018。

[15] 宋洪远:《实施乡村振兴战略的五点思考》,《吉林农业》2018 年第 2 期。

[16] 宋洪远:《实施乡村振兴战略紧扣几个关键词》,《农民科技培训》2018 年第 1 期。

[17] 肖唐镖:《乡村建设:概念分析与新近研究》,《求实》2004 年第 1 期。

[18] 许世卫、王东杰、李灯华、高利伟:《我国"互联网 +"现代农业进展与展望》,《农业网络信息》2017 年第 1 期。

[19] 杨建利、邢娇阳:《我国农村产业融合发展研究》,《中国农业资源与区划》2017 年第 9 期。

[20] 易明:《乡村振兴视阈下乡村生态文明建设的路径探析》,《延边党校学报》2019 年第 1 期。

[21] 余金凤:《国外农产品流通经验借鉴及启示》,《北方经贸》2017 年第 11 期。

[22] 袁淑娟:《浅析"互联网 + 现代农业"创新发展》,《中国集体经济》2018 年第 2 期。

[23] 张朝华:《发达国家农业科技服务的主要经验及其对中国的借鉴》,《科技进步与对策》2010 年第 8 期。

[24] 张占仓:《深化农村土地制度改革促进乡村振兴》,《中国国情国力》2018 年第 5 期。

[25] 赵晓峰、马锐:《乡村治理的理论创新及其实践探索——"落实乡村振兴战略,推进乡村治理体制机制创新"研讨会综述》,《中国农村经济》2019 年第 2 期。

［26］周江梅、黄启才：《改革开放 40 年农户宅基地管理制度变迁及思考》，《经济问题》2019 年第 2 期。

［27］朱斌斌、冯彦明：《乡村生态振兴的长效机制探析》，《农村金融研究》2019 年第 1 期。

附录1
大事记

总书记讲话及中共中央、国务院有关政策

时间	机构或人物	事件	要点
2017年10月18日	习近平总书记	做党的十九大工作报告——《决胜全面建成小康社会 夺取新时代中国特色社会主义伟大胜利》	提出坚持农业农村优先发展，实施乡村振兴战略。强调农业农村农民问题是关系国计民生的根本性问题，必须始终把解决好"三农"问题作为全党工作重中之重
2017年12月18~20日	中共中央办公厅、国务院办公厅	发布《2017中央经济工作会议公报》	提出围绕推动高质量发展，做好"实施乡村振兴战略"工作。①要科学制定乡村振兴战略规划，健全城乡融合发展体制机制，清除阻碍要素下乡各种障碍；②要推进农业供给侧结构性改革，坚持质量兴农、绿色兴农，农业政策从增产导向转向提质导向
2018年1月2日	中共中央、国务院	印发《关于实施乡村振兴战略的意见》	提出实施乡村振兴战略的目标任务：到2020年，乡村振兴取得重要进展，制度框架和政策体系基本形成；到2035年，乡村振兴取得决定性进展，农业农村现代化基本实现；到2050年，乡村全面振兴，农业强、农村美、农民富全面实现
2018年1月18日	国务院办公厅	印发《省级政府耕地保护责任目标考核办法》	提出省级政府耕地保护责任目标考核要在耕地占补平衡、高标准农田建设等相关考核评价的基础上综合开展，采取年度自查、期中检查、期末考核相结合的方法
2018年1月29日	国务院办公厅	印发《关于推进农业高新技术产业示范区建设发展的指导意见》	提出到2025年，布局建设一批国家农业高新技术产业示范区。重点任务是培育创新主体，做强主导产业，集聚科教资源，培训职业农民，促进融合共享，推动绿色发展，强化信息服务，加强国际合作

续表

时间	机构或人物	事件	要点
2018 年 2 月 5 日	中共中央办公厅、国务院办公厅	印发《农村人居环境整治三年行动方案》	提出到 2020 年，实现农村人居环境明显改善，村庄环境基本干净整洁有序，村民环境与健康意识普遍增强。重点任务是推进农村生活垃圾治理，开展厕所粪污治理，梯次推进农村生活污水治理，提升村容村貌，加强村庄规划管理，完善建设和管护机制
2018 年 3 月 22 日	国务院办公厅	印发《关于促进全域旅游发展的指导意见》	提出推动旅游与农业、林业、水利融合发展。大力发展观光农业、休闲农业，培育田园艺术景观、阳台农艺等创意农业，鼓励发展具备旅游功能的定制农业、会展农业、众筹农业、家庭农场、家庭牧场等新型农业业态，打造三次产业融合发展的美丽休闲乡村
2018 年 3 月 26 日	国务院办公厅	印发《跨省域补充耕地国家统筹管理办法》《城乡建设用地增减挂钩节余指标跨省域调剂管理办法》	提出耕地后备资源严重匮乏的直辖市，占用耕地、新开垦耕地不足以补充所占耕地，或者资源环境条件严重约束、补充耕地能力严重不足的省份，实施重大建设项目造成补充耕地缺口，经国务院批准，在耕地后备资源丰富省份落实补充耕地任务；提出"三区三州"及其他深度贫困县城乡建设用地增减挂钩节余指标由国家统筹跨省域调剂使用
2018 年 5 月 31 日	中共中央办公厅	发布《中共中央政治局会议公报——真正把实施乡村振兴战略摆在优先位置》	要求各级党委和政府提高思想认识，真正把实施乡村振兴战略摆在优先位置，把党管农村工作的要求落到实处，把坚持农业农村优先发展的要求落到实处
2018 年 6 月 15 日	中共中央、国务院	发布《关于打赢脱贫攻坚战三年行动的指导意见》	提出到 2020 年，通过发展生产、易地搬迁、生态补偿、发展教育、社会保障兜底确保现行标准下农村贫困人口实现脱贫以及贫困县全部摘帽。①加快推进交通、水利、电力、网络以及农村人居环境整治行动；②加强精准脱贫攻坚行动在财政、金融、土地和人才方面的支撑保障
2018 年 7 月 5 日	习近平总书记	在乡村振兴战略工作推进会议上对实施乡村振兴战略做出重要指示	强调"把实施乡村振兴战略摆在优先位置，让乡村振兴成为全党全社会的共同行动"

时间	机构或人物	事件	要点
2018 年 9 月 21 日	习近平总书记	在中共中央政治局第八次集体学习时做重要讲话	指出农业农村现代化是实施乡村振兴战略的总目标,坚持农业农村优先发展是总方针,产业兴旺、生态宜居、乡风文明、治理有效、生活富裕是总要求,建立健全城乡融合发展体制机制和政策体系是制度保障
2018 年 9 月 26 日	中共中央、国务院	印发《乡村振兴战略规划(2018～2022 年)》	按照产业兴旺、生态宜居、乡风文明、治理有效、生活富裕的总要求,对实施乡村振兴战略做出阶段性谋划,分别明确至 2020 年全面建成小康社会和 2022 年召开党的二十大时的目标任务,细化实化工作重点和政策措施,部署重大工程、重大计划、重大行动,确保乡村振兴战略落实落地,指导各地区各部门分类有序推进乡村振兴工作
2018 年 10 月 31 日	国务院办公厅	印发《关于保持基础设施领域补短板力度的指导意见》	指出要聚焦关键领域和薄弱环节,保持基础设施领域补短板力度,进一步完善基础设施和公共服务,提升基础设施供给质量,更好地发挥有效投资对优化供给结构的关键性作用,保持经济平稳健康发展。要聚焦脱贫攻坚、铁路、公路、水运、机场、水利、能源、农业农村、生态环保、社会民生等重点领域短板,加快推进已纳入规划的重大项目
2018 年 12 月 19～21 日	习近平总书记	在中央经济工作会议上做重要讲话	确定 2019 年要扎实推进乡村振兴战略:①要坚持农业农村优先发展,切实抓好农业特别是粮食生产,推动藏粮于地、藏粮于技落实落地,合理调整"粮经饲"结构,着力增加优质绿色农产品供给;②要重视培育家庭农场、农民合作社等新型经营主体;③要改善农村人居环境,重点做好垃圾污水处理、厕所革命、村容村貌提升
2018 年 12 月 29 日	国务院	发布《关于加快推进农业机械化和农机装备产业转型升级的指导意见》	提出到 2020 年,农机装备产业科技创新能力持续提升,主要经济作物薄弱环节"无机可用"问题基本解决。到 2025 年,农机装备品类基本齐全,重点农机产品和关键零部件实现协同发展,产品质量可靠性达到国际先进水平,产品和技术供给基本满足需要,农机装备产业迈入高质量发展阶段

续表

时间	机构或人物	事件	要点
2019 年 1 月 3 日	中共中央、国务院	发布《关于坚持农业农村优先发展做好"三农"工作的若干意见》	指出做好"三农"工作,要坚持农业农村优先发展总方针,以实施乡村振兴战略为总抓手,对标全面建成小康社会"三农"工作必须完成的硬任务,适应国内外复杂形势变化对农村改革发展提出的新要求,抓重点、补短板、强基础,围绕"巩固、增强、提升、畅通"深化农业供给侧结构性改革,坚决打赢脱贫攻坚战,充分发挥农村基层党组织的战斗堡垒作用,全面推进乡村振兴,确保顺利完成到 2020 年承诺的农村改革发展目标任务
2019 年 1 月 14 日	国务院办公厅	印发《关于深入开展消费扶贫助力打赢脱贫攻坚战的指导意见》	①激发全社会参与消费扶贫的积极性,着力拓宽贫困地区农产品销售渠道;②提升贫困地区农产品供应水平和质量,着力推动贫困地区休闲农业和乡村旅游加快发展;③推动贫困地区产品和服务融入全国大市场,为助力打赢脱贫攻坚战、推进实施乡村振兴战略做出积极贡献
2019 年 2 月 21 日	中共中央办公厅、国务院办公厅	印发《关于促进小农户和现代农业发展有机衔接的意见》	要求坚持小农户家庭经营为基础与多种形式适度规模经营为引领相协调,坚持农业生产经营规模宜大则大、宜小则小,充分发挥小农户在乡村振兴中的作用;按照服务小农户、提高小农户、富裕小农户的要求,加快构建扶持小农户发展的政策体系,加强农业社会化服务,提高小农户生产经营能力,提升小农户组织化程度,改善小农户生产设施条件,拓宽小农户增收空间,维护小农户合法权益,促进传统小农户向现代小农户转变,让小农户共享改革发展成果,实现小农户与现代农业发展有机衔接,加快推进农业农村现代化
2019 年 3 月 6 日	中共中央办公厅、国务院办公厅	转发《中央农办、农业农村部、国家发展改革委关于深入学习浙江"千村示范、万村整治"工程经验扎实推进农村人居环境整治工作的报告》	要求结合农村人居环境整治三年行动计划和乡村振兴战略,进一步推广浙江好的经验做法,建设好生态宜居的美丽乡村。在工作中,要学习借鉴浙江省引领推动农村人居环境综合治理的具体实践;2019 年底国务院开展一次大检查,对措施不力、搞虚假形式主义、劳民伤财无效实施的地方和单位予以批评问责

续表

时间	机构或人物	事件	要点
2019 年 4 月 15 日	中共中央、国务院	印发《关于建立健全城乡融合发展体制机制和政策体系的意见》	要求以协调推进乡村振兴战略和新型城镇化战略为抓手，以缩小城乡发展差距和居民生活水平差距为目标，以完善产权制度和要素市场化配置为重点，坚决破除体制机制弊端，促进城乡要素自由流动、平等交换和公共资源合理配置，加快形成工农互促、城乡互补、全面融合、共同繁荣的新型工农城乡关系，加快推进农业农村现代化
2019 年 5 月 16 日	中共中央办公厅、国务院办公厅	印发《数字乡村发展战略纲要》	要求着力发挥信息技术创新的扩散效应、信息和知识的溢出效应、数字技术释放的普惠效应，加快推进农业农村现代化；着力发挥信息化在推进乡村治理体系和治理能力现代化中的基础支撑作用，繁荣发展乡村网络文化，构建乡村数字治理新体系；着力弥合城乡"数字鸿沟"，培育信息时代新农民

各部委有关政策

时间	机构或人物	事件	要点
2017 年 10 月 10 日	农业部办公厅	印发《关于开展农业特色互联网小镇建设试点的指导意见》（农办市〔2017〕27 号）	对农业特色互联网小镇建设试点做出初步安排，进一步规范农业特色互联网小镇建设，厘清建设的总体思路、融资模式、重点任务和机制路径
2017 年 11 月 10 日	财政部办公厅	印发《关于规范政府和社会资本合作（PPP）综合信息平台项目库管理的通知》	提出进一步规范政府和社会资本合作（PPP）项目运作，防止 PPP 异化为新的融资平台，坚决遏制隐性债务风险增量。严格新项目入库标准，集中清理已入库项目，落实责任主体，健全工作机制，明确完成时限，确保整改到位
2017 年 11 月 23 日	农业部办公厅、中国农业发展银行办公室	印发《关于政策性金融支持农村创业创新的通知》（农办加〔2017〕29 号）	进一步明确政策性金融支持农村创业创新的目标任务，准确把握政策性金融支持农村创业创新的重点范围，加快健全政策性金融支持农村创业创新的推进机制
2017 年 11 月 23 日	农业部办公厅	印发《关于公布 2017 年全国休闲农业和乡村旅游示范县（市、区）的通知》	经各地申报、省级农业主管部门审核、专家评审和网上公示，认定河北省邢台县等 60 个县（市、区）为全国休闲农业和乡村旅游示范县（市、区）

续表

时间	机构或人物	事件	要点
2017 年 12 月 4 日	国家发展改革委、国土资源部、环境保护部、住房城乡建设部	印发《关于规范推进特色小镇和特色小城镇建设的若干意见》	提出各地要把特色小镇和小城镇建设作为供给侧结构性改革的重要平台，促进新型城镇化建设和经济转型升级
2017 年 12 月 5 日	农业部办公厅	印发《关于支持创建农村一二三产业融合发展先导区的意见》	支持各地培育打造和创建农村三次产业融合发展先导区，做大做强支柱产业和融合发展各类经营主体。明确培育打造融合发展先导区的重点任务，完善融合发展先导区的支持政策，切实加强对融合发展先导区的组织领导
2017 年 12 月 7 日	国土资源部、国家发展改革委	印发《关于深入推进农业供给侧结构性改革做好农村产业融合发展用地保障的通知》	提出优先安排农村基础设施和公共服务用地，对利用存量建设用地进行农产品加工、农产品冷链、物流仓储、产地批发市场等项目建设或用于小微创业园、休闲农业、乡村旅游、农村电商等农村第二、第三产业的市、县，可给予新增建设用地计划指标奖励
2017 年 12 月 8 日	农业部办公厅	印发《关于宣传推介全国农产品加工业发展典型案例的通知》	提出遴选一批"一企一业""一园一业""一县一业"全国农产品加工业发展典型，以代表我国农产品加工业发展水平和发展特点，体现农产品加工业从数量增长向质量提升转变、从要素驱动向创新驱动转变、从分散布局向集群发展转变的发展要求
2017 年 12 月 11 日	国土资源部	印发《关于改进管理方式切实落实耕地占补平衡的通知》	明确要建立以数量为基础、产能为核心的占补新机制，改进建设用地项目与补充耕地项目逐一挂钩的做法，按照补改结合的原则，实行耕地数量、粮食产能和水田面积三类指标核销制落实占补平衡
2017 年 12 月 12 日	国家发展改革委、住房城乡建设部、国家能源局、环境保护部、国土资源部	印发《关于进一步做好生活垃圾焚烧发电厂规划选址工作的通知》	明确做好生活垃圾焚烧发电厂规划选址工作的重点任务及保障措施
2018 年 1 月 10 日	国家农业综合开发办公室	印发《关于编制〈农业综合开发扶持农业优势特色产业规划（2019～2021 年）〉的通知》	要求围绕实施乡村振兴战略，以市场需求为导向，以资源禀赋为基础，以产业兴旺、农民增收为目的，通过财政补助、贷款贴息等方式，撬动金融资本和社会资本更多投向农业优势特色产业，大力推进农业供给侧结构

续表

时间	机构或人物	事件	要点
2018年1月10日	国家农业综合开发办公室	印发《关于编制〈农业综合开发扶持农业优势特色产业规划（2019～2021年)〉的通知》	性改革，加快培育新型农业经营主体，全面构建现代农业产业体系、生产体系、经营体系，不断提高农业经营集约化、组织化、规模化、产业化水平，着力促进农村三次产业融合发展
2018年1月22日	科技部、农业部、水利部、国家林业局、中国科学院、中国农业银行	印发《国家农业科技园区发展规划（2018～2025年)》	提出到2020年，构建农业科技园区体系，明确机制创新、科教创新、建设美丽宜居乡村等重点任务，并提出相应保障措施
2018年1月22日	科技部、农业部、水利部、国家林业局、中国科学院、中国农业银行	印发《国家农业科技园区管理办法》	明确国家农业科技园区具体管理办法，包括组织机构及职责、申报与审核条件和程序、建设和管理、验收与评估情况
2018年1月30日	财政部	印发《农业综合开发财务管理办法》	要求建立健全财务管理制度；依法依规筹集和使用农业综合开发资金；加强资金预决算、会计核算和资产管理工作，定期编制财务报告，强化全过程预算绩效管理；加强财务监督检查
2018年2月2日	农业部办公厅	印发《2018年农产品质量安全工作要点》	提出深入实施乡村振兴战略，紧紧围绕"农业质量年"这个主题，制定和实施国家质量兴农战略规划，坚持质量第一，大力推进质量兴农、绿色兴农、品牌强农
2018年2月22日	农业部办公厅、财政部办公厅	印发《2018～2022年农业机械购置补贴实施指导意见》	明确补贴范围和补贴机具、补贴对象和补贴标准以及资金分配使用和操作流程
2018年2月23日	国土资源部	印发《关于全面实行永久基本农田特殊保护的通知》	提出加快构建数量、质量、生态"三位一体"耕地保护新格局，建立健全永久基本农田"划、建、管、补、护"长效机制，全面落实特殊保护制度
2018年3月3日	国土资源部	印发《关于严格核定土地整治和高标准农田建设项目新增耕地的通知》	要求严格规范新增耕地管理，实行归口管理、统一核定，确保新增耕地数量真实、质量可靠。明确了新增耕地的核定范围、核定条件、认定方式和核定责任

时间	机构或人物	事件	要点
2018 年 3 月 9 日	国家旅游局办公室、国务院扶贫办综合司、中国农业发展银行办公室	印发《关于组织推荐金融支持旅游扶贫重点项目的通知》	提出要全面建立和深化旅游、扶贫、农发行紧密合作机制，聚焦旅游扶贫重点项目，把项目作为推进旅游精准扶贫、配套优惠政策的核心和载体，主要是针对企业和项目融资贵、融资难、融资慢等关键问题，通过加大对旅游扶贫项目的优惠贷款支持力度，培育和发展一批开发建设水平高、精准扶贫机制实、经营管理发展好、示范带动效应强的旅游项目，带动更多建档立卡贫困村、贫困户和贫困人口脱贫增收
2018 年 3 月 23 日	科技部办公厅	印发《关于开展第八批国家农业科技园区申报工作的通知》	明确国家农业科技园区申报工作的申报条件、流程及时间
2018 年 4 月 19 日	文化和旅游部、财政部	印发《关于在旅游领域推广政府和社会资本合作模式的指导意见》	提出坚持以旅游供给侧结构性改革为主线，紧扣人民日益增长的旅游美好生活需要和不平衡不充分的旅游业发展之间的矛盾，以全域旅游为导向，以优质旅游为目标，逐步加强旅游基础设施建设，持续提升旅游公共服务供给水平，着力发挥旅游业在精准扶贫中的重要作用，大力推动旅游业质量变革、效率变革、动力变革
2018 年 5 月 9 日	农业农村部、中国邮政储蓄银行	印发《关于加强农业产业化领域金融合作助推实施乡村振兴战略的意见》	提出通过双方合作，力争 2018 年实现邮储银行涉农贷款净增 1000 亿元以上，三年内实现 100 个农业产业化龙头企业与 100 个农村项目的开发，授信金额达到 1000 亿元；金融服务农业产业化水平明显提升，农业产业化发展实现新跨越，为乡村振兴增添新动力
2018 年 6 月 26 日	农业农村部	印发《关于加快推进品牌强农的意见》	提出以推进农业供给侧结构性改革为主线，以提质增效为目标，立足资源禀赋，坚持市场导向，提升产品品质，注重科技支撑，厚植文化底蕴，完善制度体系，着力塑造品牌特色，增强品牌竞争力，加快构建现代农业品牌体系，培育一批"中国第一、世界有名"的农业品牌，促进农业增效、农民增收和农村繁荣，推动我国从农业大国向品牌强国转变

续表

时间	机构或人物	事件	要点
2018 年 8 月 7 日	中共科学技术部党组	发布《关于创新驱动乡村振兴发展的意见》	提出以创新驱动乡村振兴发展，统筹部署农业农村领域基础研究、应用基础研究和技术创新工程，推动科学研究、基地建设、人才队伍一体化发展，打造农业农村战略科技力量，提高农业创新力、竞争力和全要素生产率，为加快推进农业农村现代化提供科技支撑
2018 年 8 月 13 日	工业和信息化部办公厅	印发《设计扶贫三年行动计划（2018~2020 年）》	提出以深度贫困地区为重点，以产品品质提升、居民生活条件改善、乡村特色文化产业发展、特色优势产业升级为主攻方向，充分调动设计行业组织和企业的积极性、主动性和创造性，为贫困地区普及设计理念，提供设计解决方案，培育设计专业人才，激发发展内生动力。到 2020 年底，面向贫困地区提供不少于 1000 件产品设计方案，开展不少于 3000 人次设计培训，组织不少于 50 次设计师走进贫困地区访问活动，实施不少于 50 个乡村风貌或公共设施改观设计方案，建成并免费开放千万数量级原创设计素材数据库，探索出一条有中国特色的设计扶贫路径
2018 年 9 月 5 日	科技部	印发《国家农业高新技术产业示范区建设工作指引》	提出以实施创新驱动发展战略和乡村振兴战略为引领，以深入推进农业供给侧结构性改革为主线，把服务农业增效、农民增收、农村增绿作为主攻方向，集聚各类要素资源，着力打造农业创新驱动发展的先行区和农业供给侧结构性改革的试验区。到 2025 年，在全国范围内建设一批国家农业高新技术产业示范区，打造现代农业创新高地、人才高地、产业高地
2018 年 9 月 27 日	财政部	印发《财政部贯彻落实实施乡村振兴战略的意见》	提出构建完善财政支持实施乡村振兴战略政策体系，大力支持农业高质量发展、乡村绿色发展、城乡基本公共服务均等化
2018 年 9 月 30 日	农业农村部办公厅	印发《乡村振兴科技支撑行动实施方案》	提出围绕解决制约乡村振兴的重大技术瓶颈问题，着力创新一批关键核心技术，集成应用一批先进实用科技成果，示范推广一批农业可持续发展模式，打造一批科技引领示范村（镇），培育壮大一批新型农业生产经营主

续表

时间	机构或人物	事件	要点
2018 年 9 月 30 日	农业农村部办公厅	印发《乡村振兴科技支撑行动实施方案》	体，建立健全科技支撑乡村振兴的制度政策，基本满足乡村振兴和农业农村现代化对新品种、新装备、新产品、新技术和新模式等科技成果有效供给的需求
2018 年 10 月 10 日	国家发展改革委、财政部、人力资源社会保障部、自然资源部等十三部门	印发《促进乡村旅游发展提质升级行动方案（2018~2020 年）》	提出加快推进乡村旅游提质扩容，进一步发挥乡村旅游对促进消费、改善民生、推动高质量发展的重要带动作用。补齐乡村旅游道路和停车设施建设短板，推进垃圾和污水治理等农村人居环境整治，建立健全住宿餐饮等乡村旅游产品和服务标准，鼓励引导社会资本参与乡村旅游发展建设，加大对乡村旅游发展的配套政策支持
2018 年 11 月 6 日	生态环境部、农业农村部	印发《农业农村污染治理攻坚战行动计划》	提出到 2020 年确保新增完成 13 万个建制村的环境综合整治任务。全国畜禽粪污综合利用率达到 75% 以上，东部地区、中西部城市近郊区等有基础、有条件的地区，基本实现农村生活垃圾处置体系全覆盖
2018 年 12 月 7 日	科技部办公厅	发布《关于第八批国家农业科技园区建设的通知》	提出启动第八批国家农业科技园区建设工作，认定北京平谷等 32 家农业科技园区为第八批国家农业科技园区
2018 年 12 月 24 日	农业农村部、国家发展改革委、财政部、中国人民银行等六部门	印发《关于开展土地经营权入股发展农业产业化经营试点的指导意见》	指导各地稳妥开展土地（指农户家庭承包地）经营权入股发展农业产业化经营试点工作，促进乡村振兴。提出创新土地经营权入股的实现形式，完善土地股份组织运行机制，探索土地经营权入股风险防范措施，强化土地经营权入股发展农业产业化经营的政策保障
2019 年 1 月 10 日	中央农村工作领导小组办公室、农业农村部	印发《关于加强基层农村经营管理体系建设的意见》	提出全面开展基层农村经营管理各项工作，确保农村经营管理各项职责任务落到实处。重点落实农村土地制度改革，落实农村集体产权制度改革，协调推进乡村治理体系建设，指导健全新型农业经营体系，依法规范农村资源要素管理

时间	机构或人物	事件	要点
2019 年 1 月 12 日	农业农村部	印发《全国农村一二三产业融合发展先导区创建名单》	为深入实施乡村振兴战略，大力促进农村三次产业融合发展，增强乡村产业发展新动能，经各地申报、省级农业农村部门审核推荐、专家评审和公示，确认天津市蓟州区等153 个县（市、区）为全国农村三次产业融合发展先导区创建单位，优先纳入现代农业产业园、农业产业强镇等项目予以支持
2019 年 1 月 14 日	科技部	印发《创新驱动乡村振兴发展专项规划（2018 ~ 2022 年)》	提出以农业农村现代化为总目标，坚持农业农村优先发展的总方针，以"产业兴旺、生态宜居、乡风文明、治理有效、生活富裕"总要求为科技创新的出发点和落脚点，到2022 年，创新驱动乡村振兴发展取得重要进展，农业科技进步贡献率达到 61.5% 以上，实现农业科技创新有力支撑全面建成小康社会的目标
2019 年 1 月 29 日	中国人民银行、银保监会、证监会、财政部、农业农村部	发布《关于金融服务乡村振兴的指导意见》	提出对标实施乡村振兴战略的三个阶段性目标，确定相应阶段内金融服务乡村振兴的目标。短期内，突出目标的科学性和可行性，到 2020 年，要确保金融精准扶贫力度不断加大、金融支农资源不断增加、农村金融服务持续改善、涉农金融机构公司治理和支农能力明显提升。中长期，突出目标的规划性和方向性，推动建立多层次、广覆盖、可持续、适度竞争、有序创新、风险可控的现代农村金融体系，最终实现城乡金融资源配置合理有序和城乡金融服务均等化
2019 年 3 月 8 日	农业农村部办公厅、财政部办公厅	发布《关于开展 2019 年国家现代农业产业园创建工作的通知》	提出 2019 年继续开展国家现代农业产业园创建工作，重点支持创建优质粮油、现代种业、健康养殖、中药材等产业园，优先支持符合条件的贫困县、粮食生产功能区、重要农产品生产保护区、特色农产品优势区、国家现代农业示范区等申请创建
2019 年 3 月 26 日	农业农村部办公厅、财政部办公厅	发布《关于做好 2019 年绿色循环优质高效特色农业促进项目实施工作的通知》	提出通过实施绿色循环优质高效特色农业促进项目，加快形成一批以绿色优质特色农产品生产、加工、流通、销售产业链为基础，集科技创新、休闲观光、种养结合、循环利用于一体的特色农业产业集群，壮大一批经

时间	机构或人物	事件	要点
2019 年 3 月 26 日	农业农村部办公厅、财政部办公厅	发布《关于做好 2019 年绿色循环优质高效特色农业促进项目实施工作的通知》	济效益好、带动能力强、规范生产管理的新型农业经营主体和龙头企业，打造一批知名特色农业品牌，将绿色优质特色产业培育成贫困地区打赢脱贫攻坚战的重要民生产业、农业农村经济发展的重要支柱产业、农民持续增收的重要战略产业

（本部分整理：刘雪飞、靳永新）

附录2
重要政策文件

中共中央　国务院关于实施乡村振兴战略的意见

（2018 年 1 月 2 日）

实施乡村振兴战略，是党的十九大作出的重大决策部署，是决胜全面建成小康社会、全面建设社会主义现代化国家的重大历史任务，是新时代"三农"工作的总抓手。现就实施乡村振兴战略提出如下意见。

一、新时代实施乡村振兴战略的重大意义

党的十八大以来，在以习近平同志为核心的党中央坚强领导下，我们坚持把解决好"三农"问题作为全党工作重中之重，持续加大强农惠农富农政策力度，扎实推进农业现代化和新农村建设，全面深化农村改革，农业农村发展取得了历史性成就，为党和国家事业全面开创新局面提供了重要支撑。5 年来，粮食生产能力跨上新台阶，农业供给侧结构性改革迈出新步伐，农民收入持续增长，农村民生全面改善，脱贫攻坚战取得决定性进展，农村生态文明建设显著加强，农民获得感显著提升，农村社会稳定和谐。农业农村发展取得的重大成就和"三农"工作积累的丰富经验，为实施乡村振兴战略奠定了良好基础。

农业农村农民问题是关系国计民生的根本性问题。没有农业农村的现代化，就没有国家的现代化。当前，我国发展不平衡不充分问题在乡村最为突出，主要表现在：农产品阶段性供过于求和供给不足并存，农业供给质量亟待提高；农民适应生产力发展和市场竞争的能力不足，新型职业农

民队伍建设亟需加强；农村基础设施和民生领域欠账较多，农村环境和生态问题比较突出，乡村发展整体水平亟待提升；国家支农体系相对薄弱，农村金融改革任务繁重，城乡之间要素合理流动机制亟待健全；农村基层党建存在薄弱环节，乡村治理体系和治理能力亟待强化。实施乡村振兴战略，是解决人民日益增长的美好生活需要和不平衡不充分的发展之间矛盾的必然要求，是实现"两个一百年"奋斗目标的必然要求，是实现全体人民共同富裕的必然要求。

在中国特色社会主义新时代，乡村是一个可以大有作为的广阔天地，迎来了难得的发展机遇。我们有党的领导的政治优势，有社会主义的制度优势，有亿万农民的创造精神，有强大的经济实力支撑，有历史悠久的农耕文明，有旺盛的市场需求，完全有条件有能力实施乡村振兴战略。必须立足国情农情，顺势而为，切实增强责任感使命感紧迫感，举全党全国全社会之力，以更大的决心、更明确的目标、更有力的举措，推动农业全面升级、农村全面进步、农民全面发展，谱写新时代乡村全面振兴新篇章。

二、实施乡村振兴战略的总体要求

（一）指导思想。全面贯彻党的十九大精神，以习近平新时代中国特色社会主义思想为指导，加强党对"三农"工作的领导，坚持稳中求进工作总基调，牢固树立新发展理念，落实高质量发展的要求，紧紧围绕统筹推进"五位一体"总体布局和协调推进"四个全面"战略布局，坚持把解决好"三农"问题作为全党工作重中之重，坚持农业农村优先发展，按照产业兴旺、生态宜居、乡风文明、治理有效、生活富裕的总要求，建立健全城乡融合发展体制机制和政策体系，统筹推进农村经济建设、政治建设、文化建设、社会建设、生态文明建设和党的建设，加快推进乡村治理体系和治理能力现代化，加快推进农业农村现代化，走中国特色社会主义乡村振兴道路，让农业成为有奔头的产业，让农民成为有吸引力的职业，让农村成为安居乐业的美丽家园。

（二）目标任务。按照党的十九大提出的决胜全面建成小康社会、分两个阶段实现第二个百年奋斗目标的战略安排，实施乡村振兴战略的目标任务是：

到2020年，乡村振兴取得重要进展，制度框架和政策体系基本形成。农业综合生产能力稳步提升，农业供给体系质量明显提高，农村一二三产业融合发展水平进一步提升；农民增收渠道进一步拓宽，城乡居民生活水平差距持续缩小；现行标准下农村贫困人口实现脱贫，贫困县全部摘帽，解决区域性整体贫困；农村基础设施建设深入推进，农村人居环境明显改善，美丽宜居乡村建设扎实推进；城乡基本公共服务均等化水平进一步提高，城乡融合发展体制机制初步建立；农村对人才吸引力逐步增强；农村生态环境明显好转，农业生态服务能力进一步提高；以党组织为核心的农村基层组织建设进一步加强，乡村治理体系进一步完善；党的农村工作领导体制机制进一步健全；各地区各部门推进乡村振兴的思路举措得以确立。

到2035年，乡村振兴取得决定性进展，农业农村现代化基本实现。农业结构得到根本性改善，农民就业质量显著提高，相对贫困进一步缓解，共同富裕迈出坚实步伐；城乡基本公共服务均等化基本实现，城乡融合发展体制机制更加完善；乡风文明达到新高度，乡村治理体系更加完善；农村生态环境根本好转，美丽宜居乡村基本实现。

到2050年，乡村全面振兴，农业强、农村美、农民富全面实现。

（三）基本原则

——坚持党管农村工作。毫不动摇地坚持和加强党对农村工作的领导，健全党管农村工作领导体制机制和党内法规，确保党在农村工作中始终总揽全局、协调各方，为乡村振兴提供坚强有力的政治保障。

——坚持农业农村优先发展。把实现乡村振兴作为全党的共同意志、共同行动，做到认识统一、步调一致，在干部配备上优先考虑，在要素配置上优先满足，在资金投入上优先保障，在公共服务上优先安排，加快补齐农业农村短板。

——坚持农民主体地位。充分尊重农民意愿，切实发挥农民在乡村振兴中的主体作用，调动亿万农民的积极性、主动性、创造性，把维护农民群众根本利益、促进农民共同富裕作为出发点和落脚点，促进农民持续增收，不断提升农民的获得感、幸福感、安全感。

——坚持乡村全面振兴。准确把握乡村振兴的科学内涵，挖掘乡村多种功能和价值，统筹谋划农村经济建设、政治建设、文化建设、社会建设、生态文明建设和党的建设，注重协同性、关联性，整体部署，协调推进。

——坚持城乡融合发展。坚决破除体制机制弊端，使市场在资源配置中起决定性作用，更好发挥政府作用，推动城乡要素自由流动、平等交换，推动新型工业化、信息化、城镇化、农业现代化同步发展，加快形成工农互促、城乡互补、全面融合、共同繁荣的新型工农城乡关系。

——坚持人与自然和谐共生。牢固树立和践行绿水青山就是金山银山的理念，落实节约优先、保护优先、自然恢复为主的方针，统筹山水林田湖草系统治理，严守生态保护红线，以绿色发展引领乡村振兴。

——坚持因地制宜、循序渐进。科学把握乡村的差异性和发展走势分化特征，做好顶层设计，注重规划先行、突出重点、分类施策、典型引路。既尽力而为，又量力而行，不搞层层加码，不搞一刀切，不搞形式主义，久久为功，扎实推进。

三、提升农业发展质量，培育乡村发展新动能

乡村振兴，产业兴旺是重点。必须坚持质量兴农、绿色兴农，以农业供给侧结构性改革为主线，加快构建现代农业产业体系、生产体系、经营体系，提高农业创新力、竞争力和全要素生产率，加快实现由农业大国向农业强国转变。

（一）夯实农业生产能力基础。深入实施藏粮于地、藏粮于技战略，严守耕地红线，确保国家粮食安全，把中国人的饭碗牢牢端在自己手中。全面落实永久基本农田特殊保护制度，加快划定和建设粮食生产功能区、重要农产品生产保护区，完善支持政策。大规模推进农村土地整治和高标准农田建设，稳步提升耕地质量，强化监督考核和地方政府责任。加强农田水利建设，提高抗旱防洪除涝能力。实施国家农业节水行动，加快灌区续

建配套与现代化改造，推进小型农田水利设施达标提质，建设一批重大高效节水灌溉工程。加快建设国家农业科技创新体系，加强面向全行业的科技创新基地建设。深化农业科技成果转化和推广应用改革。加快发展现代农作物、畜禽、水产、林木种业，提升自主创新能力。高标准建设国家南繁育种基地。推进我国农机装备产业转型升级，加强科研机构、设备制造企业联合攻关，进一步提高大宗农作物机械国产化水平，加快研发经济作物、养殖业、丘陵山区农林机械，发展高端农机装备制造。优化农业从业者结构，加快建设知识型、技能型、创新型农业经营者队伍。大力发展数字农业，实施智慧农业林业水利工程，推进物联网试验示范和遥感技术应用。

（二）实施质量兴农战略。制定和实施国家质量兴农战略规划，建立健全质量兴农评价体系、政策体系、工作体系和考核体系。深入推进农业绿色化、优质化、特色化、品牌化，调整优化农业生产力布局，推动农业由增产导向转向提质导向。推进特色农产品优势区创建，建设现代农业产业园、农业科技园。实施产业兴村强县行动，推行标准化生产，培育农产品品牌，保护地理标志农产品，打造一村一品、一县一业发展新格局。加快发展现代高效林业，实施兴林富民行动，推进森林生态标志产品建设工程。加强植物病虫害、动物疫病防控体系建设。优化养殖业空间布局，大力发展绿色生态健康养殖，做大做强民族奶业。统筹海洋渔业资源开发，科学布局近远海养殖和远洋渔业，建设现代化海洋牧场。建立产学研融合的农业科技创新联盟，加强农业绿色生态、提质增效技术研发应用。切实发挥农垦在质量兴农中的带动引领作用。实施食品安全战略，完善农产品质量和食品安全标准体系，加强农业投入品和农产品质量安全追溯体系建设，健全农产品质量和食品安全监管体制，重点提高基层监管能力。

（三）构建农村一二三产业融合发展体系。大力开发农业多种功能，延长产业链、提升价值链、完善利益链，通过保底分红、股份合作、利润返还等多种形式，让农民合理分享全产业链增值收益。实施农产品加工业提升行动，鼓励企业兼并重组，淘汰落后产能，支持主产区农产品就地加工转化增值。重点解决农产品销售中的突出问题，加强农产品产后分级、包装、营销，建设现代化农产品冷链仓储物流体系，打造农产品销售公共服务平台，支持供销、邮政及各类企业把服务网点延伸到乡村，健全农产品产销稳定衔接机制，大力建设具有广泛性的促进农村电子商务发展的基础设施，鼓励支持各类市场主体创新发展基于互联网的新型农业产业模式，深入实施电子商务进农村综合示范，加快推进农村流通现代化。实施休闲农业和乡村旅游精品工程，建设一批设施完备、功能多样的休闲观光园区、森林人家、康养基地、乡村民宿、特色小镇。对利用闲置农房发展民宿、养老等项目，研究出台消防、特种行业经营等领域便利市场准入、加强事中事后监管的管理办法。发展乡村共享经济、创意农业、特色文化产业。

（四）构建农业对外开放新格局。优化资源配置，着力节本增效，提高我国农产品国际竞争力。实施特色优势农产品出口提升行动，扩大高附加值农产品出口。建立健全我国农业贸易政策体系。深化与"一带一路"沿线国家和地区农产品贸易关系。积极支持农业走出去，培育具有国际竞争力的大粮商和农业企业集团。积极参与全球粮食安全治理和农业贸易规则制定，促进形成更加公平合理的农业国际贸易秩序。进一步加大农产品反走私综合治理力度。

（五）促进小农户和现代农业发展有机衔接。统筹兼顾培育新型农业经营主体和扶持小农户，采取有针对性的措施，把小农生产引入现代农业发展轨道。培育各类专业化市场化服务组织，推进农业生产全程社会化服务，帮助小农户节本增效。发展多样化的联合与合作，提升小农户组织化程度。注重发挥新型农业经营主体带动作用，打造区域公用品牌，开展农超对接、农社对接，帮助小农户对接市场。扶持小农户发展生态农业、设施农业、体验农业、定制农业，提高产品档次和附加值，拓展增收空间。改善小农户生产设施条件，提升小农户抗风险能力。研究制定扶持小农生产的政策意见。

四、推进乡村绿色发展，打造人与自然和谐共生发展新格局

乡村振兴，生态宜居是关键。良好生态环境是农村最大优势和宝贵财

富。必须尊重自然、顺应自然、保护自然，推动乡村自然资本加快增值，实现百姓富、生态美的统一。

（一）统筹山水林田湖草系统治理。把山水林田湖草作为一个生命共同体，进行统一保护、统一修复。实施重要生态系统保护和修复工程。健全耕地草原森林河流湖泊休养生息制度，分类有序退出超载的边际产能。扩大耕地轮作休耕制度试点。科学划定江河湖海限捕、禁捕区域，健全水生生态保护修复制度。实行水资源消耗总量和强度双控行动。开展河湖水系连通和农村河塘清淤整治，全面推行河长制、湖长制。加大农业水价综合改革工作力度。开展国土绿化行动，推进荒漠化、石漠化、水土流失综合治理。强化湿地保护和恢复，继续开展退耕还湿。完善天然林保护制度，把所有天然林都纳入保护范围。扩大退耕还林还草、退牧还草，建立成果巩固长效机制。继续实施三北防护林体系建设等林业重点工程，实施森林质量精准提升工程。继续实施草原生态保护补助奖励政策。实施生物多样性保护重大工程，有效防范外来生物入侵。

（二）加强农村突出环境问题综合治理。加强农业面源污染防治，开展农业绿色发展行动，实现投入品减量化、生产清洁化、废弃物资源化、产业模式生态化。推进有机肥替代化肥、畜禽粪污处理、农作物秸秆综合利用、废弃农膜回收、病虫害绿色防控。加强农村水环境治理和农村饮用水水源保护，实施农村生态清洁小流域建设。扩大华北地下水超采区综合治理范围。推进重金属污染耕地防控和修复，开展土壤污染治理与修复技术应用试点，加大东北黑土地保护力度。实施流域环境和近岸海域综合治理。严禁工业和城镇污染向农业农村转移。加强农村环境监管能力建设，落实县乡两级农村环境保护主体责任。

（三）建立市场化多元化生态补偿机制。落实农业功能区制度，加大重点生态功能区转移支付力度，完善生态保护成效与资金分配挂钩的激励约束机制。鼓励地方在重点生态区位推行商品林赎买制度。健全地区间、流域上下游之间横向生态保护补偿机制，探索建立生态产品购买、森林碳汇等市场化补偿制度。建立长江流域重点水域禁捕补偿制度。推行生态建设和保护以工代赈做法，提供更多生态公益岗位。

（四）增加农业生态产品和服务供给。正确处理开发与保护的关系，运用现代科技和管理手段，将乡村生态优势转化为发展生态经济的优势，提供更多更好的绿色生态产品和服务，促进生态和经济良性循环。加快发展森林草原旅游、河湖湿地观光、冰雪海上运动、野生动物驯养观赏等产业，积极开发观光农业、游憩休闲、健康养生、生态教育等服务。创建一批特色生态旅游示范村镇和精品线路，打造绿色生态环保的乡村生态旅游产业链。

五、繁荣兴盛农村文化，焕发乡风文明新气象

乡村振兴，乡风文明是保障。必须坚持物质文明和精神文明一起抓，提升农民精神风貌，培育文明乡风、良好家风、淳朴民风，不断提高乡村社会文明程度。

（一）加强农村思想道德建设。以社会主义核心价值观为引领，坚持教育引导、实践养成、制度保障三管齐下，采取符合农村特点的有效方式，深化中国特色社会主义和中国梦宣传教育，大力弘扬民族精神和时代精神。加强爱国主义、集体主义、社会主义教育，深化民族团结进步教育，加强农村思想文化阵地建设。深入实施公民道德建设工程，挖掘农村传统道德教育资源，推进社会公德、职业道德、家庭美德、个人品德建设。推进诚信建设，强化农民的社会责任意识、规则意识、集体意识、主人翁意识。

（二）传承发展提升农村优秀传统文化。立足乡村文明，吸取城市文明及外来文化优秀成果，在保护传承的基础上，创造性转化、创新性发展，不断赋予时代内涵、丰富表现形式。切实保护好优秀农耕文化遗产，推动优秀农耕文化遗产合理适度利用。深入挖掘农耕文化蕴含的优秀思想观念、人文精神、道德规范，充分发挥其在凝聚人心、教化群众、淳化民风中的重要作用。划定乡村建设的历史文化保护线，保护好文物古迹、传统村落、民族村寨、传统建筑、农业遗迹、灌溉工程遗产。支持农村地区优秀戏曲曲艺、少数民族文化、民间文化等传承发展。

（三）加强农村公共文化建设。按照有标准、有网络、有内容、有人才的要求，健全乡村公共文化服务体系。发挥县级公共文化机构辐射作用，推进基层综合性文化服务中心建设，实现乡村两级公共文化服务全覆盖，提升服务效能。深入推进文化惠民，公共文化资源要重点向乡村倾斜，提供更多更好的农村公共文化产品和服务。支持"三农"题材文艺创作生产，鼓励文艺工作者不断推出反映农民生产生活尤其是乡村振兴实践的优秀文艺作品，充分展示新时代农村农民的精神面貌。培育挖掘乡土文化本土人才，开展文化结对帮扶，引导社会各界人士投身乡村文化建设。活跃繁荣农村文化市场，丰富农村文化业态，加强农村文化市场监管。

（四）开展移风易俗行动。广泛开展文明村镇、星级文明户、文明家庭等群众性精神文明创建活动。遏制大操大办、厚葬薄养、人情攀比等陈规陋习。加强无神论宣传教育，丰富农民群众精神文化生活，抵制封建迷信活动。深化农村殡葬改革。加强农村科普工作，提高农民科学文化素养。

六、加强农村基层基础工作，构建乡村治理新体系

乡村振兴，治理有效是基础。必须把夯实基层基础作为固本之策，建立健全党委领导、政府负责、社会协同、公众参与、法治保障的现代乡村社会治理体制，坚持自治、法治、德治相结合，确保乡村社会充满活力、和谐有序。

（一）加强农村基层党组织建设。扎实推进抓党建促乡村振兴，突出政治功能，提升组织力，抓乡促村，把农村基层党组织建成坚强战斗堡垒。强化农村基层党组织领导核心地位，创新组织设置和活动方式，持续整顿软弱涣散村党组织，稳妥有序开展不合格党员处置工作，着力引导农村党员发挥先锋模范作用。建立选派第一书记工作长效机制，全面向贫困村、软弱涣散村和集体经济薄弱村党组织派出第一书记。实施农村带头人队伍整体优化提升行动，注重吸引高校毕业生、农民工、机关企事业单位优秀党员干部到村任职，选优配强村党组织书记。健全从优秀村党组织书记中选拔乡镇领导干部、考录乡镇机关公务员、招聘乡镇事业编制人员制度。

加大在优秀青年农民中发展党员力度。建立农村党员定期培训制度。全面落实村级组织运转经费保障政策。推行村级小微权力清单制度,加大基层小微权力腐败惩处力度。严厉整治惠农补贴、集体资产管理、土地征收等领域侵害农民利益的不正之风和腐败问题。

(二)深化村民自治实践。坚持自治为基,加强农村群众性自治组织建设,健全和创新村党组织领导的充满活力的村民自治机制。推动村党组织书记通过选举担任村委会主任。发挥自治章程、村规民约的积极作用。全面建立健全村务监督委员会,推行村级事务阳光工程。依托村民会议、村民代表会议、村民议事会、村民理事会、村民监事会等,形成民事民议、民事民办、民事民管的多层次基层协商格局。积极发挥新乡贤作用。推动乡村治理重心下移,尽可能把资源、服务、管理下放到基层。继续开展以村民小组或自然村为基本单元的村民自治试点工作。加强农村社区治理创新。创新基层管理体制机制,整合优化公共服务和行政审批职责,打造"一门式办理"、"一站式服务"的综合服务平台。在村庄普遍建立网上服务站点,逐步形成完善的乡村便民服务体系。大力培育服务性、公益性、互助性农村社会组织,积极发展农村社会工作和志愿服务。集中清理上级对村级组织考核评比多、创建达标多、检查督查多等突出问题。维护村民委员会、农村集体经济组织、农村合作经济组织的特别法人地位和权利。

(三)建设法治乡村。坚持法治为本,树立依法治理理念,强化法律在维护农民权益、规范市场运行、农业支持保护、生态环境治理、化解农村社会矛盾等方面的权威地位。增强基层干部法治观念、法治为民意识,将政府涉农各项工作纳入法治化轨道。深入推进综合行政执法改革向基层延伸,创新监管方式,推动执法队伍整合、执法力量下沉,提高执法能力和水平。建立健全乡村调解、县市仲裁、司法保障的农村土地承包经营纠纷调处机制。加大农村普法力度,提高农民法治素养,引导广大农民增强尊法学法守法用法意识。健全农村公共法律服务体系,加强对农民的法律援助和司法救助。

(四)提升乡村德治水平。深入挖掘乡村熟人社会蕴含的道德规范,结合时代要求进行创新，强化道德教化作用，引导农民向上向善、孝老爱亲、重义守信、勤俭持家。建立道德激励约束机制，引导农民自我管理、自我教育、自我服务、自我提高，实现家庭和睦、邻里和谐、干群融洽。广泛开展好媳妇、好儿女、好公婆等评选表彰活动，开展寻找最美乡村教师、医生、村官、家庭等活动。深入宣传道德模范、身边好人的典型事迹，弘扬真善美，传播正能量。

（五）建设平安乡村。健全落实社会治安综合治理领导责任制，大力推进农村社会治安防控体系建设，推动社会治安防控力量下沉。深入开展扫黑除恶专项斗争，严厉打击农村黑恶势力、宗族恶势力，严厉打击黄赌毒盗拐骗等违法犯罪。依法加大对农村非法宗教活动和境外渗透活动打击力度，依法制止利用宗教干预农村公共事务，继续整治农村乱建庙宇、滥塑宗教造像。完善县乡村三级综治中心功能和运行机制。健全农村公共安全体系，持续开展农村安全隐患治理。加强农村警务、消防、安全生产工作，坚决遏制重特大安全事故。探索以网格化管理为抓手、以现代信息技术为支撑，实现基层服务和管理精细化精准化。推进农村"雪亮工程"建设。

七、提高农村民生保障水平，塑造美丽乡村新风貌

乡村振兴，生活富裕是根本。要坚持人人尽责、人人享有，按照抓重点、补短板、强弱项的要求，围绕农民群众最关心最直接最现实的利益问题，一件事情接着一件事情办，一年接着一年干，把乡村建设成为幸福美丽新家园。

（一）优先发展农村教育事业。高度重视发展农村义务教育，推动建立以城带乡、整体推进、城乡一体、均衡发展的义务教育发展机制。全面改善薄弱学校基本办学条件，加强寄宿制学校建设。实施农村义务教育学生营养改善计划。发展农村学前教育。推进农村普及高中阶段教育，支持教育基础薄弱县普通高中建设，加强职业教育，逐步分类推进中等职业教育免除学杂费。健全学生资助制度，使绝大多数农村新增劳动力接受高中阶段教育、更多接受高等教育。把农村需要的人群纳入特殊教育体系。以市

267

县为单位，推动优质学校辐射农村薄弱学校常态化。统筹配置城乡师资，并向乡村倾斜，建好建强乡村教师队伍。

（二）促进农村劳动力转移就业和农民增收。健全覆盖城乡的公共就业服务体系，大规模开展职业技能培训，促进农民工多渠道转移就业，提高就业质量。深化户籍制度改革，促进有条件、有意愿、在城镇有稳定就业和住所的农业转移人口在城镇有序落户，依法平等享受城镇公共服务。加强扶持引导服务，实施乡村就业创业促进行动，大力发展文化、科技、旅游、生态等乡村特色产业，振兴传统工艺。培育一批家庭工场、手工作坊、乡村车间，鼓励在乡村地区兴办环境友好型企业，实现乡村经济多元化，提供更多就业岗位。拓宽农民增收渠道，鼓励农民勤劳守法致富，增加农村低收入者收入，扩大农村中等收入群体，保持农村居民收入增速快于城镇居民。

（三）推动农村基础设施提档升级。继续把基础设施建设重点放在农村，加快农村公路、供水、供气、环保、电网、物流、信息、广播电视等基础设施建设，推动城乡基础设施互联互通。以示范县为载体全面推进"四好农村路"建设，加快实施通村组硬化路建设。加大成品油消费税转移支付资金用于农村公路养护力度。推进节水供水重大水利工程，实施农村饮水安全巩固提升工程。加快新一轮农村电网改造升级，制定农村通动力电规划，推进农村可再生能源开发利用。实施数字乡村战略，做好整体规划设计，加快农村地区宽带网络和第四代移动通信网络覆盖步伐，开发适应"三农"特点的信息技术、产品、应用和服务，推动远程医疗、远程教育等应用普及，弥合城乡数字鸿沟。提升气象为农服务能力。加强农村防灾减灾救灾能力建设。抓紧研究提出深化农村公共基础设施管护体制改革指导意见。

（四）加强农村社会保障体系建设。完善统一的城乡居民基本医疗保险制度和大病保险制度，做好农民重特大疾病救助工作。巩固城乡居民医保全国异地就医联网直接结算。完善城乡居民基本养老保险制度，建立城乡居民基本养老保险待遇确定和基础养老金标准正常调整机制。统筹城乡社会救助体系，完善最低生活保障制度，做好农村社会救助兜底工作。将进城落户农业转移人口全部纳入城镇住房保障体系。构建多层次农村养老保障体系，创新多元化照料服务模式。健全农村留守儿童和妇女、老年人以及困境儿童关爱服务体系。加强和改善农村残疾人服务。

（五）推进健康乡村建设。强化农村公共卫生服务，加强慢性病综合防控，大力推进农村地区精神卫生、职业病和重大传染病防治。完善基本公共卫生服务项目补助政策，加强基层医疗卫生服务体系建设，支持乡镇卫生院和村卫生室改善条件。加强乡村中医药服务。开展和规范家庭医生签约服务，加强妇幼、老人、残疾人等重点人群健康服务。倡导优生优育。深入开展乡村爱国卫生运动。

（六）持续改善农村人居环境。实施农村人居环境整治三年行动计划，以农村垃圾、污水治理和村容村貌提升为主攻方向，整合各种资源，强化各种举措，稳步有序推进农村人居环境突出问题治理。坚持不懈推进农村"厕所革命"，大力开展农村户用卫生厕所建设和改造，同步实施粪污治理，加快实现农村无害化卫生厕所全覆盖，努力补齐影响农民群众生活品质的短板。总结推广适用不同地区的农村污水治理模式，加强技术支撑和指导。深入推进农村环境综合整治。推进北方地区农村散煤替代，有条件的地方有序推进煤改气、煤改电和新能源利用。逐步建立农村低收入群体安全住房保障机制。强化新建农房规划管控，加强"空心村"服务管理和改造。保护保留乡村风貌，开展田园建筑示范，培养乡村传统建筑名匠。实施乡村绿化行动，全面保护古树名木。持续推进宜居宜业的美丽乡村建设。

八、打好精准脱贫攻坚战，增强贫困群众获得感

乡村振兴，摆脱贫困是前提。必须坚持精准扶贫、精准脱贫，把提高脱贫质量放在首位，既不降低扶贫标准，也不吊高胃口，采取更加有力的举措、更加集中的支持、更加精细的工作，坚决打好精准脱贫这场对全面建成小康社会具有决定性意义的攻坚战。

（一）瞄准贫困人口精准帮扶。对有劳动能力的贫困人口，强化产业和

就业扶持，着力做好产销衔接、劳务对接，实现稳定脱贫。有序推进易地扶贫搬迁，让搬迁群众搬得出、稳得住、能致富。对完全或部分丧失劳动能力的特殊贫困人口，综合实施保障性扶贫政策，确保病有所医、残有所助、生活有兜底。做好农村最低生活保障工作的动态化精细化管理，把符合条件的贫困人口全部纳入保障范围。

（二）聚焦深度贫困地区集中发力。全面改善贫困地区生产生活条件，确保实现贫困地区基本公共服务主要指标接近全国平均水平。以解决突出制约问题为重点，以重大扶贫工程和到村到户帮扶为抓手，加大政策倾斜和扶贫资金整合力度，着力改善深度贫困地区发展条件，增强贫困农户发展能力，重点攻克深度贫困地区脱贫任务。新增脱贫攻坚资金项目主要投向深度贫困地区，增加金融投入对深度贫困地区的支持，新增建设用地指标优先保障深度贫困地区发展用地需要。

（三）激发贫困人口内生动力。把扶贫同扶志、扶智结合起来，把救急纾困和内生脱贫结合起来，提升贫困群众发展生产和务工经商的基本技能，实现可持续稳固脱贫。引导贫困群众克服等靠要思想，逐步消除精神贫困。要打破贫困均衡，促进形成自强自立、争先脱贫的精神风貌。改进帮扶方式方法，更多采用生产奖补、劳务补助、以工代赈等机制，推动贫困群众通过自己的辛勤劳动脱贫致富。

（四）强化脱贫攻坚责任和监督。坚持中央统筹省负总责市县抓落实的工作机制，强化党政一把手负总责的责任制。强化县级党委作为全县脱贫攻坚总指挥部的关键作用，脱贫攻坚期内贫困县县级党政正职要保持稳定。开展扶贫领域腐败和作风问题专项治理，切实加强扶贫资金管理，对挪用和贪污扶贫款项的行为严惩不贷。将2018年作为脱贫攻坚作风建设年，集中力量解决突出作风问题。科学确定脱贫摘帽时间，对弄虚作假、搞数字脱贫的严肃查处。完善扶贫督查巡查、考核评估办法，除党中央、国务院统一部署外，各部门一律不准再组织其他检查考评。严格控制各地开展增加一线扶贫干部负担的各类检查考评，切实给基层减轻工作负担。关心爱护战斗在扶贫第一线的基层干部，制定激励政策，为他们工作生活排忧解难，保护和调动他们的工作积极性。做好实施乡村振兴战略与打好精准脱贫攻坚战的有机衔接。制定坚决打好精准脱贫攻坚战三年行动指导意见。研究提出持续减贫的意见。

九、推进体制机制创新，强化乡村振兴制度性供给

实施乡村振兴战略，必须把制度建设贯穿其中。要以完善产权制度和要素市场化配置为重点，激活主体、激活要素、激活市场，着力增强改革的系统性、整体性、协同性。

（一）巩固和完善农村基本经营制度。落实农村土地承包关系稳定并长久不变政策，衔接落实好第二轮土地承包到期后再延长30年的政策，让农民吃上长效"定心丸"。全面完成土地承包经营权确权登记颁证工作，实现承包土地信息联通共享。完善农村承包地"三权分置"制度，在依法保护集体土地所有权和农户承包权前提下，平等保护土地经营权。农村承包土地经营权可以依法向金融机构融资担保、入股从事农业产业化经营。实施新型农业经营主体培育工程，培育发展家庭农场、合作社、龙头企业、社会化服务组织和农业产业化联合体，发展多种形式适度规模经营。

（二）深化农村土地制度改革。系统总结农村土地征收、集体经营性建设用地入市、宅基地制度改革试点经验，逐步扩大试点，加快土地管理法修改，完善农村土地利用管理政策体系。扎实推进房地一体的农村集体建设用地和宅基地使用权确权登记颁证。完善农民闲置宅基地和闲置农房政策，探索宅基地所有权、资格权、使用权"三权分置"，落实宅基地集体所有权，保障宅基地农户资格权和农民房屋财产权，适度放活宅基地和农民房屋使用权，不得违规违法买卖宅基地，严格实行土地用途管制，严格禁止下乡利用农村宅基地建设别墅大院和私人会馆。在符合土地利用总体规划前提下，允许县级政府通过村土地利用规划，调整优化村庄用地布局，有效利用农村零星分散的存量建设用地；预留部分规划建设用地指标用于单独选址的农业设施和休闲旅游设施等建设。对利用收储农村闲置建设用地发展农村新产业新业态的，给予新增建设用地指标奖励。进一步完善设

施农用地政策。

（三）深入推进农村集体产权制度改革。全面开展农村集体资产清产核资、集体成员身份确认，加快推进集体经营性资产股份合作制改革。推动资源变资产、资金变股金、农民变股东，探索农村集体经济新的实现形式和运行机制。坚持农村集体产权制度改革正确方向，发挥村党组织对集体经济组织的领导核心作用，防止内部少数人控制和外部资本侵占集体资产。维护进城落户农民土地承包权、宅基地使用权、集体收益分配权，引导进城落户农民依法自愿有偿转让上述权益。研究制定农村集体经济组织法，充实农村集体产权权能。全面深化供销合作社综合改革，深入推进集体林权、水利设施产权等领域改革，做好农村综合改革、农村改革试验区等工作。

（四）完善农业支持保护制度。以提升农业质量效益和竞争力为目标，强化绿色生态导向，创新完善政策工具和手段，扩大"绿箱"政策的实施范围和规模，加快建立新型农业支持保护政策体系。深化农产品收储制度和价格形成机制改革，加快培育多元市场购销主体，改革完善中央储备粮管理体制。通过完善拍卖机制、定向销售、包干销售等，加快消化政策性粮食库存。落实和完善对农民直接补贴制度，提高补贴效能。健全粮食主产区利益补偿机制。探索开展稻谷、小麦、玉米三大粮食作物完全成本保险和收入保险试点，加快建立多层次农业保险体系。

十、汇聚全社会力量，强化乡村振兴人才支撑

实施乡村振兴战略，必须破解人才瓶颈制约。要把人力资本开发放在首要位置，畅通智力、技术、管理下乡通道，造就更多乡土人才，聚天下人才而用之。

（一）大力培育新型职业农民。全面建立职业农民制度，完善配套政策体系。实施新型职业农民培育工程。支持新型职业农民通过弹性学制参加中高等农业职业教育。创新培训机制，支持农民专业合作社、专业技术协会、龙头企业等主体承担培训。引导符合条件的新型职业农民参加城镇职工养老、医疗等社会保障制度。鼓励各地开展职业农民职称评定试点。

　　（二）加强农村专业人才队伍建设。建立县域专业人才统筹使用制度，提高农村专业人才服务保障能力。推动人才管理职能部门简政放权，保障和落实基层用人主体自主权。推行乡村教师"县管校聘"。实施好边远贫困地区、边疆民族地区和革命老区人才支持计划，继续实施"三支一扶"、特岗教师计划等，组织实施高校毕业生基层成长计划。支持地方高等学校、职业院校综合利用教育培训资源，灵活设置专业（方向），创新人才培养模式，为乡村振兴培养专业化人才。扶持培养一批农业职业经理人、经纪人、乡村工匠、文化能人、非遗传承人等。

　　（三）发挥科技人才支撑作用。全面建立高等院校、科研院所等事业单位专业技术人员到乡村和企业挂职、兼职和离岗创新创业制度，保障其在职称评定、工资福利、社会保障等方面的权益。深入实施农业科研杰出人才计划和杰出青年农业科学家项目。健全种业等领域科研人员以知识产权明晰为基础、以知识价值为导向的分配政策。探索公益性和经营性农技推广融合发展机制，允许农技人员通过提供增值服务合理取酬。全面实施农技推广服务特聘计划。

　　（四）鼓励社会各界投身乡村建设。建立有效激励机制，以乡情乡愁为纽带，吸引支持企业家、党政干部、专家学者、医生教师、规划师、建筑师、律师、技能人才等，通过下乡担任志愿者、投资兴业、包村包项目、行医办学、捐资捐物、法律服务等方式服务乡村振兴事业。研究制定管理办法，允许符合要求的公职人员回乡任职。吸引更多人才投身现代农业，培养造就新农民。加快制定鼓励引导工商资本参与乡村振兴的指导意见，落实和完善融资贷款、配套设施建设补助、税费减免、用地等扶持政策，明确政策边界，保护好农民利益。发挥工会、共青团、妇联、科协、残联等群团组织的优势和力量，发挥各民主党派、工商联、无党派人士等积极作用，支持农村产业发展、生态环境保护、乡风文明建设、农村弱势群体关爱等。实施乡村振兴"巾帼行动"。加强对下乡组织和人员的管理服务，使之成为乡村振兴的建设性力量。

　　（五）创新乡村人才培育引进使用机制。建立自主培养与人才引进相结合，学历教育、技能培训、实践锻炼等多种方式并举的人力资源开发机制。建立城乡、区域、校地之间人才培养合作与交流机制。全面建立城市医生教师、科技文化人员等定期服务乡村机制。研究制定鼓励城市专业人才参与乡村振兴的政策。

十一、开拓投融资渠道，强化乡村振兴投入保障

实施乡村振兴战略，必须解决钱从哪里来的问题。要健全投入保障制度，创新投融资机制，加快形成财政优先保障、金融重点倾斜、社会积极参与的多元投入格局，确保投入力度不断增强、总量持续增加。

（一）确保财政投入持续增长。建立健全实施乡村振兴战略财政投入保障制度，公共财政更大力度向"三农"倾斜，确保财政投入与乡村振兴目标任务相适应。优化财政供给结构，推进行业内资金整合与行业间资金统筹相互衔接配合，增加地方自主统筹空间，加快建立涉农资金统筹整合长效机制。充分发挥财政资金的引导作用，撬动金融和社会资本更多投向乡村振兴。切实发挥全国农业信贷担保体系作用，通过财政担保费率补助和以奖代补等，加大对新型农业经营主体支持力度。加快设立国家融资担保基金，强化担保融资增信功能，引导更多金融资源支持乡村振兴。支持地方政府发行一般债券用于支持乡村振兴、脱贫攻坚领域的公益性项目。稳步推进地方政府专项债券管理改革，鼓励地方政府试点发行项目融资和收益自平衡的专项债券，支持符合条件、有一定收益的乡村公益性项目建设。规范地方政府举债融资行为，不得借乡村振兴之名违法违规变相举债。

（二）拓宽资金筹集渠道。调整完善土地出让收入使用范围，进一步提高农业农村投入比例。严格控制未利用地开垦，集中力量推进高标准农田建设。改进耕地占补平衡管理办法，建立高标准农田建设等新增耕地指标和城乡建设用地增减挂钩节余指标跨省域调剂机制，将所得收益通过支出预算全部用于巩固脱贫攻坚成果和支持实施乡村振兴战略。推广一事一议、以奖代补等方式，鼓励农民对直接受益的乡村基础设施建设投工投劳，让农民更多参与建设管护。

（三）提高金融服务水平。坚持农村金融改革发展的正确方向，健全适合农业农村特点的农村金融体系，推动农村金融机构回归本源，把更多金融资源配置到农村经济社会发展的重点领域和薄弱环节，更好满足乡村振兴多样化金融需求。要强化金融服务方式创新，防止脱实向虚倾向，严格管控风险，提高金融服务乡村振兴能力和水平。抓紧出台金融服务乡村振兴的指导意见。加大中国农业银行、中国邮政储蓄银行"三农"金融事业部对乡村振兴支持力度。明确国家开发银行、中国农业发展银行在乡村振兴中的职责定位，强化金融服务方式创新，加大对乡村振兴中长期信贷支持。推动农村信用社省联社改革，保持农村信用社县域法人地位和数量总体稳定，完善村镇银行准入条件，地方法人金融机构要服务好乡村振兴。普惠金融重点要放在乡村。推动出台非存款类放贷组织条例。制定金融机构服务乡村振兴考核评估办法。支持符合条件的涉农企业发行上市、新三板挂牌和融资、并购重组，深入推进农产品期货期权市场建设，稳步扩大"保险＋期货"试点，探索"订单农业＋保险＋期货（权）"试点。改进农村金融差异化监管体系，强化地方政府金融风险防范处置责任。

十二、坚持和完善党对"三农"工作的领导

实施乡村振兴战略是党和国家的重大决策部署，各级党委和政府要提高对实施乡村振兴战略重大意义的认识，真正把实施乡村振兴战略摆在优先位置，把党管农村工作的要求落到实处。

（一）完善党的农村工作领导体制机制。各级党委和政府要坚持工业农业一起抓、城市农村一起抓，把农业农村优先发展原则体现到各个方面。健全党委统一领导、政府负责、党委农村工作部门统筹协调的农村工作领导体制。建立实施乡村振兴战略领导责任制，实行中央统筹省负总责市县抓落实的工作机制。党政一把手是第一责任人，五级书记抓乡村振兴。县委书记要下大气力抓好"三农"工作，当好乡村振兴"一线总指挥"。各部门要按照职责，加强工作指导，强化资源要素支持和制度供给，做好协同配合，形成乡村振兴工作合力。切实加强各级党委农村工作部门建设，按

照《中国共产党工作机关条例（试行）》有关规定，做好党的农村工作机构设置和人员配置工作，充分发挥决策参谋、统筹协调、政策指导、推动落实、督导检查等职能。各省（自治区、直辖市）党委和政府每年要向党中央、国务院报告推进实施乡村振兴战略进展情况。建立市县党政领导班子和领导干部推进乡村振兴战略的实绩考核制度，将考核结果作为选拔任用领导干部的重要依据。

（二）研究制定中国共产党农村工作条例。根据坚持党对一切工作的领导的要求和新时代"三农"工作新形势新任务新要求，研究制定中国共产党农村工作条例，把党领导农村工作的传统、要求、政策等以党内法规形式确定下来，明确加强对农村工作领导的指导思想、原则要求、工作范围和对象、主要任务、机构职责、队伍建设等，完善领导体制和工作机制，确保乡村振兴战略有效实施。

（三）加强"三农"工作队伍建设。把懂农业、爱农村、爱农民作为基本要求，加强"三农"工作干部队伍培养、配备、管理、使用。各级党委和政府主要领导干部要懂"三农"工作、会抓"三农"工作，分管领导要真正成为"三农"工作行家里手。制定并实施培训计划，全面提升"三农"干部队伍能力和水平。拓宽县级"三农"工作部门和乡镇干部来源渠道。把到农村一线工作锻炼作为培养干部的重要途径，注重提拔使用实绩优秀的干部，形成人才向农村基层一线流动的用人导向。

（四）强化乡村振兴规划引领。制定国家乡村振兴战略规划（2018－2022年），分别明确至2020年全面建成小康社会和2022年召开党的二十大时的目标任务，细化实化工作重点和政策措施，部署若干重大工程、重大计划、重大行动。各地区各部门要编制乡村振兴地方规划和专项规划或方案。加强各类规划的统筹管理和系统衔接，形成城乡融合、区域一体、多规合一的规划体系。根据发展现状和需要分类有序推进乡村振兴，对具备条件的村庄，要加快推进城镇基础设施和公共服务向农村延伸；对自然历史文化资源丰富的村庄，要统筹兼顾保护与发展；对生存条件恶劣、生态环境脆弱的村庄，要加大力度实施生态移民搬迁。

（五）强化乡村振兴法治保障。抓紧研究制定乡村振兴法的有关工作，把行之有效的乡村振兴政策法定化，充分发挥立法在乡村振兴中的保障和推动作用。及时修改和废止不适应的法律法规。推进粮食安全保障立法。各地可以从本地乡村发展实际需要出发，制定促进乡村振兴的地方性法规、地方政府规章。加强乡村统计工作和数据开发应用。

（六）营造乡村振兴良好氛围。凝聚全党全国全社会振兴乡村强大合力，宣传党的乡村振兴方针政策和各地丰富实践，振奋基层干部群众精神。建立乡村振兴专家决策咨询制度，组织智库加强理论研究。促进乡村振兴国际交流合作，讲好乡村振兴中国故事，为世界贡献中国智慧和中国方案。

让我们更加紧密地团结在以习近平同志为核心的党中央周围，高举中国特色社会主义伟大旗帜，以习近平新时代中国特色社会主义思想为指导，迎难而上、埋头苦干、开拓进取，为决胜全面建成小康社会、夺取新时代中国特色社会主义伟大胜利作出新的贡献！

中共中央　国务院关于坚持农业农村优先发展做好"三农"工作的若干意见

（2019 年 1 月 3 日）

今明两年是全面建成小康社会的决胜期，"三农"领域有不少必须完成的硬任务。党中央认为，在经济下行压力加大、外部环境发生深刻变化的复杂形势下，做好"三农"工作具有特殊重要性。必须坚持把解决好"三农"问题作为全党工作重中之重不动摇，进一步统一思想、坚定信心、落实工作，巩固发展农业农村好形势，发挥"三农"压舱石作用，为有效应对各种风险挑战赢得主动，为确保经济持续健康发展和社会大局稳定、如期实现第一个百年奋斗目标奠定基础。

做好"三农"工作，要以习近平新时代中国特色社会主义思想为指导，全面贯彻党的十九大和十九届二中、三中全会以及中央经济工作会议精神，紧紧围绕统筹推进"五位一体"总体布局和协调推进"四个全面"战略布局，牢牢把握稳中求进工作总基调，落实高质量发展要求，坚持农业农村优先发展总方针，以实施乡村振兴战略为总抓手，对标全面建成小康社会"三农"工作必须完成的硬任务，适应国内外复杂形势变化对农村改革发展提出的新要求，抓重点、补短板、强基础，围绕"巩固、增强、提升、畅通"深化农业供给侧结构性改革，坚决打赢脱贫攻坚战，充分发挥农村基层党组织战斗堡垒作用，全面推进乡村振兴，确保顺利完成到 2020 年承诺的农村改革发展目标任务。

一、聚力精准施策，决战决胜脱贫攻坚

（一）不折不扣完成脱贫攻坚任务。咬定既定脱贫目标，落实已有政策部署，到 2020 年确保现行标准下农村贫困人口实现脱贫、贫困县全部摘帽、解决区域性整体贫困。坚持现行扶贫标准，全面排查解决影响"两不愁三保障"实现的突出问题，防止盲目拔高标准、吊高胃口，杜绝数字脱贫、虚假脱贫。加强脱贫监测。进一步压实脱贫攻坚责任，落实最严格的考核评估，精准问责问效。继续加强东西部扶贫协作和中央单位定点扶贫。深入推进抓党建促脱贫攻坚。组织开展常态化约谈，发现问题随时约谈。用好脱贫攻坚专项巡视成果，推动落实脱贫攻坚政治责任。

（二）主攻深度贫困地区。瞄准制约深度贫困地区精准脱贫的重点难点问题，列出清单，逐项明确责任，对账销号。重大工程建设项目继续向深度贫困地区倾斜，特色产业扶贫、易地扶贫搬迁、生态扶贫、金融扶贫、社会帮扶、干部人才等政策措施向深度贫困地区倾斜。各级财政优先加大"三区三州"脱贫攻坚资金投入。对"三区三州"外贫困人口多、贫困发生率高、脱贫难度大的深度贫困地区，也要统筹资金项目，加大扶持力度。

（三）着力解决突出问题。注重发展长效扶贫产业，着力解决产销脱节、风险保障不足等问题，提高贫困人口参与度和直接受益水平。强化易地扶贫搬迁后续措施，着力解决重搬迁、轻后续帮扶问题，确保搬迁一户、

稳定脱贫一户。加强贫困地区义务教育控辍保学，避免因贫失学辍学。落实基本医疗保险、大病保险、医疗救助等多重保障措施，筑牢乡村卫生服务网底，保障贫困人口基本医疗需求。扎实推进生态扶贫，促进扶贫开发与生态保护相协调。坚持扶贫与扶志扶智相结合，加强贫困地区职业教育和技能培训，加强开发式扶贫与保障性扶贫统筹衔接，着力解决"一兜了之"和部分贫困人口等靠要问题，增强贫困群众内生动力和自我发展能力。切实加强一线精准帮扶力量，选优配强驻村工作队伍。关心关爱扶贫干部，加大工作支持力度，帮助解决实际困难，解除后顾之忧。持续开展扶贫领域腐败和作风问题专项治理，严厉查处虚报冒领、贪占挪用和优亲厚友、吃拿卡要等问题。

（四）巩固和扩大脱贫攻坚成果。攻坚期内贫困县、贫困村、贫困人口退出后，相关扶贫政策保持稳定，减少和防止贫困人口返贫。研究解决收入水平略高于建档立卡贫困户的群众缺乏政策支持等新问题。坚持和推广脱贫攻坚中的好经验好做法好路子。做好脱贫攻坚与乡村振兴的衔接，对摘帽后的贫困县要通过实施乡村振兴战略巩固发展成果，接续推动经济社会发展和群众生活改善。总结脱贫攻坚的实践创造和伟大精神。及早谋划脱贫攻坚目标任务 2020 年完成后的战略思路。

二、夯实农业基础，保障重要农产品有效供给

（一）稳定粮食产量。毫不放松抓好粮食生产，推动藏粮于地、藏粮于技落实落地，确保粮食播种面积稳定在 16.5 亿亩。稳定完善扶持粮食生产政策举措，挖掘品种、技术、减灾等稳产增产潜力，保障农民种粮基本收益。发挥粮食主产区优势，完善粮食主产区利益补偿机制，健全产粮大县奖补政策。压实主销区和产销平衡区稳定粮食生产责任。严守 18 亿亩耕地红线，全面落实永久基本农田特殊保护制度，确保永久基本农田保持在 15.46 亿亩以上。建设现代气象为农服务体系。强化粮食安全省长责任制考核。

（二）完成高标准农田建设任务。巩固和提高粮食生产能力，到 2020 年确保建成 8 亿亩高标准农田。修编全国高标准农田建设总体规划，统一规

划布局、建设标准、组织实施、验收考核、上图入库。加强资金整合，创新投融资模式，建立多元筹资机制。实施区域化整体建设，推进田水林路电综合配套，同步发展高效节水灌溉。全面完成粮食生产功能区和重要农产品生产保护区划定任务，高标准农田建设项目优先向"两区"安排。恢复启动新疆优质棉生产基地建设，将糖料蔗"双高"基地建设范围覆盖到划定的所有保护区。进一步加强农田水利建设。推进大中型灌区续建配套节水改造与现代化建设。加大东北黑土地保护力度。加强华北地区地下水超采综合治理。推进重金属污染耕地治理修复和种植结构调整试点。

（三）调整优化农业结构。大力发展紧缺和绿色优质农产品生产，推进农业由增产导向转向提质导向。深入推进优质粮食工程。实施大豆振兴计划，多途径扩大种植面积。支持长江流域油菜生产，推进新品种新技术示范推广和全程机械化。积极发展木本油料。实施奶业振兴行动，加强优质奶源基地建设，升级改造中小奶牛养殖场，实施婴幼儿配方奶粉提升行动。合理调整粮经饲结构，发展青贮玉米、苜蓿等优质饲草料生产。合理确定内陆水域养殖规模，压减近海、湖库过密网箱养殖，推进海洋牧场建设，规范有序发展远洋渔业。降低江河湖泊和近海渔业捕捞强度，全面实施长江水生生物保护区禁捕。实施农产品质量安全保障工程，健全监管体系、监测体系、追溯体系。加大非洲猪瘟等动物疫情监测防控力度，严格落实防控举措，确保产业安全。

（四）加快突破农业关键核心技术。强化创新驱动发展，实施农业关键核心技术攻关行动，培育一批农业战略科技创新力量，推动生物种业、重型农机、智慧农业、绿色投入品等领域自主创新。建设农业领域国家重点实验室等科技创新平台基地，打造产学研深度融合平台，加强国家现代农业产业技术体系、科技创新联盟、产业创新中心、高新技术产业示范区、科技园区等建设。强化企业技术创新主体地位，培育农业科技创新型企业，支持符合条件的企业牵头实施技术创新项目。继续组织实施水稻、小麦、玉米、大豆和畜禽良种联合攻关，加快选育和推广优质草种。支持薄弱环节适用农机研发，促进农机装备产业转型升级，加快推进农业机械化。加强农业领域知识产权创造与应用。加快先进实用技术集成创新与推广应用。建立健全农业科研成果产权制度，赋予科研人员科技成果所有权，完善人才评价和流动保障机制，落实兼职兼薪、成果权益分配政策。

（五）实施重要农产品保障战略。加强顶层设计和系统规划，立足国内保障粮食等重要农产品供给，统筹用好国际国内两个市场、两种资源，科学确定国内重要农产品保障水平，健全保障体系，提高国内安全保障能力。将稻谷、小麦作为必保品种，稳定玉米生产，确保谷物基本自给、口粮绝对安全。加快推进粮食安全保障立法进程。在提质增效基础上，巩固棉花、油料、糖料、天然橡胶生产能力。加快推进并支持农业走出去，加强"一带一路"农业国际合作，主动扩大国内紧缺农产品进口，拓展多元化进口渠道，培育一批跨国农业企业集团，提高农业对外合作水平。加大农产品反走私综合治理力度。

三、扎实推进乡村建设，加快补齐农村人居环境和公共服务短板

（一）抓好农村人居环境整治三年行动。深入学习推广浙江"千村示范、万村整治"工程经验，全面推开以农村垃圾污水治理、厕所革命和村容村貌提升为重点的农村人居环境整治，确保到2020年实现农村人居环境阶段性明显改善，村庄环境基本干净整洁有序，村民环境与健康意识普遍增强。鼓励各地立足实际、因地制宜，合理选择简便易行、长期管用的整治模式，集中攻克技术难题。建立地方为主、中央补助的政府投入机制。中央财政对农村厕所革命整村推进等给予补助，对农村人居环境整治先进县给予奖励。中央预算内投资安排专门资金支持农村人居环境整治。允许县级按规定统筹整合相关资金，集中用于农村人居环境整治。鼓励社会力量积极参与，将农村人居环境整治与发展乡村休闲旅游等有机结合。广泛开展村庄清洁行动。开展美丽宜居村庄和最美庭院创建活动。农村人居环境整治工作要同农村经济发展水平相适应、同当地文化和风土人情相协调，注重实效，防止做表面文章。

（二）实施村庄基础设施建设工程。推进农村饮水安全巩固提升工程，加强农村饮用水水源地保护，加快解决农村"吃水难"和饮水不安全问题。全面推进"四好农村路"建设，加大"路长制"和示范县实施力度，实现具备条件的建制村全部通硬化路，有条件的地区向自然村延伸。加强村内道路建设。全面实施乡村电气化提升工程，加快完成新一轮农村电网改造。完善县乡村物流基础设施网络，支持产地建设农产品贮藏保鲜、分级包装等设施，鼓励企业在县乡和具备条件的村建立物流配送网点。加快推进宽带网络向村庄延伸，推进提速降费。继续推进农村危房改造。健全村庄基础设施建管长效机制，明确各方管护责任，鼓励地方将管护费用纳入财政预算。

（三）提升农村公共服务水平。全面提升农村教育、医疗卫生、社会保障、养老、文化体育等公共服务水平，加快推进城乡基本公共服务均等化。推动城乡义务教育一体化发展，深入实施农村义务教育学生营养改善计划。实施高中阶段教育普及攻坚计划，加强农村儿童健康改善和早期教育、学前教育。加快标准化村卫生室建设，实施全科医生特岗计划。建立健全统一的城乡居民基本医疗保险制度，同步整合城乡居民大病保险。完善城乡居民基本养老保险待遇确定和基础养老金正常调整机制。统筹城乡社会救助体系，完善最低生活保障制度、优抚安置制度。加快推进农村基层综合性文化服务中心建设。完善农村留守儿童和妇女、老年人关爱服务体系，支持多层次农村养老事业发展，加强和改善农村残疾人服务。推动建立城乡统筹的基本公共服务经费投入机制，完善农村基本公共服务标准。

（四）加强农村污染治理和生态环境保护。统筹推进山水林田湖草系统治理，推动农业农村绿色发展。加大农业面源污染治理力度，开展农业节肥节药行动，实现化肥农药使用量负增长。发展生态循环农业，推进畜禽粪污、秸秆、农膜等农业废弃物资源化利用，实现畜牧养殖大县粪污资源化利用整县治理全覆盖，下大力气治理白色污染。扩大轮作休耕制度试点。创建农业绿色发展先行区。实施乡村绿化美化行动，建设一批森林乡村，保护古树名木，开展湿地生态效益补偿和退耕还湿。全面保护天然林。加强"三北"地区退化防护林修复。扩大退耕还林还草，稳步实施退牧还草。实施新一轮草原生态保护补助奖励政策。落实河长制、湖长制，推进农村水环境治理，严格乡村河湖水域岸线等水生态空间管理。

（五）强化乡村规划引领。把加强规划管理作为乡村振兴的基础性工作，实现规划管理全覆盖。以县为单位抓紧编制或修编村庄布局规划，县级党委和政府要统筹推进乡村规划工作。按照先规划后建设的原则，通盘考虑土地利用、产业发展、居民点建设、人居环境整治、生态保护和历史文化传承，注重保持乡土风貌，编制多规合一的实用性村庄规划。加强农村建房许可管理。

四、发展壮大乡村产业，拓宽农民增收渠道

（一）加快发展乡村特色产业。因地制宜发展多样性特色农业，倡导"一村一品"、"一县一业"。积极发展果菜茶、食用菌、杂粮杂豆、薯类、中药材、特色养殖、林特花卉苗木等产业。支持建设一批特色农产品优势区。创新发展具有民族和地域特色的乡村手工业，大力挖掘农村能工巧匠，培育一批家庭工场、手工作坊、乡村车间。健全特色农产品质量标准体系，强化农产品地理标志和商标保护，创响一批"土字号"、"乡字号"特色产品品牌。

（二）大力发展现代农产品加工业。以"粮头食尾"、"农头工尾"为抓手，支持主产区依托县域形成农产品加工产业集群，尽可能把产业链留在县域，改变农村卖原料、城市搞加工的格局。支持发展适合家庭农场和农民合作社经营的农产品初加工，支持县域发展农产品精深加工，建成一批农产品专业村镇和加工强县。统筹农产品产地、集散地、销地批发市场建设，加强农产品物流骨干网络和冷链物流体系建设。培育农业产业化龙头企业和联合体，推进现代农业产业园、农村产业融合发展示范园、农业产业强镇建设。健全农村一二三产业融合发展利益联结机制，让农民更多分享产业增值收益。

（三）发展乡村新型服务业。支持供销、邮政、农业服务公司、农民合

作社等开展农技推广、土地托管、代耕代种、统防统治、烘干收储等农业生产性服务。充分发挥乡村资源、生态和文化优势，发展适应城乡居民需要的休闲旅游、餐饮民宿、文化体验、健康养生、养老服务等产业。加强乡村旅游基础设施建设，改善卫生、交通、信息、邮政等公共服务设施。

（四）实施数字乡村战略。深入推进"互联网＋农业"，扩大农业物联网示范应用。推进重要农产品全产业链大数据建设，加强国家数字农业农村系统建设。继续开展电子商务进农村综合示范，实施"互联网＋"农产品出村进城工程。全面推进信息进村入户，依托"互联网＋"推动公共服务向农村延伸。

（五）促进农村劳动力转移就业。落实更加积极的就业政策，加强就业服务和职业技能培训，促进农村劳动力多渠道转移就业和增收。发展壮大县域经济，引导产业有序梯度转移，支持适宜产业向小城镇集聚发展，扶持发展吸纳就业能力强的乡村企业，支持企业在乡村兴办生产车间、就业基地，增加农民就地就近就业岗位。稳定农民工就业，保障工资及时足额发放。加快农业转移人口市民化，推进城镇基本公共服务常住人口全覆盖。

（六）支持乡村创新创业。鼓励外出农民工、高校毕业生、退伍军人、城市各类人才返乡下乡创新创业，支持建立多种形式的创业支撑服务平台，完善乡村创新创业支持服务体系。落实好减税降费政策，鼓励地方设立乡村就业创业引导基金，加快解决用地、信贷等困难。加强创新创业孵化平台建设，支持创建一批返乡创业园，支持发展小微企业。

五、全面深化农村改革，激发乡村发展活力

（一）巩固和完善农村基本经营制度。坚持家庭经营基础性地位，赋予双层经营体制新的内涵。突出抓好家庭农场和农民合作社两类新型农业经营主体，启动家庭农场培育计划，开展农民合作社规范提升行动，深入推进示范合作社建设，建立健全支持家庭农场、农民合作社发展的政策体系和管理制度。落实扶持小农户和现代农业发展有机衔接的政策，完善"农户＋合作社"、"农户＋公司"利益联结机制。加快培育各类社会化服务组

织，为一家一户提供全程社会化服务。加快出台完善草原承包经营制度的意见。加快推进农业水价综合改革，健全节水激励机制。继续深化供销合作社综合改革，制定供销合作社条例。深化集体林权制度和国有林区林场改革。大力推进农垦垦区集团化、农场企业化改革。

（二）深化农村土地制度改革。保持农村土地承包关系稳定并长久不变，研究出台配套政策，指导各地明确第二轮土地承包到期后延包的具体办法，确保政策衔接平稳过渡。完善落实集体所有权、稳定农户承包权、放活土地经营权的法律法规和政策体系。在基本完成承包地确权登记颁证工作基础上，开展"回头看"，做好收尾工作，妥善化解遗留问题，将土地承包经营权证书发放至农户手中。健全土地流转规范管理制度，发展多种形式农业适度规模经营，允许承包土地的经营权担保融资。总结好农村土地制度三项改革试点经验，巩固改革成果。坚持农村土地集体所有、不搞私有化，坚持农地农用、防止非农化，坚持保障农民土地权益、不得以退出承包地和宅基地作为农民进城落户条件，进一步深化农村土地制度改革。在修改相关法律的基础上，完善配套制度，全面推开农村土地征收制度改革和农村集体经营性建设用地入市改革，加快建立城乡统一的建设用地市场。加快推进宅基地使用权确权登记颁证工作，力争2020年基本完成。稳慎推进农村宅基地制度改革，拓展改革试点，丰富试点内容，完善制度设计。抓紧制定加强农村宅基地管理指导意见。研究起草农村宅基地使用条例。开展闲置宅基地复垦试点。允许在县域内开展全域乡村闲置校舍、厂房、废弃地等整治，盘活建设用地重点用于支持乡村新产业新业态和返乡下乡创业。严格农业设施用地管理，满足合理需求。巩固"大棚房"问题整治成果。按照"取之于农，主要用之于农"的要求，调整完善土地出让收入使用范围，提高农业农村投入比例，重点用于农村人居环境整治、村庄基础设施建设和高标准农田建设。扎实开展新增耕地指标和城乡建设用地增减挂钩节余指标跨省域调剂使用，调剂收益全部用于巩固脱贫攻坚成果和支持乡村振兴。加快修订土地管理法、物权法等法律法规。

（三）深入推进农村集体产权制度改革。按期完成全国农村集体资产清产核资，加快农村集体资产监督管理平台建设，建立健全集体资产各项管理制度。指导农村集体经济组织在民主协商的基础上，做好成员身份确认，注重保护外嫁女等特殊人群的合法权利，加快推进农村集体经营性资产股份合作制改革，继续扩大试点范围。总结推广资源变资产、资金变股金、农民变股东经验。完善农村集体产权权能，积极探索集体资产股权质押贷款办法。研究制定农村集体经济组织法。健全农村产权流转交易市场，推动农村各类产权流转交易公开规范运行。研究完善适合农村集体经济组织特点的税收优惠政策。

（四）完善农业支持保护制度。按照增加总量、优化存量、提高效能的原则，强化高质量绿色发展导向，加快构建新型农业补贴政策体系。按照适应世贸组织规则、保护农民利益、支持农业发展的原则，抓紧研究制定完善农业支持保护政策的意见。调整改进"黄箱"政策，扩大"绿箱"政策使用范围。按照更好发挥市场机制作用取向，完善稻谷和小麦最低收购价政策。完善玉米和大豆生产者补贴政策。健全农业信贷担保费率补助和以奖代补机制，研究制定担保机构业务考核的具体办法，加快做大担保规模。按照扩面增品提标的要求，完善农业保险政策。推进稻谷、小麦、玉米完全成本保险和收入保险试点。扩大农业大灾保险试点和"保险+期货"试点。探索对地方优势特色农产品保险实施以奖代补试点。打通金融服务"三农"各个环节，建立县域银行业金融机构服务"三农"的激励约束机制，实现普惠性涉农贷款增速总体高于各项贷款平均增速。推动农村商业银行、农村合作银行、农村信用社逐步回归本源，为本地"三农"服务。研究制定商业银行"三农"事业部绩效考核和激励的具体办法。用好差别化准备金率和差异化监管等政策，切实降低"三农"信贷担保服务门槛，鼓励银行业金融机构加大对乡村振兴和脱贫攻坚中长期信贷支持力度。支持重点领域特色农产品期货期权品种上市。

六、完善乡村治理机制，保持农村社会和谐稳定

（一）增强乡村治理能力。建立健全党组织领导的自治、法治、德治相

结合的领导体制和工作机制，发挥群众参与治理主体作用。开展乡村治理体系建设试点和乡村治理示范村镇创建。加强自治组织规范化制度化建设，健全村级议事协商制度，推进村级事务公开，加强村级权力有效监督。指导农村普遍制定或修订村规民约。推进农村基层依法治理，建立健全公共法律服务体系。加强农业综合执法。

（二）加强农村精神文明建设。引导农民践行社会主义核心价值观，巩固党在农村的思想阵地。加强宣传教育，做好农民群众的思想工作，宣传党的路线方针和强农惠农富农政策，引导农民听党话、感党恩、跟党走。开展新时代文明实践中心建设试点，抓好县级融媒体中心建设。深化拓展群众性精神文明创建活动，推出一批农村精神文明建设示范县、文明村镇、最美家庭，挖掘和树立道德榜样典型，发挥示范引领作用。支持建设文化礼堂、文化广场等设施，培育特色文化村镇、村寨。持续推进农村移风易俗工作，引导和鼓励农村基层群众性自治组织采取约束性强的措施，对婚丧陋习、天价彩礼、孝道式微、老无所养等不良社会风气进行治理。

（三）持续推进平安乡村建设。深入推进扫黑除恶专项斗争，严厉打击农村黑恶势力，杜绝"村霸"等黑恶势力对基层政权的侵蚀。严厉打击敌对势力、邪教组织、非法宗教活动向农村地区的渗透。推进纪检监察工作向基层延伸，坚决查处发生在农民身边的不正之风和腐败问题。健全落实社会治安综合治理领导责任制。深化拓展网格化服务管理，整合配优基层一线平安建设力量，把更多资源、服务、管理放到农村社区。加强乡村交通、消防、公共卫生、食品药品安全、地质灾害等公共安全事件易发领域隐患排查和专项治理。加快建设信息化、智能化农村社会治安防控体系，继续推进农村"雪亮工程"建设。坚持发展新时代"枫桥经验"，完善农村矛盾纠纷排查调处化解机制，提高服务群众、维护稳定的能力和水平。

七、发挥农村党支部战斗堡垒作用，全面加强农村基层组织建设

（一）强化农村基层党组织领导作用。抓实建强农村基层党组织，以

提升组织力为重点，突出政治功能，持续加强农村基层党组织体系建设。增加先进支部、提升中间支部、整顿后进支部，以县为单位对软弱涣散村党组织"一村一策"逐个整顿。对村"两委"换届进行一次"回头看"，坚决把受过刑事处罚、存在"村霸"和涉黑涉恶等问题的村"两委"班子成员清理出去。实施村党组织带头人整体优化提升行动，配齐配强班子。全面落实村党组织书记县级党委备案管理制度。建立第一书记派驻长效工作机制，全面向贫困村、软弱涣散村和集体经济空壳村派出第一书记，并向乡村振兴任务重的村拓展。加大从高校毕业生、农民工、退伍军人、机关事业单位优秀党员中培养选拔村党组织书记力度。健全从优秀村党组织书记中选拔乡镇领导干部、考录乡镇公务员、招聘乡镇事业编制人员的常态化机制。落实村党组织 5 年任期规定，推动全国村"两委"换届与县乡换届同步进行。优化农村党员队伍结构，加大从青年农民、农村外出务工人员中发展党员力度。健全县级党委抓乡促村责任制，县乡党委要定期排查并及时解决基层组织建设突出问题。加强和改善村党组织对村级各类组织的领导，健全以党组织为领导的村级组织体系。全面推行村党组织书记通过法定程序担任村委会主任，推行村"两委"班子成员交叉任职，提高村委会成员和村民代表中党员的比例。加强党支部对村级集体经济组织的领导。全面落实"四议两公开"，健全村级重要事项、重大问题由村党组织研究讨论机制。

（二）发挥村级各类组织作用。理清村级各类组织功能定位，实现各类基层组织按需设置、按职履责、有人办事、有章理事。村民委员会要履行好基层群众性自治组织功能，增强村民自我管理、自我教育、自我服务能力。全面建立健全村务监督委员会，发挥在村务决策和公开、财产管理、工程项目建设、惠农政策措施落实等事项上的监督作用。强化集体经济组织服务功能，发挥在管理集体资产、合理开发集体资源、服务集体成员等方面的作用。发挥农村社会组织在服务农民、树立新风等方面的积极作用。

（三）强化村级组织服务功能。按照有利于村级组织建设、有利于服务群众的原则，将适合村级组织代办或承接的工作事项交由村级组织，并保障必要工作条件。规范村级组织协助政府工作事项，防止随意增加村级组织工作负担。统筹乡镇站所改革，强化乡镇为农服务体系建设，确保乡镇有队伍、有资源为农服务。

（四）完善村级组织运转经费保障机制。健全以财政投入为主的稳定的村级组织运转经费保障制度，全面落实村干部报酬待遇和村级组织办公经费，建立正常增长机制，保障村级公共服务运行维护等其他必要支出。把发展壮大村级集体经济作为发挥农村基层党组织领导作用的重要举措，加大政策扶持和统筹推进力度，因地制宜发展壮大村级集体经济，增强村级组织自我保障和服务农民能力。

八、加强党对"三农"工作的领导，落实农业农村优先发展总方针

（一）强化五级书记抓乡村振兴的制度保障。实行中央统筹、省负总责、市县乡抓落实的农村工作机制，制定落实五级书记抓乡村振兴责任的实施细则，严格督查考核。加强乡村振兴统计监测工作。2019年各省（自治区、直辖市）党委要结合本地实际，出台市县党政领导班子和领导干部推进乡村振兴战略的实绩考核意见，并加强考核结果应用。各地区各部门要抓紧梳理全面建成小康社会必须完成的硬任务，强化工作举措，确保2020年圆满完成各项任务。

（二）牢固树立农业农村优先发展政策导向。各级党委和政府必须把落实"四个优先"的要求作为做好"三农"工作的头等大事，扛在肩上、抓在手上，同政绩考核联系到一起，层层落实责任。优先考虑"三农"干部配备，把优秀干部充实到"三农"战线，把精锐力量充实到基层一线，注重选拔熟悉"三农"工作的干部充实地方各级党政班子。优先满足"三农"发展要素配置，坚决破除妨碍城乡要素自由流动、平等交换的体制机制壁垒，改变农村要素单向流出格局，推动资源要素向农村流动。优先保障"三农"资金投入，坚持把农业农村作为财政优先保障领域和金融优先服务

领域，公共财政更大力度向"三农"倾斜，县域新增贷款主要用于支持乡村振兴。地方政府债券资金要安排一定比例用于支持农村人居环境整治、村庄基础设施建设等重点领域。优先安排农村公共服务，推进城乡基本公共服务标准统一、制度并轨，实现从形式上的普惠向实质上的公平转变。完善落实农业农村优先发展的顶层设计，抓紧研究出台指导意见和具体实施办法。

（三）培养懂农业、爱农村、爱农民的"三农"工作队伍。建立"三农"工作干部队伍培养、配备、管理、使用机制，落实关爱激励政策。引导教育"三农"干部大兴调查研究之风，倡导求真务实精神，密切与群众联系，加深对农民感情。坚决纠正脱贫攻坚和乡村振兴工作中的形式主义、官僚主义，清理规范各类检查评比、考核督导事项，切实解决基层疲于迎评迎检问题，让基层干部把精力集中到为群众办实事办好事上来。把乡村人才纳入各级人才培养计划予以重点支持。建立县域人才统筹使用制度和乡村人才定向委托培养制度，探索通过岗编适度分离、在岗学历教育、创新职称评定等多种方式，引导各类人才投身乡村振兴。对作出突出贡献的各类人才给予表彰和奖励。实施新型职业农民培育工程。大力发展面向乡村需求的职业教育，加强高等学校涉农专业建设。抓紧出台培养懂农业、爱农村、爱农民"三农"工作队伍的政策意见。

（四）发挥好农民主体作用。加强制度建设、政策激励、教育引导，把发动群众、组织群众、服务群众贯穿乡村振兴全过程，充分尊重农民意愿，弘扬自力更生、艰苦奋斗精神，激发和调动农民群众积极性主动性。发挥政府投资的带动作用，通过民办公助、筹资筹劳、以奖代补、以工代赈等形式，引导和支持村集体和农民自主组织实施或参与直接受益的村庄基础设施建设和农村人居环境整治。加强筹资筹劳使用监管，防止增加农民负担。出台村庄建设项目简易审批办法，规范和缩小招投标适用范围，让农民更多参与并从中获益。

当前，做好"三农"工作意义重大、任务艰巨、要求迫切，除上述 8 个方面工作之外，党中央、国务院部署的其他各项工作必须久久为功、狠抓落实、务求实效。

让我们紧密团结在以习近平同志为核心的党中央周围，全面贯彻落实习近平总书记关于做好"三农"工作的重要论述，锐意进取、攻坚克难、扎实工作，为决胜全面建成小康社会、推进乡村全面振兴作出新的贡献。

（本部分整理：夏鲜阳、刘雪飞）

图书在版编目（CIP）数据

中国发展动力研究报告系列. 四，乡村振兴大战略 /
李佐军主编. -- 北京：社会科学文献出版社，2020.5
ISBN 978 - 7 - 5201 - 5989 - 0

Ⅰ.①中… Ⅱ.①李… Ⅲ.①农村 - 社会主义建设 -
研究 - 中国 Ⅳ.①F12②F320.3

中国版本图书馆 CIP 数据核字（2020）第 011667 号

中国发展动力研究报告系列·四
—— 乡村振兴大战略

主　　编 / 李佐军
副 主 编 / 魏　云

出 版 人 / 谢寿光
组稿编辑 / 恽　薇　冯咏梅
责任编辑 / 冯咏梅

出　　版 / 社会科学文献出版社·经济与管理分社（010）59367226
　　　　　　地址：北京市北三环中路甲 29 号院华龙大厦　邮编：100029
　　　　　　网址：www.ssap.com.cn
发　　行 / 市场营销中心（010）59367081　59367083
印　　装 / 三河市尚艺印装有限公司

规　　格 / 开　本：787mm × 1092mm　1/16
　　　　　　印　张：19　字　数：298 千字
版　　次 / 2020 年 5 月第 1 版　2020 年 5 月第 1 次印刷
书　　号 / ISBN 978 - 7 - 5201 - 5989 - 0
定　　价 / 138.00 元